LIVRO DOS POEMAS

UMA ANTOLOGIA DE
POETAS BRASILEIROS E PORTUGUESES

LIVRO DOS SONETOS
LIVRO DO CORPO
LIVRO DOS DESAFOROS
LIVRO DAS CORTESÃS
LIVRO DOS BICHOS

LIVRO DOS POEMAS

UMA ANTOLOGIA DE
POETAS BRASILEIROS E PORTUGUESES

LIVRO DOS SONETOS
LIVRO DO CORPO
LIVRO DOS DESAFOROS
LIVRO DAS CORTESÃS
LIVRO DOS BICHOS

ORGANIZAÇÃO E NOTAS DE
SERGIO FARACO

L&PM EDITORES

Este livro reúne cinco volumes publicados na Coleção L&PM Pocket: *Livro dos sonetos, Livro do corpo, Livro dos desaforos, Livro das cortesãs* e *Livro dos bichos.*

1ª edição na Série Ouro: outono de 2009
2ª edição na Série Ouro: outono de 2013

Organização e notas: Sergio Faraco
Capa: Marco Cena
Revisão: Patrícia Rocha

CIP-BRASIL. CATALOGAÇÃO-NA-FONTE
SINDICATO NACIONAL DOS EDITORES DE LIVROS, RJ.

L762

Livro dos poemas : uma antologia de poetas brasileiros e portugueses / [organização Sergio Faraco]. – Porto Alegre, RS : L&PM, 2013.
624p. - (Ouro)

Inclui bibliografia
ISBN 978-85-254-1839-5

1. Poesia brasileira. 2. Poesia portuguesa. I. Faraco, Sergio, 1940-. II. Série.

08-4110. CDD: 869.91
CDU: 821.134.3(81)-1

Rua Comendador Coruja, 314, loja 9 – Floresta – 90.220-180
Porto Alegre – RS – Brasil / Fone: 51.3225.5777 – Fax: 51.3221-5380

Pedidos & Depto. Comercial: vendas@lpm.com.br
Fale conosco: info@lpm.com.br
www.lpm.com.br

Impresso no Brasil
Outono de 2013

Nota do organizador

Este volume compreende cinco livros de poemas publicados na Coleção L&PM Pocket. O primeiro colige os mais belos sonetos escritos na língua portuguesa (*Livro dos sonetos*). Os outros quatro são coletâneas temáticas: os encantos do corpo da mulher, como os percebem e cantam nossos poetas (*Livro do corpo*), o emprego ferino ou zombeteiro que fizeram eles de seus estros (*Livro dos desaforos*), os versos às damas que usaram o corpo para prover a subsistência ou galgar elevada posição social (*Livro das cortesãs*), e por último uma seleção de poesias devotadas ao reino animal (*Livro dos bichos*).

Desse inusitado e escolhido conjunto resulta um grande painel da poesia em Portugal e no Brasil, desde a era dos descobrimentos até o Novecentos, através de autores cujas obras o tempo eternizou e de alguns menos felizes que, sepultados na poeira dos anos, aqui comparecem, redivivos. São cinco séculos de poemas, um cardápio de todos os sabores e para todas as preferências. Bom proveito.

Sergio Faraco
Março de 2009

Sumário

LIVRO DOS SONETOS 17

Nota sobre o soneto / *Sergio Faraco* 19

Quando eu, senhora... / *Sá de Miranda* 21
Alma minha gentil, que te partiste / *Luís de Camões* 22
Sete anos de pastor Jacó servia / *Luís de Camões* 23
Amor é um fogo que arde sem se ver / *Luís de Camões* 24
Se erra minh'alma... / *Antônio Ferreira* 25
Horas breves de meu contentamento / *Diogo Bernardes* 26
Armada de aspereza minha estrela / *Fernão Álvares do Oriente* 27
Ausente, pensativo, solitário / *Estêvão Rodrigues de Castro* 28
A um irmão ausente / *Baltasar Estaço* 29
Formoso Tejo meu... / *Rodrigues Lobo* 30
Vida que não acaba de acabar-se / *Violante do Céu* 31
Se apartada do corpo a doce vida / *Violante do Céu* 32
Contra as fadigas do desejo / *Francisco Manuel de Melo* 33
A umas saudades / *Antônio Barbosa Bacelar* 34
Pequei, Senhor... / *Gregório de Matos* 35
Falando com Deus / *Jerônimo Bahia* 36
Quem de meus versos a lição procura / *Correia Garção* 37
Ai Nise amada... / *Cláudio Manuel da Costa* 38
Soneto / *João Xavier de Matos* 39
É esta porventura a praia amena / *Cruz e Silva* 40
Soneto / *Filinto Elísio* 41
Passei o rio que tornou atrás / *Nicolau Tolentino* 42
Já, Marfiza cruel, me não maltrata / *Basílio da Gama* 43
Eu vi a linda Jônia... / *Alvarenga Peixoto* 44
Eu não lastimo o próximo perigo / *Alvarenga Peixoto* 45
Enganei-me, enganei-me – paciência / *Tomás Antônio Gonzaga* 46
Retratar a tristeza... / *Marquesa de Alorna* 47
Meu ser evaporei na lida insana / *Manuel Maria du Bocage* 48
Já Bocage não sou... / *Manuel Maria du Bocage* 49
Socorrei-me, Senhor... / *Santa Rita Bastos* 50
Formosa / *Maciel Monteiro* 51
Baixel veloz, que ao úmido elemento / *Gonçalves Dias* 52
Soneto / *Francisco Otaviano* 53
O seu nome / *João de Deus* 54

Soneto / *Álvares de Azevedo* 55
Ignorabimus / *Tobias Barreto* 56
A Carolina / *Machado de Assis* 57
Última vontade / *João Penha* 58
Enojo / *Fagundes Varela* 59
Visita à casa paterna / *Luis Guimarães Junior* 60
Divina comédia / *Antero de Quental* 61
Odor di femina / *Gonçalves Crespo* 62
Marieta / *Castro Alves* 63
Rosa mística / *Gomes Leal* 64
Eu que tenho no olhar... / *Guerra Junqueiro* 65
Nós / *Silva Ramos* 66
O rebelde / *Lúcio de Mendonça* 67
A forca / *Cesário Verde* 68
Transit / *Artur Azevedo* 69
Mal secreto / *Raimundo Correia* 70
As pombas / *Raimundo Correia* 71
Abrem duas janelas para a rua / *B. Lopes* 72
Evangelho e Alcorão / *Augusto de Lima* 73
Horas mortas / *Alberto de Oliveira* 74
Vida obscura / *Cruz e Sousa* 75
Quadro antigo / *Eduardo Coimbra* 76
Língua portuguesa / *Olavo Bilac* 77
Maldição / *Olavo Bilac* 78
Solar encantado / *Vítor Silva* 79
Envelhecendo / *Emílio de Menezes* 80
Eu não espero o bem que mais desejo / *Vicente de Carvalho* 81
Folha solta / *Vicente de Carvalho* 82
(Golfo de Biscaia, 1891) / *Antônio Nobre* 83
(Canal da Mancha, 1891) / *Antônio Nobre* 84
Nihil / *Guimarães Passos* 85
Caminho (I) / *Camilo Pessanha* 86
Caminho (II) / *Camilo Pessanha* 87
Interrogação / *Júlia Cortines* 88
A coroa de rosas / *Eugênio de Castro* 89
Foi assim que eu a vi... / *Alphonsus de Guimaraens* 90
Eu quero ouvir o coração falar / *Fausto Guedes Teixeira* 91
Cisnes / *Júlio Salusse* 92
De profundis clamavi at te Domine / *Augusto Gil* 93
Outra vida / *Francisca Júlia* 94

Dor suprema / *José Duro* 95
Vida obscura / *Saturnino de Meireles* 96
Soneto / *Nunes Claro* 97
Soror Tereza / *Maranhão Sobrinho* 98
Poeta fui e do áspero destino / *José Albano* 99
Versos íntimos / *Augusto dos Anjos* 100
Beijos mortos / *Martins Fontes* 101
Íntimo / *Humberto de Campos* 102
Vesperal / *Antônio Sardinha* 103
Fosse eu apenas... / *Fernando Pessoa* 104
Quando olho para mim... / *Fernando Pessoa* 105
Volúpia / *Laura Chaves* 106
Certa voz na noite ruivamente... / *Mário de Sá-Carneiro* 107
Chopin: Prelúdio nº 4 / *Eduardo Guimaraens* 108
De profundis clamavi / *Eduardo Guimaraens* 109
Eu / *Florbela Espanca* 110
Supremo enleio / *Florbela Espanca* 111
Amar / *Florbela Espanca* 112
Contra-senso / *Marta de Mesquita da Câmara* 113
Desiludido / *Alceu Wamosy* 114
Duas almas / *Alceu Wamosy* 115
Aos que sonham / *Raul de Leoni* 116
Unidade / *Raul de Leoni* 117
BIBLIOGRAFIA 118

LIVRO DO CORPO 121

NOTA DO ORGANIZADOR / *Sergio Faraco* 123

Lindo e sutil trançado, que ficaste / *Luís de Camões* 125
Soneto / *Sarmento Menna* 126
Cabelo loiro / *João de Deus* 127
Cabelos / *Cruz e Sousa* 128
Nas ondas de uns cabelos... / *Batista Cepelos* 129
Teus cabelos / *Gilberto Amado* 130
Sobre o teu cabelo castanho / *Eduardo Guimaraens* 131
Cabelos negros / *Gilka Machado* 132
Teu cabelo / *Alzira Freitas Tacques* 135
Sobrancelhas / *Mello Moraes Filho* 136
Vossos olhos, senhora, competem / *Luís de Camões* 137
Ponderação do rosto e olhos de anarda / *Botelho de Oliveira* 138
Estes os olhos são da minha amada / *Cláudio Manuel da Costa* 139

Olhos suaves, que em suaves dias / *Manuel Maria du Bocage* 140
Seus olhos / *Almeida Garrett* 141
Seus olhos / *Gonçalves Dias* 142
Meus olhos / *Junqueira Freire* 144
Teus olhos são negros / *Fagundes Varela* 146
Olhar de judia / *Gonçalves Crespo* 147
Por decoro / *Artur Azevedo* 148
Celeste / *Adelino Fontoura* 149
Olhos azuis / *Raimundo Correia* 150
Olhos / *Cruz e Sousa* 152
Olhos, que sois os fúlgidos riachos / *Araújo Figueiredo* 153
Olhos verdes / *Vicente de Carvalho* 154
Na terra estava quando te queria / *Guimarães Passos* 156
Olhos sacramentais, olhos contritos / *Alphonsus de Guimaraens* 157
C... / *Zeferino Brazil* 158
Olhos que apalpam / *Júlio César da Silva* 160
Olhos de Dulce / *Henrique Castriciano* 161
Olhos tristes / *Luís Edmundo* 162
Olhos verdes / *Gilka Machado* 163
O teu olhar / *Florbela Espanca* 166
Olhos profundos / *Walkyria Neves Goulart* 167
Meus olhos que por alguém / *Antonio Boto* 168
Olhos tristes / *Henriqueta Lisboa* 169
Teus olhos / *Alzira Freitas Tacques* 170
O brinco da tua orelha / *Antonio Boto* 171
Boca / *Cruz e Sousa* 172
Boca aromada a flor de cardamomo / *Araújo Figueiredo* 173
Lábios / *Alphonsus de Guimaraens* 174
A tua boca formosa / *Mario Totta* 175
Tua boca / *Gilberto Amado* 176
Bocas / *Hildo Rangel* 177
Boca / *Theodemiro Tostes* 178
Tua boca / *Maria Braga Horta* 179
Soneto / *Sebastião da Rocha Pita* 180
Cheiro de espádua / *Alberto de Oliveira* 181
Colo / *Luís Delfino* 182
Malva-maçã / *Álvares de Azevedo* 183
Os seios / *Luís Delfino* 186
Os seios / *Teófilo Dias* 187
Seios / *Cruz e Sousa* 189

Teus seios / *Antenor Moraes* 190
Seios / *Hildo Rangel* 191
Braços / *Cruz e Sousa* 192
Os braços de Fúlvia / *Eugênio de Castro* 193
Às mãos de Marília / *Manuel Maria du Bocage* 194
Suas mãos / *Gonçalves Crespo* 195
Aquela mão / *Castro Alves* 196
Mãos / *Cruz e Sousa* 199
Estão mortas as mãos daquela dona / *Alphonsus de Guimaraens* 200
Tuas mãos / *Zeferino Brazil* 201
Mãos / *Mendes de Oliveira* 202
Mãos / *Augusto dos Anjos* 204
As minhas mãos / *Florbela Espanca* 205
Mãos de Miréia / *Alceu Wamosy* 206
Mãos suaves / *Hildo Rangel* 207
Para o exílio das mãos que não foram amadas / *Athos Damasceno Ferreira* 208
Sua mão / *Onestaldo de Pennafort* 209
As mãos de meu pai / *Mario Quintana* 210
Mãos seráficas / *Alzira Freitas Tacques* 211
Unhas / *Gonçalo Jácome* 212
A perna / *Luís Delfino* 213
Pernas de Nova Iorque / *Gilberto Amado* 214
A borralheira / *Luis Guimarães Junior* 216
O teu pé, sutil e breve / *Antero de Quental* 217
Pés / *Cruz e Sousa* 218
Dá a surpresa de ser / *Fernando Pessoa* 219
Bibliografia 220

LIVRO DOS DESAFOROS 223
Nota do organizador / *Sergio Faraco* 225
Foi um dia Lopo jogral / *Martim Soárez* 227
Tanto é Melyon pecador / *Afonso Lopes* 228
Garcia amigo, ninguém te espante / *Afonso Alvarez* 229
Chegando muito cansado / *Henrique de Sá* 231
Contra as mulheres / *Jorge de Aguiar* 233
Ao padre Girão, por fazer versos compridos / *D. Tomás de Noronha* 235
Descreve o que era naquele tempo a cidade da Bahia / *Gregório de Matos* 236
Aos maus juízes / *Botelho de Oliveira* 237

Soneto / *Sebastião da Rocha Pita* 238
Em louvor do presidente, o padre
Manuel Cerqueira Leal / *José da Cunha Cardoso* 239
A uma dama desdentada / *Antônio de Oliveira* 240
À estátua de Apolo ferida por um raio / *Avertano de Santa Maria* ... 241
Justiça humana / *Paulino Cabral* 242
Ao sr. Manuel Francisco de Almeida, em resposta
ao soneto que fez no doloroso transe de ser
corneado por uma freira / *José Jácome Raposo* 243
Descrição do quarto do autor / *Xavier da Cunha* 244
A um leigo que era vesgo e nunca teve fastio;
e a quem, por acaso, tocou na cabeça a ponta
de um espadim / *Nicolau Tolentino* 245
Cartas chilenas / *Tomás Antônio Gonzaga* 248
Funeral do desgoverno provisório / *Silvério de Paraopeba* 249
Soneto / *José Pedro Soares* 250
A uma mulher de nariz grande / *Manuel Maria du Bocage* 251
Só um agrado / *Curvo Semedo* 252
Depois de uma parada, ao corpo
de milicianos de que era capitão / *João Pereira de la Cerda* 253
O testamento de D. Burro, pai dos asnos / *José Antônio de Camões* 254
Epigrama / *Pato Muniz* 259
Bahia / *Moniz Barreto* 260
Posturas municipais / *Maciel Monteiro* 261
Epigrama / *Gonçalves de Magalhães* 262
Epigrama / *Xavier de Novaes* 263
Ao grande literato homeopático dr. Veludo / *Gonçalves Dias* 264
Os meus amigos / *Camilo Castelo Branco* 265
A bodarrada / *Luís Gama* 266
Salvas fúnebres / *João de Deus* 271
É ela! É ela! É ela! É ela! / *Álvares de Azevedo* 272
Soneto / *Junqueira Freire* 274
A esbelta / *Franco de Sá* 275
Armas / *Fagundes Varela* 276
Sonhei: de novo suspirava o vento / *Gonçalves Crespo* 277
Soneto futurista / *Carlos de Laet* 278
A uma formosura incompleta / *Costa Resende* 279
Depois do terremoto / *Conde d'Azevedo* 281
Sardenta / *Cesário Verde* 282
Miserável / *Artur Azevedo* 283

Leão pachola / *Aluízio Azevedo* 284
O Girafa / *Múcio Teixeira* 285
Idéia entomológica / *Raimundo Correia* 286
Cair do alto / *Garcia Monteiro* 287
Talento e orelhas / *Alberto de Oliveira* 288
Loucura senil / *Henrique de Casaes* 289
Agulha em palheiro / *Olavo Bilac* 290
Oliveira Lima / *Emílio de Menezes* 292
Corrida de amor / *Vicente de Carvalho* 293
Adesão / *Aloísio de Carvalho* 294
Oceano Atlântico, 1890 / *Antônio Nobre* 295
Vá ser gordo / *Guimarães Passos* 296
Só a morte / *Medeiros e Albuquerque* 297
Velha anedota / *Alphonsus de Guimaraens* 298
Propaganda eleitoral / *Belmiro Braga* 299
Mulheres! Mulheres! / *Lúcio de Mendonça* 300
Argumento de defesa / *Bastos Tigre* 301
Smarts / *Augusto dos Anjos* 302
Corvo / *Hermes Fontes* 303
Gazetilha / *Fernando Pessoa* 304
Os três reis magros / *Olegário Mariano* 305
Fim / *Mário de Sá-Carneiro* 306
Abóboda malfeita / *Moacir de Toledo Piza* 307
Humoresca / *Eduardo Guimaraens* 308

BIBLIOGRAFIA 310

LIVRO DAS CORTESÃS 313

NOTA DO ORGANIZADOR / *Sergio Faraco* 317

Os lusíadas / *Luís de Camões* 319
Meretrícia procacitas / *Vasco Mouzinho de Quevedo* 325
A uma dama pródiga de favores / *D. Tomás de Noronha* 326
Soneto / *Gregório de Matos* 327
Epigrama / *Filinto Elísio* 328
Vai-te, fera cruel, vai-te, inimiga / *Manuel Maria du Bocage* 329
Palinódia / *Gonçalves Dias* 330
Às portas de corinto / *Antônio Fogaça* 334
A abandonada / *Arnaldo Gama* 336
Anjo caído / *Bulhão Pato* 337
Perdida / *José Newton* 339

Maternidade / *João de Deus* ... 340
O poema do frade / *Álvares de Azevedo* ... 341
A sultana / *Junqueira Freire* ... 344
Dores / *Casimiro de Abreu* ... 347
Deixa-me / *Fagundes Varela* ... 349
Metempsicose / *Antero de Quental* ... 351
Aninhas / *J. Simões Dias* ... 352
Dolores / *Guilherme Braga* ... 354
Arcanjos maus passai, todos cobertos / *Guilherme de Azevedo* ... 356
Dulce / *Gonçalves Crespo* ... 358
Hetaíras / *Sousa Viterbo* ... 359
Bárbora / *Castro Alves* ... 360
Último degrau / *Adelino Veiga* ... 361
Madalena / *Fernandes Costa* ... 362
Epitáfios / *Gomes Leal* ... 363
Flor no gelo / *Aquiles Porto Alegre* ... 364
Eu que tenho no olhar o incoercível dente / *Guerra Junqueiro* ... 365
Margarida Gautier / *Santos Luz* ... 366
Injusto mundo / *Dario Galvão* ... 367
Arrependida / *A. de Macedo Papança* ... 368
Lésbia / *Cristóvão Ayres* ... 370
Soneto / *Carvalho Júnior* ... 371
Lúbrica... / *Cesário Verde* ... 372
Estudo anatômico / *Fontoura Xavier* ... 374
Laura / *Guilherme de Santa Rita* ... 375
Magnífica / *B. Lopes* ... 376
Magdala / *Alberto de Oliveira* ... 377
Lésbia / *Antônio Feijó* ... 378
A Cortesã / *Rodrigo Beça* ... 379
Lubricidade / *Cruz e Sousa* ... 380
Pecadora / *Eduardo Coimbra* ... 381
O julgamento de Frinéia / *Olavo Bilac* ... 382
Beata Beatrix / *Venceslau de Queirós* ... 384
Dorme!... / *Mário de Artagão* ... 385
Mea culpa / *Guimarães Passos* ... 386
A uma cortesã / *J. Eustachio d'Azevedo* ... 387
Após o festim / *Ibrantina Cardona* ... 388
Soneto / *Renato da Cunha* ... 389
A camisa de Xanto / *Eugênio de Castro* ... 390
A canção das perdidas / *Augusto Gil* ... 391

Uma infeliz / *Maria O'Neill* 393
Soneto / *Raul de Villeroy* 395
Lição errada / *Henrique Castriciano* 396
Margarida Gautier / *José Duro* 397
A viela / *Luis Cebola* 398
Demóstenes / *Júlio Dantas* 399
A prostituta / *Manuel Ribeiro* 400
Aspásia / *Leal de Souza* 401
Cleópatra / *Gustavo Teixeira* 402
A galera de Cleópatra / *Antenor Moraes* 403
Canção das mulheres perdidas / *João de Barros* 404
Fala das prostitutas / *Alfredo Pimenta* 407
O coração duma mulher perdida / *Ladislau Patrício* 410
Depois da orgia / *Augusto dos Anjos* 411
Ela andou a rondar, erótica e franzina / *Henrique Trindade Coelho* 412
Sultão / *Humberto de Campos* 413
A uma que só gostava de marujos / *Ramada Curto* 416
Salomé / *Mário de Sá-Carneiro* 417
Rumor de asas, longínquo... / *Lindolfo Collor* 418
Serenada fantástica / *Eduardo Guimaraens* 419
Leilão / *Américo Durão* 422
Salomé / *Paulo Corrêa Lopes* 423

BIBLIOGRAFIA 424

LIVRO DOS BICHOS 427

NOTA DO ORGANIZADOR / *Sergio Faraco* 429

O caranguejo / *Da Costa e Silva* 431
A última abelha / *Raimundo Correia* 432
Os amores da abelha / *Olavo Bilac* 433
Na concha de uma pétala vermelha / *Alphonsus de Guimaraens* 434
O favo / *Antenor Moraes* 435
O aviso das núpcias / *Antenor Moraes* 436
A abelha / *Humberto de Campos* 437
O besouro / *Da Costa e Silva* 438
Veloz borboleta / *Manuel Maria du Bocage* 439
Borboleta / *Casimiro de Abreu* 440
A borboleta / *Zeferino Brazil* 443
A borboleta / *Humberto de Campos* 445
Borboletas / *Hermes Fontes* 447

Passa uma borboleta por diante de mim / *Fernando Pessoa* 448
Borboleta / *Hernani de Carvalho Schmitt* 449
Mulher / *Ribeiro Couto* 450
O rouxinol e a cigarra / *Curvo Semedo* 451
A cigarra e a formiga / *João de Deus* 453
A cigarra / *Da Costa e Silva* 454
Cigarra / *Hermes Fontes* 455
A cigarra morta / *Olegário Mariano* 456
O leão e o mosquito / *Henrique O'Neill* 457
A pulga / *Bastos Tigre* 459
O vaga-lume / *Fagundes Varela* 460
O vaga-lume / *Luis Guimarães Junior* 462
Pirilampos / *Josefino Moraes* 466
O vaga-lume / *Da Costa e Silva* 467
Os amores da aranha / *Olavo Bilac* 468
A aranha / *Da Costa e Silva* 469
O caramujo / *Da Costa e Silva* 470
A concha / *Paulo Brandão* 471
Marinha / *Vicente de Carvalho* 472
A solha / *Humberto de Campos* 475
O boto / *Humberto de Campos* 476
O pirilampo e o sapo / *Marquesa de Alorna* 477
Batráquio / *Alves de Faria* 478
A ilusão do sapo / *Cruz Filho* 479
O Sapo / *Da Costa e Silva* 480
Sapo / *Hernani de Carvalho Schmitt* 481
O ninho e a cobra / *Alberto de Oliveira* 482
A cobra / *Da Costa e Silva* 484
A víbora / *Humberto de Campos* 485
A lagartixa / *Álvares de Azevedo* 486
A lagartixa / *Da Costa e Silva* 487
Está o lascivo e doce passarinho / *Luís de Camões* 488
A um passarinho cantando / *Gregório de Matos* 489
O pássaro e a flor / *Castro Alves* 490
O ninho / *Alberto de Oliveira* 493
As aves / *Teixeira de Pascoaes* 494
A águia / *Luís Delfino* 495
Águia / *Hermes Fontes* 496
A morte da águia / *Manuel do Carmo* 497
João-grande / *Aureliano de Figueiredo Pinto* 498

Andorinha / *B. Lopes* ... 499
Andorinhas / *Júlio Brandão* ... 501
Andorinha / *Hermes Fontes* ... 502
O beija-flor / *Auta de Souza* ... 503
O canário / *Aquiles Porto Alegre* ... 504
Canário / *Hermes Fontes* ... 505
Cegonha / *Aníbal Teófilo* ... 506
A cegonha / *Francisco Leite* ... 507
Cegonha / *Hernani de Carvalho Schmitt* ... 508
O cisne quando sente ser chegada / *Luís de Camões* ... 509
Cisnes / *Atalyba Santos* ... 510
O cisne / *Thomé Reis* ... 511
O cisne e o lago / *Eduardo Guimaraens* ... 512
Legenda dos cisnes / *Alceu Wamosy* ... 513
Sina cruel / *Álvaro Lisboa* ... 514
O condor / *Júlia Cortines* ... 515
Condor / *Humberto de Campos* ... 516
Os dois condores / *Manuel do Carmo* ... 517
O condor / *Paulo Corrêa Lopes* ... 520
O corrupião / *Augusto dos Anjos* ... 521
A coruja / *Antenor Moraes* ... 522
Coruja / *Hermes Fontes* ... 523
Coruja / *Hernani de Carvalho Schmitt* ... 524
Corvos / *Átila Guterres Casses* ... 525
A revolta do corvo / *Alceu Wamosy* ... 527
A gaivota / *Antônio Fogaça* ... 528
Gaivotas / *Luís Delfino* ... 529
As gaivotas / *Aquiles Porto Alegre* ... 530
A garça / *Edgar Mata* ... 531
O canto do galo / *Junqueira Freire* ... 532
O irapurú / *Humberto de Campos* ... 534
São José do Barreiro / *Ribeiro Couto* ... 535
A narceja / *Manuel do Carmo* ... 536
O papagaio do Orinoco / *Manuel de Araújo Porto Alegre* ... 537
O patinho / *Francisca Júlia* ... 541
O pavão / *Humberto de Campos* ... 542
Pavão / *Hermes Fontes* ... 543
Juriti / *Casimiro de Abreu* ... 544
Pomba ferida / *Zalina Rolim* ... 546
O choro das pombas / *Luiz Cassiano* ... 547

Os pombos / *Magalhães Braga* 548
Quero-quero / *Félix Contreras Rodrigues* 549
Quero-quero / *Hernani de Carvalho Schmitt* 550
Noite perdida / *Antônio Feijó* 551
A monja e o rouxinol / *Eugênio de Castro* 553
Passam cantando rouxinóis nos prados / *Alphonsus de Guimaraens* 557
Rouxinol / *Frota Pessoa* 558
O sabiá / *Fagundes Varela* 559
O canto dos sabiás / *Fagundes Varela* 561
O sabiá / *Manuel do Carmo* 563
Os bois / *A. de Macedo Papança* 564
O boi / *Odilon Nestor* 565
Os olhos dos animais / *Teixeira de Pascoaes* 566
O choro do gado / *Antenor Moraes* 567
A boiada / *Humberto de Campos* 568
Pomar abandonado / *Ribeiro Couto* 569
Na sepultura de um cão / *Apollinário Porto Alegre* 570
A matilha / *Teófilo Dias* 572
Amor aos totós / *Henrique de Casaes* 574
Versos a um cão / *Augusto dos Anjos* 576
O cavalo moribundo / *Bernardo Taveira Junior* 577
O cavalo / *Fagundes Varela* 580
Cetáceo / *Pedro Kilkery* 583
A uma gata / *João de Deus* 584
À morte felicíssima de um javali pelo tiro, que nele fez u'a infanta de Portugal / *Botelho de Oliveira* 585
O leão e a raposa / *Marquesa de Alorna* 586
Leão moribundo / *João de Deus* 587
O leão cativo / *Paulo Corrêa Lopes* 588
O morcego / *Augusto dos Anjos* 589
O morcego / *Da Costa e Silva* 590
A uma ovelha / *Teixeira de Pascoaes* 591
A um carneiro morto / *Augusto dos Anjos* 592
O urso branco / *Silveira Neto* 593

BIBLIOGRAFIA 595

ÍNDICE DE POEMAS E PRIMEIROS VERSOS EM ORDEM ALFABÉTICA 597
ÍNDICE POR AUTOR 617

LIVRO DOS SONETOS

Nota sobre o soneto

O soneto é um poema de quatorze versos, dispostos em dois quartetos seguidos de dois tercetos. O termo, segundo os estudiosos, deriva do latim *sonus*, que quer dizer som, ruído, e designa também a voz, a palavra, a inflexão. Em sentido figurado, pode significar brilho de estilo – justificando-se, de certo modo, a viagem etimológica que o vocábulo empreendeu, com escalas no provençal *sonet* e no italiano *sonètto*.

Sua estrutura teria resultado da aglutinação de dois *strambotti* (estrambotos), antiga composição poética italiana, decassilábica, constituída, em regra, de uma oitava ou de um sexteto: a oitava dividida em dois quartetos e o sexteto em dois tercetos. Alguns autores rejeitam essa teoria: o soneto seria uma invenção sem exemplos, pois seus sistemas rímicos não o aproximam de outra qualquer forma então em uso.

Não há divergência quanto ao nome do primeiro sonetista: o poeta italiano Giacomo da Lentino (*c.* 1190-*c.*1246), que fazia parte da corte de Frederico II. O imperador germânico, em Palermo, cercava-se de poetas e estimulava a fundação de um "lirismo cortês". Inicialmente, o soneto era cantado, com música, e a necessidade de um princípio par (quartetos) e de um princípio ímpar (tercetos) se explicava pela mudança da melodia na segunda parte. A métrica, contudo – a rigidez do decassílabo –, impunha limitações à criação melódica, e já no século XIV o soneto deixou de ser cantado para tornar-se um "pronunciamento oratório".

O primeiro poeta de nomeada a cultivar o soneto foi Dante Alighieri (1265-1321), mas quem lhe ordenou as rimas, dando-lhe a figura que, depois, serviria de modelo, foi Francesco Petrarca (1304-1374). Em evidência nos séculos XVI-XVIII, perdeu prestígio na estação romântica, mas voltou à berlinda entre parnasianos e simbolistas, pôde sobreviver à ebulição do modernismo e ainda hoje empolga, ocasionalmente, o estro dos grandes poetas.

Sergio Faraco

QUANDO EU, SENHORA...

Sá de Miranda

Quando eu, senhora, em vós os olhos ponho,
e vejo o que não vi nunca, nem cri
que houvesse cá, recolhe-se a alma em si
e vou tresvariando, como em sonho.

Isto passado, quando me disponho,
e me quero afirmar se foi assi,
pasmado e duvidoso do que vi,
m'espanto às vezes, outras m'avergonho.

Que, tornando ante vós, senhora, tal,
quando m'era mister tant'outr'ajuda
de que me valerei se alma não val?

Esperando por ela que me acuda,
e não me acode, e está cuidando em al,
afronta o coração, a língua é muda.

☆ *Coimbra, Portugal, 1481*
✞ *Quinta da Tapada – Minho, Portugal, 1558*

Alma minha gentil, que te partiste

Luís de Camões

Alma minha gentil, que te partiste
tão cedo desta vida descontente,
repousa lá no céu eternamente
e viva eu cá na terra sempre triste.

Se lá no assento etéreo, onde subiste,
memória desta vida se consente,
não te esqueças daquele amor ardente
que já nos olhos meus tão puro viste.

E se vires que pode merecer-te
alguma coisa a dor que me ficou
da mágoa, sem remédio, de perder-te,

roga a Deus que teus anos encurtou,
que tão cedo de cá me leve a ver-te,
quão cedo de meus olhos te levou.

☆ *Lisboa, Portugal, 1524*
✝ *Lisboa, Portugal, 1580*

Sete anos de pastor Jacó servia

Luís de Camões

Sete anos de pastor Jacó servia
Labão, pai de Raquel, serrana bela;
mas não servia ao pai, servia a ela,
que a ela só por prêmio pretendia.

Os dias na esperança de um só dia
passava, contentando-se com vê-la;
porém o pai, usando de cautela,
em lugar de Raquel lhe deu a Lia.

Vendo o triste pastor que com enganos
assim lhe era negada a sua pastora,
como se a não tivera merecida,

começou a servir outros sete anos,
dizendo: "Mais servira, se não fora
para tão longo amor tão curta a vida".

☆ *Lisboa, Portugal, 1524*
✝ *Lisboa, Portugal, 1580*

Amor é um fogo que arde sem se ver

Luís de Camões

Amor é um fogo que arde sem se ver,
é ferida que dói, e não se sente;
é um contentamento descontente,
é dor que desatina sem doer.

É um não querer mais que bem querer;
é um andar solitário entre a gente;
é nunca contentar-se de contente;
é um cuidar que ganha em se perder.

É querer estar preso por vontade;
é servir a quem vence o vencedor;
é ter, com quem nos mata, lealdade.

Mas como causar pode seu favor
nos corações humanos amizade,
se tão contrário a si é o mesmo Amor?

☆ *Lisboa, Portugal, 1524*
✞ *Lisboa, Portugal, 1580*

Se erra minh'alma...

Antônio Ferreira

Se erra minh'alma, em contemplar-vos tanto,
e estes meus olhos tristes, em vos ver,
se erra meu amor grande, em não querer
crer que outra coisa há aí de mor espanto;

se erra meu espírito, em levantar seu canto
em vós, e em vosso nome só escrever,
se erra minha vida, em assi viver
por vós continuamente em dor, e pranto;

se erra minha esperança, em se enganar
já tantas vezes, e assi enganada
tornar-se a seus enganos conhecidos;

se erra meu bom desejo, em confiar
que algu'hora serão meus males cridos,
vós em meus erros só sereis culpada.

☆ *Lisboa, Portugal, 1528*
✞ *Lisboa, Portugal, 1569*

HORAS BREVES DE MEU CONTENTAMENTO

*Diogo Bernardes**

Horas breves de meu contentamento,
nunca me pareceu, quando vos tinha,
que vos visse tornadas tão asinha
em tão compridos dias de tormento.

Aquelas torres, que fundei ao vento,
o vento as levou, já que as sustinha,
do mal, que me ficou, a culpa é minha,
que sobre coisas vãs fiz fundamento.

Amor com rosto ledo, e vista branca
promete quanto dele se deseja,
tudo possível faz, tudo segura:

mas dês que dentro n'alma reina, e manda,
como na minha fez, quer que se veja
quão fugitivo é, quão pouco dura.

☆ *Ponte da Barca – Minho, Portugal, 1530*
✝ *Ponte da Barca – Minho, Portugal, 1605*

* Soneto que também se atribui a Luís de Camões.

Armada de aspereza minha estrela

Fernão Álvares do Oriente

Armada de aspereza minha estrela
a nova dor me leva e me encaminha;
mas se uma glória vi perder-se asinha,
foi por quem a perdi, glória perdê-la.

Sucede nova dor, nova querela
à liberdade que gozado tinha:
não sei remédio dar à mágoa minha;
e quem lho pode dar não sabe dela.

Que alívio logo em meu tormento espero,
se a que mo censura na alma, não o sente?
Senão se o vê nos olhos com que o vejo.

Porém, ah, doce amor, eu antes quero
passar convosco a vida descontente,
que contente viver sem meu desejo.

☆ *Goa, Índia, 1540*
✞ *?, 1599*

Ausente, pensativo, solitário

Estêvão Rodrigues de Castro

Ausente, pensativo, solitário,
como se vos tivera ali presente,
dou e tomo as razões ousadamente
firme em amor, em pensamentos vário.

Quando venho ante vós com temerário
fervor renovo n'alma juntamente
quantos cuidados tive estando ausente,
que tudo em tal aperto é necessário.

Uns aos outros se impedem na saída
e querem cometer e não se abalam,
e vou para falar e fico mudo.

Porém, meus olhos, minha cor perdida,
meu pasmo, meu silêncio, por mim falam,
e não dizendo nada, digo tudo.

☆ *Lisboa?, Portugal, 1559*
✞ *?, 1637*

A UM IRMÃO AUSENTE

Baltasar Estaço

Dividiu o amor e a sorte esquiva
em partes o sujeito em que morais;
este corpo tem preso onde faltais,
esta alma onde andais anda cativa.

Contente na prisão, mas pensativa,
porque este mal tão mal remediais,
que vós comigo lá solto vivais,
e eu sem mim e sem vós cá preso viva.

Mas lograi desse bem quanto lograis,
que eu como parte vossa o estou logrando
e sinto quanto gosto andares sentindo;

cá folgo, porque sei que lá folgais,
porque minha alma logra imaginando
o que lograr não pode possuindo.

☆ *Lisboa?, Portugal, 1570*
✞ *?*

Formoso Tejo meu...

*Rodrigues Lobo**

Formoso Tejo meu, quão diferente
te vejo e vi, me vês agora e viste:
turvo te vejo a ti, tu a mim triste,
claro te vi eu já, tu a mim contente.

A ti foi-te trocando a grossa enchente
a quem teu largo campo não resiste;
a mim trocou-me a vista em que consiste
o meu viver contente ou descontente.

Já que somos no mal participantes,
sejamo-lo no bem. Oh! quem me dera
que fôramos em tudo semelhantes!

Mas lá virá a fresca primavera:
tu tornarás a ser quem era de antes,
eu não sei se serei quem de antes era.

☆ *Leiria, Portugal, 1580*
✝ *No Rio Tejo por afogamento, Portugal, 1622*

* Soneto que também se atribui a Luís de Camões.

Vida que não acaba de acabar-se

Violante do Céu

Vida que não acaba de acabar-se,
chegando já de vós a despedir-se,
ou deixa por sentida de sentir-se,
ou pode de imortal acreditar-se.

Vida que já não chega a terminar-se,
pois chega já de vós a dividir-se,
ou procura vivendo consumir-se,
ou pretende matando eternizar-se.

O certo é, Senhor, que não fenece,
antes no que padece se reporta,
por que não se limite o que padece.

Mas, viver entre lágrimas, que importa?
Se vida que entre ausências permanece
é só vida ao pesar, ao gosto morta?

☆ *Lisboa, Portugal, 1602*
✝ *Lisboa, Portugal, 1693*

SE APARTADA DO CORPO A DOCE VIDA

Violante do Céu

Se apartada do corpo a doce vida,
domina em seu lugar a dura morte,
de que nasce tardar-me tanto a morte
se ausente d'alma estou, que me dá vida?

Não quero sem Silvano já ter vida,
pois tudo sem Silvano é viva morte,
já que se foi Silvano, venha a morte,
perca-se por Silvano a minha vida.

Ah! suspirado ausente, se esta morte
não te obriga querer vir dar-me vida,
como não ma vem dar a mesma morte?

Mas se n'alma consiste a própria vida,
bem sei que se me tarda tanto a morte,
que é por que sinta a morte de tal vida.

☆ *Lisboa, Portugal, 1602*
✝ *Lisboa, Portugal, 1693*

Contra as fadigas do desejo

Francisco Manuel de Melo

E quem me compusera do desejo,
que grande bem, que grande paz me dera!
Ou, por força, com ele hoje fizera,
que me não vira, enquanto assim me vejo!

O que eu reprovo, elege; e o que eu elejo,
ele o reprova, como se tivera
sortes a seu mandar, em que escolhera,
contra as quais só por ele em vão pelejo.

Anda a voar do árduo ao impossível:
e para me perder de muitos modos,
finge que a honra é certa no perigo.

Pois se nunca pretende o que é possível,
como posso esperar ter paz com todos,
quando não posso nem ter paz comigo?!

☆ *Lisboa, Portugal, 1608*
✝ *Lisboa, Portugal, 1666*

A umas saudades

Antônio Barbosa Bacelar

Saudades de meu bem, que noite e dia
a alma atormentais, se é vosso intento
acabares-me a vida com tormento,
mais lisonja será que tirania.

Mas quando me matar vossa porfia,
de morrer tenho tal contentamento,
que em me matando vosso sentimento,
me há-de ressuscitar minha alegria.

Porém matai-me embora, que pretendo
satisfazer com mortes repetidas
o que à beleza sua estou devendo;

vidas me dai para tirar-me vidas,
que ao grande gosto com que as for perdendo,
serão todas as mortes bem devidas.

☆ *Lisboa, Portugal, 1610*
✝ *Lisboa, Portugal, 1663*

Pequei, Senhor...

Gregório de Matos

Pequei, Senhor, mas não porque hei pecado,
da vossa alta clemência me despido;
porque quanto mais tenho delinqüido,
vos tenho a perdoar mais empenhado.

Se basta a vos irar tanto um pecado,
a abrandar-vos sobeja um só gemido:
que a mesma culpa, que vos há ofendido,
vos tem para o perdão lisonjeado.

Se uma ovelha perdida, e já cobrada,
glória tal e prazer tão repentino
vos deu, como afirmais na sacra história,

eu sou, Senhor, a ovelha desgarrada,
cobrai-a; e não queirais, pastor divino,
perder na vossa ovelha a vossa glória.

☆ *Salvador/BA, 1623*
✝ *Recife/PE, 1696*

Falando com Deus

Jerônimo Bahia

Só vos conhece, amor, quem se conhece,
só vos entende bem quem bem se entende,
só quem se ofende assim não vos ofende,
e só vos pode amar quem se aborrece.

Só quem se mortifica em vós floresce,
só é senhor de si quem se vos rende,
só sabe pretender quem vos pretende,
e só sobe por vós quem por vós desce.

Quem tudo por vós perde tudo ganha,
pois tudo quanto há tudo em vós cabe;
ditoso quem no vosso amor se inflama,

pois faz troca tão alta e tão estranha,
mas só vos pode amar o que vos sabe,
só vos pode saber o que vos ama.

☆ Coimbra, Portugal, 1628?
✞ São Romão do Neiva – Minho, Portugal, 1688

Quem de meus versos a lição procura

Correia Garção

Quem de meus versos a lição procura,
os farpões nunca viu de amor insano,
nem sabe quanto custa um vil engano
traçado pela mão da formosura.

Se o peito não tiver de rocha dura,
fuja de ouvir contar tamanho dano,
que a desabrida voz do desengano
o mais firme semblante desfigura.

Olhe, que há de chorar, vendo patente
em tão funesta, e lagrimosa cena
o cadafalso infame, e sanguinoso.

Verá levado à morte um inocente:
e condenado à vergonhosa pena
o mais fiel amor, mais generoso.

☆ *Lisboa, Portugal, 1724*
✞ *Lisboa, Portugal, 1772*

Ai Nise amada...

Cláudio Manuel da Costa

Ai Nise amada! se este meu tormento,
se estes meus sentidíssimos gemidos
lá no teu peito, lá nos teus ouvidos
achar pudessem brando acolhimento;

como alegre em servir-te, como atento
meus votos tributara agradecidos!
Por séculos de males bem sofridos
trocara todo o meu contentamento.

Mas se na incontrastável pedra dura
de teu rigor não há correspondência
para os doces afetos de ternura,

cesse de meus suspiros a veemência;
que é fazer mais soberba a formosura
adorar o rigor da resistência.

☆ *Ribeirão do Carmo (Mariana)/MG, 1729*
✞ *Vila Rica (Ouro Preto)/MG, 1789*

Soneto

João Xavier de Matos

Que triste, que profunda soledade
se observa aqui de cima deste outeiro!
Não anda lá no mar nenhum barqueiro,
não se ouve algum rumor cá na cidade.

Como da lua a frouxa claridade
prateia aquele monte derradeiro!
Não sabe a vista aonde vá primeiro
fartar o pensamento de saudade.

O céu sereno como está sisudo!
Quieta a planta, o mar adormecido,
a terra sossegada, o vento mudo;

mas que estrondo fizera, e que alarido,
céu, planta, mar, e terra, vento, tudo,
se rompesse o silêncio meu gemido!

☆ *Lisboa, Portugal, 1730*
✞ *Vila dos Frades – Alentejo, Portugal, 1789*

É ESTA PORVENTURA A PRAIA AMENA

Cruz e Silva

É esta porventura a praia amena
do manso Tejo? É este o monte erguido,
onde, nuns negros olhos escondido,
me fez contente amor com minha pena?

É este o bosque, que aura tão serena
derramava do vento sacudido?
Ou este o verde choupo em que esculpido
deixei o nome que meu mal serena!

Quão outro tudo está, quão demudado!
Perdeu a graça, perdeu a formosura
do alegre tempo por meu mal passado...

Mas oh! como se engana a conjectura!
Inda tudo conserva o antigo estado,
somente se mudou minha ventura.

☆ *Lisboa, Portugal, 1731*
✞ *Rio de Janeiro/RJ, 1799*

Soneto

Filinto Elísio

Uns lindos olhos, vivos, bem rasgados,
um garbo senhoril, nevada alvura,
metal de voz que enleva de doçura,
dentes de aljôfar, em rubi cravados.

Fios de ouro, que enredam meus cuidados,
alvo peito, que cega de candura,
mil prendas; e (o que é mais que formosura)
uma graça, que rouba mil agrados.

Mil extremos de preço mais subido
encerra a linda Márcia, a quem ofereço
um culto, que nem dela inda é sabido.

Tão pouco de mim julgo que a mereço,
que enojá-la não quero de atrevido
com as penas que por ela em vão padeço.

☆ *Lisboa, Portugal, 1734*
✝ *Paris, França, 1819*

PASSEI O RIO QUE TORNOU ATRÁS

Nicolau Tolentino

Passei o rio que tornou atrás,
se acaso é certo o que Camões nos diz,
em cuja ponte um bando de aguazis
registram tudo quanto a gente traz.

Segue-se um largo. Em frente dele jaz
longa fileira de baiúcas vis.
Cigarro aceso, fumo no nariz,
é como a companhia ali se faz.

A cidade por dentro é fraca rês;
as moças põem mantilhas e andam sós,
têm boa cara, mas não têm bons pés.

Isto, coifas de prata e de retrós,
e a cada canto um sórdido marquês,
foi tudo quanto vi em Badajoz.

☆ *Lisboa, Portugal, 1740*
✝ *Lisboa, Portugal, 1811*

Já, Marfiza cruel, me não maltrata

Basílio da Gama

Já, Marfiza cruel, me não maltrata
saber que usas comigo de cautelas,
que inda te espero ver, por causa delas,
arrependida de ter sido ingrata.

Com o tempo, que tudo desbarata,
teus olhos deixarão de ser estrelas;
verás murchar no rosto as faces belas,
e as tranças de ouro converter-se em prata.

Pois se sabes que a tua formosura
por força há de sofrer da idade os danos,
por que me negas hoje esta ventura?

Guarda para seu tempo os desenganos,
gozemo-nos agora, enquanto dura,
já que dura tão pouco a flor dos anos.

✫ *São José do Rio das Mortes/MG, 1741*
✞ *Lisboa, Portugal, 1795*

Eu vi a linda Jônia...

Alvarenga Peixoto

Eu vi a linda Jônia e, namorado
fiz logo eterno voto de querê-la;
mas vi depois a Nise, e é tão bela
que merece igualmente o meu cuidado.

A qual escolherei, se neste estado
eu não sei distinguir esta daquela?
Se Nise agora vir, morro por ela,
se Jônia vir aqui, vivo abrasado.

Mas ah! que esta me despreza, amante,
pois sabe que estou preso em outros braços,
e aquela não me quer, por inconstante.

Vem, Cupido, soltar-me desses laços:
ou faze desses dois um só semblante,
ou divide o meu peito em dois pedaços!

☆ *Rio de Janeiro/RJ, 1744*
✞ *Ambaca, Angola, 1792*

Eu não lastimo o próximo perigo

Alvarenga Peixoto

Eu não lastimo o próximo perigo,
uma escura prisão, estreita e forte,
lastimo os caros filhos, a consorte,
a perda irreparável de um amigo.

A prisão não lastimo, outra vez digo,
nem o ver iminente o duro corte,
que é ventura também achar a morte
quando a vida só serve de castigo.

Ah, quão depressa então acabar vira
este enredo, este sonho, esta quimera,
que passa por verdade e é mentira!

Se filhos, se consorte não tivera,
e do amigo as virtudes possuíra,
um momento de vida eu não quisera.

☆ *Rio de Janeiro/RJ, 1744*
✝ *Ambaca, Angola, 1792*

Enganei-me, enganei-me – paciência

Tomás Antônio Gonzaga

Enganei-me, enganei-me – paciência!
Acreditei as vozes, cri, Ormia,
que a tua singeleza igualaria
à tua mais que angélica aparência.

Enganei-me, enganei-me – paciência!
Ao menos conheci que não devia
pôr nas mãos de uma externa galhardia
o prazer, o sossego e a inocência.

Enganei-me, cruel, com teu semblante,
e nada me admiro de faltares,
que esse teu sexo nunca foi constante.

Mas tu perdeste mais em me enganares:
que tu não acharás um firme amante,
e eu posso de traidoras ter milhares.

☆ *Porto, Portugal, 1744*
✝ *Moçambique, 1810*

RETRATAR A TRISTEZA...

Marquesa de Alorna

Retratar a tristeza em vão procura
quem na vida um só pesar não sente,
porque sempre vestígios de contente
hão de surgir por baixo da pintura;

porém eu, infeliz, que a desventura
o mínimo prazer me não consente,
em dizendo o que sinto, a mim somente
parece que compete esta figura.

Sinto o bárbaro efeito das mudanças,
dos pesares o mais cruel pesar,
sinto do que perdi tristes lembranças;

condenam-me a chorar, e a não chorar,
sinto a perda total das esperanças,
e sinto-me morrer sem acabar.

☆ *Lisboa, Portugal, 1750*
✝ *Lisboa, Portugal, 1839*

Meu ser evaporei na lida insana

Manuel Maria du Bocage

Meu ser evaporei na lida insana
do tropel das paixões que me arrastava;
ah! cego eu cria, ah! mísero eu sonhava
em mim quase imortal a essência humana!

De que inúmeros sóis a mente ufana
existência falaz me não dourava!
Mais eis sucumbe a natureza escrava
ao mal, que a vida em sua origem dana.

Prazeres, sócios meus e meus tiranos,
esta alma, que sedenta em si não coube,
no abismo vos sumiu dos desenganos.

Deus! ó Deus! quando a morte a luz me roube,
ganhe um momento o que perderam anos.
Saiba morrer o que viver não soube.

☆ *Setúbal, Portugal, 1765*
✞ *Lisboa, Portugal, 1805*

Já Bocage não sou...

Manuel Maria du Bocage

Já Bocage não sou!... À cova escura
meu estro vai parar desfeito em vento...
Eu aos céus ultrajei! O meu tormento
leve me torne sempre a terra dura.

Conheço agora já quão vã figura
em prosa e verso fez meu louco intento.
Musa! tivera algum merecimento
se um raio da razão seguisse pura!

Eu me arrependo; a língua quase fria
brade em alto pregão à mocidade,
que atrás do som fantástico corria:

outro Aretino fui... A santidade
manchei! Oh! se me creste, gente ímpia,
rasga meus versos, crê na eternidade!

☆ *Setúbal, Portugal, 1765*
✝ *Lisboa, Portugal, 1805*

Socorrei-me, Senhor...

*Santa Rita Bastos**

Socorrei-me, Senhor! Quebrai piedoso
minhas algemas, cheias de dureza!
Se meu crime provém da natureza,
quem de ser deixará réu, criminoso?

Davi, que foi tão rico e venturoso,
por Betsabé caiu na vil fraqueza;
Sansão, perdendo o brio e a fortaleza,
ao orbe deu exemplo lastimoso.

Vede Jacó, retido em cativeiro
pela gentil Raquel; vede Susana;
vede afinal, Senhor, o mundo inteiro!

Desculpa tenho na paixão insana:
que ou mandasse-me o céu o ser primeiro,
ou fizesse de ferro a carne humana.

☆ *Salvador/BA, 1785*
✞ *Salvador/BA, 1846*

* Frei Francisco Xavier de Santa Rita Bastos Baraúna.

Formosa

Maciel Monteiro

Formosa, qual pincel em tela fina
debuxar jamais pôde ou nunca ousara;
formosa, qual jamais desabrochara
na primavera rosa purpurina;

formosa, qual se a própria mão divina
lhe alinhara o contorno e a forma rara;
formosa, qual jamais no céu brilhara
astro gentil, estrela peregrina;

formosa, qual se a natureza e a arte,
dando as mãos em seus dons, em seus lavores,
jamais soube imitar no todo ou parte;

mulher celeste, ó anjo de primores!
Quem pode ver-te, sem querer amar-te?
Quem pode amar-te, sem morrer de amores?

☆ *Recife/PE, 1804*
✝ *Lisboa, Portugal, 1868*

Baixel veloz, que ao úmido elemento

Gonçalves Dias

Baixel veloz, que ao úmido elemento
a voz do nauta experto afoito entrega,
demora o curso teu, perto navega
da terra onde me fica o pensamento!

Enquanto vais cortando o salso argento,
desta praia feliz não se desprega
(meus olhos, não, que amargo pranto os rega)
minha alma, sim, e o amor que é meu tormento.

Baixel, que vais fugindo despiedado
sem temor dos contrastes da procela,
volta ao menos, qual vais tão apressado.

Encontre-a eu gentil, mimosa e bela!
E o pranto que ora verto amargurado
possa eu verter então nos lábios dela!

☆ *Caxias/MA, 1823*
✝ *No mar, perto de Guimarães/MA, 1864*

Soneto

Francisco Otaviano

Morrer, dormir, não mais, termina a vida,
e com ela terminam nossas dores;
um punhado de terra, algumas flores...
E depois uma lágrima fingida.

Sim, minha morte não será sentida:
não tive amigos e nem deixo amores;
e se os tive, tornaram-se traidores,
algozes vis de um'alma consumida.

Tudo é podre no mundo! Que me importa
que amanhã se esboroe ou que desabe,
se a natureza para mim 'stá morta?!

É tempo já que meu exílio acabe...
Vem, vem, ó morte! ao nada me transporta:
morrer, dormir, talvez sonhar, quem sabe!

☆ *Rio de Janeiro/RJ, 1825*
✝ *Rio de Janeiro/RJ, 1889*

O seu nome

João de Deus

Ela não sabe a luz suave e pura
que derrama numa alma acostumada
a não ver nunca a luz da madrugada
vir raiando, senão com amargura!

Não sabe a avidez com que a procura
ver esta vista, de chorar cansada,
a ela... única nuvem prateada,
única estrela desta noite escura!

E mil anos que leve a Providência
a dar-me este degredo por cumprido,
por acabada já tão longa ausência,

ainda nesse instante apetecido
será meu pensamento essa existência...
E o seu nome, o meu último gemido.

☆ *S. Bartolomeu de Messines – Algarve, Portugal, 1830*
✝ *Lisboa, Portugal, 1896*

Soneto

Álvares de Azevedo

Passei ontem a noite junto dela.
Do camarote a divisão se erguia
apenas entre nós – e eu vivia
no doce alento dessa virgem bela...

Tanto amor, tanto fogo se revela
naqueles olhos negros! Só a via!
Música mais do céu, mais harmonia
aspirando nessa alma de donzela!

Como era doce aquele seio arfando!
Nos lábios que sorriso feiticeiro!
Daquelas horas lembro-me chorando!

Mas o que é triste e dói ao mundo inteiro
é sentir todo o seio palpitando...
Cheio de amores! E dormir solteiro!

☆ *São Paulo/SP, 1831*
✞ *São Paulo/SP, 1852*

Ignorabimus

Tobias Barreto

Quanta ilusão!... O céu mostra-se esquivo
e surdo ao brado do universo inteiro...
De dúvidas cruéis prisioneiro,
tomba por terra o pensamento altivo.

Dizem que o Cristo, o filho de Deus vivo,
a quem chamam também Deus verdadeiro,
veio o mundo remir do cativeiro,
e eu vejo o mundo ainda tão cativo!

Se os reis são sempre reis, se o povo ignavo
não deixou de provar o duro freio
da tirania, e da miséria o travo,

se é sempre o mesmo engodo e falso enleio,
se o homem chora e continua escravo,
de que foi que Jesus salvar-nos veio?...

☆ *Campos/SE, 1839*
✝ *Recife/PE, 1889*

A Carolina

Machado de Assis

Querida, ao pé do leito derradeiro
em que descansas dessa longa vida,
aqui venho e virei, pobre querida,
trazer-te o coração do companheiro.

Pulsa-lhe aquele afeto verdadeiro
que, a despeito de toda a humana lida,
fez a nossa existência apetecida
e num recanto pôs o mundo inteiro.

Trago-te flores – restos arrancados
da terra que nos viu passar unidos
e ora mortos nos deixa e separados.

Que eu, se tenho nos olhos mal feridos
pensamentos de vida formulados,
são pensamentos idos e vividos.

☆ *Rio de Janeiro/RJ, 1839*
✝ *Rio de Janeiro/RJ, 1908*

Última vontade

João Penha

O corpo num lençol, e assim metido
em minha mãe, donde nasci, a terra.
Nada do som do bronze, um som que aterra,
que descontenta um delicado ouvido.

Ninguém ouse soltar um só gemido
junto da cova que o meu corpo encerra:
longe, a minh'alma em outros mundos erra,
dêem-lhe a paz de um sempiterno olvido.

Nada de luto, de sanefas pretas;
onde eu fique, um recôndito jardim,
onde ela, a mais divina das Julietas,

se por acaso se lembrar de mim,
possa colher um ramo de violetas
com que inflore o seu peito de cetim.

☆ *Braga – Minho, Portugal, 1839*
✞ *Braga – Minho, Portugal, 1919*

Enojo

Fagundes Varela

Vem despontando a aurora, a noite morre,
desperta a mata virgem seus cantores,
medroso o vento no arraial das flores
mil beijos furta e suspirando corre.

Estende a névoa o manto e o val percorre,
cruzam-se as borboletas de mil cores,
e as mansas rolas choram seus amores
nas verdes balsas onde o orvalho escorre.

E pouco a pouco se esvaece a bruma,
tudo se alegra à luz do céu risonho
e ao flóreo bafo que o sertão perfuma.

Porém minh'alma triste e sem um sonho
murmura olhando o prado, o rio, a espuma:
como isto é pobre, insípido, enfadonho!

☆ *Rio Claro/RJ, 1841*
✝ *Niterói/RJ, 1875*

Visita à casa paterna

Luis Guimarães Junior

Como a ave que volta ao ninho antigo,
depois de um longo e tenebroso inverno,
eu quis também rever o lar paterno,
o meu primeiro e virginal abrigo.

Entrei. Um gênio carinhoso e amigo,
e fantasma talvez do amor materno,
tomou-me as mãos, olhou-me grave e terno,
e passo a passo, caminhou comigo.

Era esta a sala (oh, se me lembro, e quanto!)
em que da luz noturna à claridade,
minhas irmãs e minha mãe... O pranto

jorrou-me em ondas... Resistir quem há de?
Uma ilusão gemia em cada canto,
chorava em cada canto uma saudade!

☆ *Rio de Janeiro/RJ, 1841*
✝ *Lisboa, Portugal, 1898*

Divina comédia

Antero de Quental

Erguendo os braços para o céu distante
e apostrofando os deuses invisíveis,
os homens clamam: – Deuses impassíveis,
a quem serve o destino triunfante,

por que é que nos criastes?! Incessante
corre o tempo e só gera, inextinguíveis,
dor, pecado, ilusão, lutas horríveis,
num turbilhão cruel e delirante...

Pois não era melhor na paz clemente
do nada e do que ainda não existe,
ter ficado a dormir eternamente?

Por que é que para a dor nos evocastes?
Mas os deuses, com voz inda mais triste,
dizem: – Homens, por que é que nos criastes?!

☆ *Ponta Delgada – Açores, Portugal, 1842*
✞ *Ponta Delgada – Açores, Portugal, 1891*

ODOR DI FEMINA

Gonçalves Crespo

Era austero e sisudo; não havia
frade mais exemplar nesse convento;
no seu cavado rosto macilento
um poema de lágrimas se lia.

Uma vez que na extensa livraria
folheava o triste um livro pardacento,
viram-no desmaiar, cair do assento,
convulso, e torvo sobre a laje fria.

De que morrera o venerando frade?
Em vão busco as origens da verdade,
ninguém m'a disse, explique-a quem puder.

Consta que um bibliófilo comprara
o livro estranho e que, ao abri-lo, achara
uns dourados cabelos de mulher...

☆ *Rio de Janeiro/RJ, 1846*
✝ *Lisboa, Portugal, 1883*

Marieta

Castro Alves

Como o gênio da noite, que desata
o véu de rendas sobre a espada nua,
ela solta os cabelos... Bate a lua
nas alvas dobras de um lençol de prata.

O seio virginal que a mão recata,
embalde o prende a mão... cresce, flutua...
Sonha a moça ao relento... Além na rua
preludia um violão na serenata.

Furtivos passos morrem no lajedo...
Resvala a escada do balcão discreta...
Matam lábios os beijos em segredo...

Afoga-me os suspiros, Marieta!
Ó surpresa! ó palor! ó pranto! ó medo!
Ai! noites de Romeu e Julieta!...

☆ *Muritiba/BA, 1847*
✞ *Salvador/BA, 1871*

ROSA MÍSTICA

Gomes Leal

Do pôr-do-sol àquela luz sagrada,
eu perdia-me... ó hora doce e breve!...
Meu peito junto ao seu colo de neve,
numa contemplação grave e elevada.

Nossas almas se erguiam, como deve
erguer-se uma alma à luz afortunada.
Do mar se ouvia a grande voz chorada.
Palpitavam as pombas no ar leve.

Eu então perguntei-lhe, baixo e brando:
– Em que mundos de luz é que caminhas?
Que torre está tua alma arquitetando?...

Ela, travando as suas mãos das minhas,
me disse, ingênua, então: – Estou cismando
no que dirão, no ar, as andorinhas.

☆ *Lisboa, Portugal, 1848*
✞ *Lisboa, Portugal, 1921*

Eu que tenho no olhar...

Guerra Junqueiro

Eu que tenho no olhar o incoercível dente
que aguilhoa da carne os sonhos bestiais,
e tenho as atrações nervosas da serpente
com que Jeová tentou nossos primeiros pais;

eu, a mulher perdida, a cínica indolente,
a torpe barregã de olhos sentimentais,
que ando de mão em mão escandalosamente
como as cartas de jogo e os livros sensuais;

eu, negra flor do mal, silenciosa e calma,
eu, que cheguei a ter escrófulas na alma
e abri um lupanar dentro do coração;

ao ver teu olhar, o teu olhar sombrio,
ó canalha gentil, ó pálido vadio,
eu, que desprezo o amor, amo-te, D. João!

☆ *Freixo-de-Espada-à-Cinta – Trás-os-Montes, Portugal, 1850*
✝ *Lisboa, Portugal, 1923*

Nós

Silva Ramos

Eu e tu: a existência repartida
por duas almas; duas almas numa
só existência. Tu e eu: a vida
de duas vidas que uma só resuma.

Vida de dois, em cada um vivida,
vida de um só vivida em dois; em suma:
a essência unida à essência, sem que alguma
perca o ser una, sendo à outra unida.

Duplo egoísmo altruísta, a cujo enleio
no próprio coração cada qual sente
a chama que em si nutre o incêndio alheio.

Ó mistério do amor onipotente,
que eternamente eu viva no teu seio,
e vivas no meu seio eternamente.

☆ *Recife/PE, 1853*
✝ *Rio de Janeiro/RJ, 1930*

O REBELDE

Lúcio de Mendonça

É um lobo do mar: numa espelunca
mora, à beira do oceano, em rocha alpestre.
Ira-se a onda e, qual tigre silvestre,
de mortos vegetais a praia junca,

e ele, olhando como um velho mestre
o revoltoso que não dorme nunca,
recurva o dedo como garra adunca
sobre o cachimbo, único amor terrestre.

E então assoma-lhe um sorriso amargo...
É um rebelde também, cérebro largo,
que odeia os reis e os padres excomunga.

À noite, dorme sem rezar: que importa?
Enorme cão fiel, guarda-lhe a porta
o velho mar soturno que resmunga.

☆ *Barra do Piraí/RJ, 1854*
✝ *Rio de Janeiro/RJ, 1909*

A FORCA*

Cesário Verde

Já que adorar-me dizes que não podes,
imperatriz serena, alva e discreta,
ai, como no teu colo há muita seta
e o teu peito é peito de um Herodes.

Eu antes que encaneçam meus bigodes
ao meu mister de amar-te hei de pôr meta,
o coração mo diz – feroz profeta
que anões faz dos colossos lá de Rodes.

E a vida depurada no cadinho
das eróticas dores do alvoroço,
acabará na força, num azinho,

mas o que há de apertar o meu pescoço
em lugar de ser corda de bom linho
será do teu cabelo um menos grosso.

☆ *Lisboa, Portugal, 1855*
✞ *Lisboa, Portugal, 1886*

* Transcrito por João Gaspar Simões em *História da poesia portuguesa – Os poetas pré-simbolistas*, com a indicação de que pertence a *O livro de Cesário Verde*. Não consta da edição que consultamos, de 1910 (v. bibliografia).

Transit

Artur Azevedo

Tu és dona de mim, tu me pertences,
e, neste delicioso cativeiro,
não queres crer que, ingrato e bandoleiro,
possa eu noutra pensar, ou noutro penses.

Doce cuidado meu, não te convences
de que tudo na terra é passageiro,
frívolo, fútil, rápido, ligeiro,
e a pertinácia do erro teu não vences!

Num belo dia – hás de tu ver – desaba
esta velha afeição, funda e comprida,
que tanta gente nos inveja e gaba...

Choras? Para que lágrimas, querida?
Naturalmente o amor também se acaba,
como tudo se acaba nesta vida.

☆ *São Luís/MA, 1855*
✝ *Rio de Janeiro/RJ, 1908*

Mal secreto

Raimundo Correia

Se a cólera que espuma, a dor que mora
n'alma e destrói cada ilusão que nasce;
tudo o que punge, tudo o que devora
o coração, no rosto se estampasse.

Se se pudesse espírito que chora
ver através da máscara da face,
quanta gente talvez que inveja agora
nos causa, então piedade nos causasse!

Quanta gente que ri, talvez consigo
guarda um atroz, recôndito inimigo,
como invisível chaga cancerosa!

Quanta gente que ri, talvez existe
cuja ventura única consiste
em parecer aos outros venturosa!

☆ *No mar, na baía de Mogúncia/MA, 1859*
✝ *Paris, França, 1911*

As pombas

Raimundo Correia

Vai-se a primeira pomba despertada...
Vai-se outra mais... mais outra... enfim dezenas
de pombas vão-se dos pombais, apenas
raia sangüínea e fresca a madrugada.

E à tarde, quando a rígida nortada
sopra, aos pombais de novo elas, serenas,
ruflando as asas, sacudindo as penas,
voltam todas em bando e em revoada.

Também dos corações onde abotoam,
os sonhos, um por um, céleres voam,
como voam as pombas dos pombais.

No azul da adolescência as asas soltam,
fogem... Mas aos pombais as pombas voltam
e eles aos corações não voltam mais.

☆ *No mar, na baía de Mogúncia/MA, 1859*
✝ *Paris, França, 1911*

ABREM DUAS JANELAS PARA A RUA

B. Lopes

Abrem duas janelas para a rua,
com trepadeira em arcos de taquara;
a cortina de renda, larga e clara,
alveja ao fundo da vidraça nua.

Em frente o mar, e sobre o mar a lua,
a estrelejar a onda que não pára;
aflam asas por cima e solta a vara,
n'água brilhante, o mestre da falua.

Ecos noturnos e o rumor estranho
da meninada trêfega no banho
voam da praia ao chalezinho dela;

move-se um corpo de mulher, no escuro;
gira, após, o caixilho; e o luar puro
ilumina-lhe o busto na janela!

☆ *Boa Esperança/RJ, 1859*
✞ *Rio de Janeiro/RJ, 1916*

Evangelho e Alcorão

Augusto de Lima

Num tom de voz que a piedade ungia,
falava o padre ao crente do Alcorão,
que no leito de morte se estorcia:
"Implora de Jesus a compaixão.

Deixa Mafoma, ó filho da heresia,
e abraça a sacrossanta religião
do que morreu por nós..." E concluía:
"Se te queres salvar morre cristão".

Ao filho de Jesus, o moribundo
ergueu o olhar esbranquiçado e fundo,
onde da morte já descia o véu.

Mas logo se estorceu na ânsia extrema
e ao ver da Redenção o triste emblema,
ruge expirando: "Alá nunca morreu".

☆ *Nova Lima/MG, 1859*
✝ *Rio de Janeiro/RJ, 1934*

Horas mortas

Alberto de Oliveira

Breve momento, após comprido dia
de incômodos, de penas, de cansaço,
inda o corpo a sentir quebrado e lasso,
posso a ti me entregar, doce Poesia.

Desta janela aberta à luz tardia
do luar em cheio a clarear no espaço,
vejo-te vir, ouço-te o leve passo
na transparência azul da noite fria.

Chegas. O ósculo teu me vivifica.
Mas é tão tarde! Rápido flutuas,
tornando logo à etérea imensidade;

e na mesa a que escrevo apenas fica
sobre o papel – rastro das asas tuas –
um verso, um pensamento, uma saudade.

☆ *Saquarema/RJ, 1859*
✝ *Niterói/RJ, 1937*

Vida obscura

Cruz e Sousa

Ninguém sentiu o teu espasmo obscuro,
ó ser humilde entre os humildes seres,
embriagado, tonto dos prazeres,
o mundo para ti foi negro e duro.

Atravessaste no silêncio escuro
a vida presa a trágicos deveres
e chegaste ao saber de altos saberes
tornando-te mais simples e mais puro.

Ninguém te viu o sentimento inquieto,
magoado, oculto e aterrador, secreto,
que o coração te apunhalou no mundo.

Mas eu que sempre te segui os passos
sei que cruz infernal prendeu-te os braços
e o teu suspiro como foi profundo!

☆ *Desterro (Florianópolis)/SC, 1861*
✝ *Estação de Sítio/MG, 1898*

QUADRO ANTIGO

Eduardo Coimbra

Tudo era em torno à mesa. As taças lapidadas
jaziam pelo chão em rígidos pedaços,
e os olhos sensuais dos cortesãos devassos
beijavam a tremer os seios das amadas.

As matronas gentis de faces descoradas
desenhavam, à luz dos candeeiros baços,
dos peitos seminus os contornados traços,
mexendo-se, febris, nas rendas perfumadas.

Adormecera a turba. Um pajem, entretanto,
ficara silencioso, acabrunhado, a um canto,
quem sabe se a pensar na mãe que ali não tinha.

E ao convencer-se, enfim, de que dormia tudo,
atravessando a sala, entristecido e mudo,
pôs um beijo febril nos lábios da rainha.

☆ *Porto, Portugal, 1864*
✝ *São Roque de Lameira, Portugal, 1884*

Língua portuguesa

Olavo Bilac

Última flor do Lácio, inculta e bela,
és, a um tempo, esplendor e sepultura:
ouro nativo, que na ganga impura
a bruta mina entre os cascalhos vela...

Amo-te assim, desconhecida e obscura,
tuba de alto clangor, lira singela,
que tens o trom e o silvo da procela,
e o arrolo da saudade e da ternura.

Amo o teu viço agreste e o teu aroma
de virgens selvas e de oceano largo!
Amo-te, ó rude e doloroso idioma,

em que da voz materna ouvi: "Meu filho!",
e em que Camões chorou, no exílio amargo,
o gênio sem ventura e o amor sem brilho.

☆ *Rio de Janeiro/RJ, 1865*
✞ *Rio de Janeiro/RJ, 1918*

Maldição

Olavo Bilac

Se por vinte anos, nesta furna escura,
deixei dormir a minha maldição,
hoje, velha e cansada da amargura,
minha alma se abrirá como um vulcão.

E, em torrentes de cólera e loucura,
sobre a tua cabeça ferverão
vinte anos de silêncio e de tortura,
vinte anos de agonia e solidão...

Maldita sejas pelo ideal perdido!
Pelo mal que fizeste sem querer!
Pelo amor que morreu sem ter nascido!

Pelas horas vividas sem prazer!
Pela tristeza do que eu tenho sido!
Pelo esplendor do que eu deixei de ser!...

☆ *Rio de Janeiro/RJ, 1865*
✝ *Rio de Janeiro/RJ, 1918*

Solar encantado

Vítor Silva

Só, dominando no alto a alpestre serrania,
entre alcantis, e ao pé de um rio majestoso,
dorme quedo na névoa o solar misterioso,
encerrado no horror de uma lenda sombria.

Ouve-se à noite, em torno, um clamor lamentoso,
piam aves de agouro, estruge a ventania,
e brilhando no chão por sobre a selva fria,
correm chamas sutis de um fulgor nebuloso.

Dentro um luxo funéreo. O silêncio por tudo...
Apenas, alta noite, uma sombra de leve
agita-se a tremer nas trevas de veludo...

Ouve-se, acaso, então, vaguíssimo suspiro,
e na sala, espalhando um clarão cor de neve,
resvala como um sopro o vulto de um vampiro.

☆ *Rio de Janeiro/RJ, 1865*
✞ *Porto Alegre/RS, 1922*

Envelhecendo

Emílio de Menezes

Tomba às vezes meu ser. De tropeço a tropeço,
unidos, corpo e alma, ambos rolando vão.
É o abismo e eu não sei se cresço ou se decresço,
à proporção do mal, do bem à proporção.

Sobe às vezes meu ser. De arremesso a arremesso,
unidos, estro e pulso, ambos fogem ao chão
e eu ora encaro a luz, ora à luz estremeço
e não sei onde o mal e o bem me levarão.

Fim, qual deles será? Qual deles o começo?
Prêmio, qual deles é? Qual deles é expiação?
Por qual deles ventura ou castigo mereço?

Ante o perpétuo sim, e ante o perpétuo não,
do bem que sempre fiz, nunca busquei o preço,
do mal que nunca fiz, sofro a condenação.

☆ *Curitiba/PR, 1866*
✞ *Rio de Janeiro/RJ, 1918*

Eu não espero o bem que mais desejo

Vicente de Carvalho

Eu não espero o bem que mais desejo:
sou condenado, e disso convencido;
vossas palavras, com que sou punido,
são penas e verdades de sobejo.

O que dizeis é mal muito sabido,
pois nem se esconde nem procura ensejo
e anda à vista naquilo que mais vejo:
em vosso olhar, severo ou distraído.

Tudo quanto afirmais eu mesmo alego:
ao meu amor desamparado e triste
toda a esperança de alcançar-vos nego.

Digo-lhe quanto sei, mas ele insiste;
conto-lhe o mal que vejo, e ele, que é cego,
põe-se a sonhar o bem que não existe.

☆ *Santos/SP, 1866*
✞ *Santos/SP, 1924*

Folha solta

Vicente de Carvalho

Não me culpeis a mim de amar-vos tanto,
mas a vós mesma e a vossa formosura,
pois se vos aborrece, me tortura
ver-me cativo assim de vosso encanto.

Enfadai-vos; parece-vos que, enquanto
meu amor se lastima, vos censura;
mas sendo vós comigo áspera e dura,
que eu por mim brade ao céus não causa espanto.

Se me quereis diverso do que agora
eu sou, mudai; mudai vós mesma, pois
ido o rigor que em vosso peito mora,

a mudança será para nós dois;
e então podereis ver, minha senhora,
que eu sou quem sou por serdes vós quem sois.

☆ *Santos/SP, 1866*
✝ *Santos/SP, 1924*

(Golfo de Biscaia, 1891)

Antônio Nobre

O meu beliche é tal qual o bercinho
onde dormi horas que não vêm mais.
Dos seus embalos já estou cheinho:
minha velha ama são os vendavais.

Uivam os ventos! Fumo, bebo vinho,
o vapor treme! Abraço a Bíblia, aos ais...
Covarde! Que dirão (eu adivinho)
os portugueses? Que dirão teus pais?

Coragem! Considera o que hás sofrido,
o que sofres e o que ainda sofrerás,
e vê, depois, se acaso é permitido

tal medo à morte, tanto apego ao mundo:
ah! fora bem melhor, vás onde vás,
Antônio, que o paquete fosse ao fundo.

☆ *Porto, Portugal, 1867*
✞ *Carreiros – Foz do Douro, Portugal, 1900*

(Canal da Mancha, 1891)

Antônio Nobre

Aqui, sobre estas águas cor de azeite,
cismo em meu lar, na paz que lá havia.
Carlota, à noite, ia ver se eu dormia,
e vinha, de manhã, trazer-me o leite.

Aqui, não tenho um único deleite!
Talvez... baixando, em breve, à água fria,
sem beijo, sem uma ave-maria,
sem uma flor, sem o menor enfeite!

Ah, pudesse eu voltar à minha infância!
Lar adorado, em fumos, à distância,
ao pé de minha irmã, vendo-a bordar...

Minha velha aia, conta-me essa história
que principiava, tenho-a na memória:
"Era uma vez..." Ah! deixem-me chorar!

☆ *Porto, Portugal, 1867*
✝ *Carreiros – Foz do Douro, Portugal, 1900*

Nihil

Guimarães Passos

Sem aos outros mentir, vivi meus dias
desditosos por dias bons tomando,
das pessoas alegres me afastando
e rindo às outras mais do que eu sombrias.

Enganava-me assim, não me enganando;
fiz dos passados males alegrias
do meu presente e das melancolias
sempre gozos futuros fui tirando.

Sem ser amado, fui feliz amante;
imaginei-me bom, culpado sendo;
e se chorava, ria ao mesmo instante.

E tanto tempo fui assim vivendo,
de enganar-me tornei-me tão constante,
que hoje nem creio no que estou dizendo.

☆ *Maceió/AL, 1867*
✞ *Paris, França, 1909*

Caminho (I)

Camilo Pessanha

Tenho sonhos cruéis: n'alma doente
sinto um vago receio prematuro.
Vou a medo na aresta do futuro,
embebido em saudades do presente...

Saudades desta dor que em vão procuro
do peito afugentar bem rudemente,
devendo, ao desmaiar sobre o poente,
cobrir-me o coração de um véu escuro!...

Porque a dor, esta falta d'harmonia,
toda a luz desgrenhada que alumia
as almas doidamente, o céu d'agora,

sem ela o coração é quase nada:
um sol onde expirasse a madrugada,
porque é só madrugada quando chora.

☆ *Coimbra, Portugal, 1867*
✞ *Macau, China, 1926*

Caminho (II)

Camilo Pessanha

Encontraste-me um dia no caminho
em procura de quê, nem eu o sei.
– Bom dia, companheiro, te saudei,
que a jornada é maior indo sozinho,

é longe, é muito longe, há muito espinho!
Paraste a repousar, eu descansei...
Na venda em que pousaste, onde pousei,
bebemos cada um do mesmo vinho.

É no monte escabroso, solitário.
Corta os pés como a rocha de um calvário,
e queima como a areia!... Foi no entanto

que choramos a dor de cada um...
E o vinho em que choraste era comum:
tivemos de beber do mesmo pranto.

☆ *Coimbra, Portugal, 1867*
✞ *Macau, China, 1926*

Interrogação

Júlia Cortines

Contemplo a noite: a cúpula estrelada
do firmamento sobre mim palpita;
meu olhar, que a interroga, embalde fita
o olhar dos astros, que não vêem nada:

– Nessa amplitude lôbrega e infinita
que inteligência ou força inominada
numa elipse traçou a vossa estrada,
estrelas de ouro, que o mistério habita?

Dizei-me se, transpondo a imensidade,
alguma coisa a vós minha alma prende,
um vínculo de amor ou de verdade.

Dizei-me o fim da nossa vida agora:
para que serve a luz que em vós resplende,
e a oculta mágoa que em meu seio mora?...

☆ *Rio Bonito/RJ, 1868*
✞ *Rio de Janeiro/RJ, 1948*

A COROA DE ROSAS

Eugênio de Castro

A fim, oculto amor, de coroar-te,
de adornar tuas tranças luminosas,
uma coroa teci de brancas rosas,
e fui pelo mundo afora, a procurar-te.

Sem nunca te encontrar, crendo avistar-te
nas moças que encontrava, donairosas,
fui-as beijando e fui-lhes dando as rosas
da coroa feita com amor e arte.

Trago, de caminhar, os membros lassos,
acutilam-me os ventos e as geadas,
já não sei o que são noites serenas...

Sinto que vais chegar, ouço-te os passos,
mas ai! nas minhas mãos ensangüentadas
uma coroa de espinhos trago apenas!

☆ *Coimbra, Portugal, 1869*
✝ *Coimbra, Portugal, 1944*

Foi assim que eu a vi...

Alphonsus de Guimaraens

Foi assim que eu a vi. Desse momento
a lembrança tranqüila vem-me do alto
– sonho de rosas num país nevoento,
de que afinal acordo em sobressalto.

Fugiu-me essa visão: de novo tento
firmar os passos para um novo assalto.
Mas que farás, pobre homem sem alento,
tu, cego da alma e de coragem falto!

Que farás, coração que te magoas,
na tua timidez contemplativa,
só, tão longe das almas que são boas!

Que farás, alma, tu que louca e pasma,
seguindo embora o rastro de uma viva,
beijas os passos longos de um fantasma!

☆ *Ouro Preto/MG, 1870*
✞ *Mariana/MG, 1921*

Eu quero ouvir o coração falar

Fausto Guedes Teixeira

Eu quero ouvir o coração falar
e não os homens a falar por ele!
Enquanto a gente fala, há de parar
no peito a vida estranha que o impele.

Independente à forma de o expressar,
o sentimento existe, e ai daquele
coração triste que se julgue dar
na cerração em que a palavra o vele.

Astro no peito, é sobre a língua chaga.
Dizer uma alegria ou um tormento
é um mar em que sempre se naufraga.

Era a essência de Deus vista e atingida!
Se é a força da vida o sentimento,
fez-se a palavra pra mentir a vida.

☆ *Lamego – Alto Douro, Portugal, 1871*
✞ *?, 1930*

Cisnes

Júlio Salusse

A vida, manso lago azul algumas
vezes, algumas vezes mar fremente,
tem sido para nós constantemente
um lago azul sem ondas, sem espumas.

Sobre ele, quando, desfazendo as brumas
matinais, rompe um sol vermelho e quente,
nós dois vagamos indolentemente,
como dois cisnes de alvacentas plumas.

Um dia um cisne morrerá, por certo.
Quando chegar esse momento incerto,
no lago, onde talvez a água se tisne,

que o cisne vivo, cheio de saudade,
nunca mais cante, nem sozinho nade,
nem nade nunca ao lado de outro cisne.

☆ *Bom Jardim/RJ, 1872*
✞ *Rio de Janeiro/RJ, 1948*

De profundis clamavi at te Domine

Augusto Gil

Ao charco mais escuso e mais imundo
chega uma hora no correr do dia
em que um raio de sol, claro e jucundo,
o visita, o alegra, o alumia;

pois eu, nesta desgraça em que me afundo,
nesta contínua e intérmina agonia,
nem tenho uma hora só dessa alegria
que chega às coisas ínfimas do mundo!...

Deus meu, acaso a roda do destino
a movimentam vossas mãos leais
num aceno impulsivo e repentino,

sem que na cega turbulência a domem?!
Senhor! não é um seixo que esmagais;
olhai que é – o coração de um homem!...

☆ *Porto, Portugal, 1873*
✝ *Lisboa, Portugal, 1929*

Outra vida

Francisca Júlia

Se o dia de hoje é igual ao dia que me espera
depois, resta-me, entanto, o consolo incessante
de sentir, sob os pés, a cada passo adiante,
que se muda o meu chão para o chão de outra esfera.

Eu não me esquivo à dor nem maldigo a severa
lei que me condenou à tortura constante;
porque em tudo adivinho a morte a todo instante,
abro o seio, risonha, à mão que o dilacera.

No ambiente que me envolve há trevas do seu luto;
na minha solidão a sua voz escuto,
e sinto, contra o meu, o seu hálito frio.

Morte, curta é a jornada e o meu fim está perto!
Feliz, contigo irei, sem olhar o deserto
que deixo atrás de mim, vago, imenso, vazio...

☆ *Xiririca (Eldorado)/SP, 1874*
✞ *São Paulo/SP, 1920*

DOR SUPREMA

José Duro

Onde quer que ponho os olhos contristados
– costumei-me a ver o mal em toda a parte –
não encontro nada que não vá magoar-te,
ó minh'alma cega, irmã dos entrevados.

Sexta-feira santa cheia de cuidados,
livro d'Ezequiel. Vontade de chorar-te...
E não ter um pranto, um só, para lavar-te
das manchas do fel, filhas de mil pecados!...

Ai do que não chora porque se esqueceu
como há de chamar as lágrimas aos olhos
na hora amargurada em que precisa delas!

Mas é bem mais triste aquele que olha o céu
em busca de Deus, que o livre dos abrolhos,
e só acha a luz das pálidas estrelas...

☆ *Lisboa, Portugal, 1875*
✞ *Lisboa, Portugal, 1899*

Vida obscura

Saturnino de Meireles

Como um lírio que nasce e que fenece
por entre as rochas de uma gruta escura,
tu foste assim do berço à sepultura
com um sorriso de anjo que adormece.

Não se ouviu de teus lábios uma prece
que deixasse do mundo uma censura.
Foste mesmo uma rosa de ternura
que por entre os espinhos estremece.

Levaste assim contigo o teu segredo,
como se fosse uma harpa não tocada
ou uma flor nascida num degredo.

Foste só uma pálida esperança,
uma saudade nunca desvendada,
um sonho muito vago de criança.

☆ *Rio de Janeiro/RJ, 1878*
✝ *Rio de Janeiro/RJ, 1906*

SONETO

Nunes Claro

Vieste tarde, meu amor. Começa
em mim caindo a neve devagar...
Morre o sol; o outono vem depressa,
e o inverno, finalmente, há de chegar.

E se hoje andamos juntos, na promessa
de caminharmos toda a vida a par,
daqui a pouco o teu amor tem pressa
e o meu, daqui a pouco, há de cansar.

Dentro em breve, por trás das velhas portas,
dando um ao outro só palavras mortas
que rolam mudas sobre nossas vidas,

ouviremos, nas noites desoladas,
tu, a canção das vozes desejadas,
eu, o chorar das vozes esquecidas.

☆ *Lisboa, Portugal, 1878*
✝ *Lisboa, Portugal, 1949*

Soror Tereza

Maranhão Sobrinho

E um dia as monjas foram dar com ela
morta, da cor de um sonho de noivado,
no silêncio cristão da estreita cela,
lábios nos lábios de um Crucificado...

Somente a luz de uma piedosa vela
ungia, como um óleo derramado,
o aposento tristíssimo daquela
que morrera num sonho, sem pecado...

Todo o mosteiro encheu-se de tristeza,
e ninguém soube de que dor escrava
morrera a divinal soror Tereza...

Não creio que, do amor, a morte venha,
mas sei que a vida da soror boiava
dentro dos olhos do Senhor da Penha...

☆ *Barra da Corda/MA, 1879*
✝ *Manaus/AM, 1915*

Poeta fui e do áspero destino

José Albano

Poeta fui e do áspero destino
senti bem cedo a mão pesada e dura.
Conheci mais tristeza que ventura
e sempre andei errante e peregrino.

Vivi sujeito ao doce desatino
que tanto engana mas tão pouco dura;
e inda choro o rigor da sorte escura,
se nas dores passadas imagino.

Porém, como me agora vejo isento
dos sonhos que sonhava noite e dia
e só com saudades me atormento,

entendo que não tive outra alegria
nem nunca outro qualquer contentamento,
senão ter cantado o que sofria.

☆ Fortaleza/CE, 1882
✝ Montauban, França, 1923

Versos íntimos

Augusto dos Anjos

Vês?! Ninguém assistiu ao formidável
enterro de tua última quimera.
Somente a ingratidão – esta pantera –
foi tua companheira inseparável!

Acostuma-te à lama que te espera!
O homem, que, nesta terra miserável,
mora, entre feras, sente inevitável
necessidade de também ser fera.

Toma um fósforo. Acende teu cigarro!
O beijo, amigo, é a véspera do escarro,
a mão que afaga é a mesma que apedreja.

Se a alguém causa inda pena a tua chaga,
apedreja essa mão vil que te afaga,
escarra nessa boca que te beija!

☆ *Espírito Santo/PB, 1884*
✞ *Leopoldina/MG, 1914*

Beijos mortos

Martins Fontes

Amemos a mulher que não ilude,
e que, ao saber que a temos enganado,
perdoa por amor e por virtude,
pelo respeito ao menos do passado.

Muitas vezes, na minha juventude,
evocando o romance de um noivado,
sinto que amei outrora quanto pude,
porém mais deveria ter amado.

Choro. O remorso os nervos me sacode.
E, ao relembrar o mal que então fazia,
meu desespero inconsolado explode.

E a causa desta horrível agonia,
é ter amado, quanto amar se pode,
sem ter amado quanto amar devia.

☆ *Santos/SP, 1884*
✞ *Santos/SP, 1937*

Íntimo

Humberto de Campos

Minha mãe! minha mãe! Tu, que adivinhas
esta mágoa amaríssima que eu canto,
tu, que trazes as pálpebras de pranto
cheias, tão cheias como eu trago as minhas;

tu, que vives em lágrimas, e tinhas
a vida, outrora, tão feliz, enquanto
deste teu filho, que tu queres tanto,
todas as mágoas serenando vinhas;

tu, que do astro do bem segues o brilho,
pede ao Deus que, apesar das tuas dores,
ainda persiste a castigar teu filho,

que eu não morra a sofrer, como hoje vivo,
esta angústia de uma árvore sem flores
e esta mágoa de pássaro cativo.

☆ *Miritiba/MA, 1886*
✞ *Rio de Janeiro/RJ, 1934*

Vesperal

Antônio Sardinha

Se eu te pintasse, posta na tardinha,
pintava-te num fundo cor de olaia,
na mão suspensa, nessa mão que é minha,
o lenço fino acompanhando a saia!

Vejo-te assim, ó asa de andorinha,
em ar de infanta que perdeu a aia,
envolta numa luz que te acarinha,
na luz que desfalece e que desmaia!

Com teu encanto os dias me adamasques,
linda menina ingênua de Velásquez
a flutuar num mar de seda e renda.

Deixa cair dos lábios de medronho
a perfumada voz do nosso sonho,
mas tão baixinho que só eu entenda!

☆ *Monforte – Alentejo, Portugal, 1888*
✞ *Elvas – Alentejo, Portugal, 1925*

Fosse eu apenas...

Fernando Pessoa

Fosse eu apenas, não sei onde ou como,
uma coisa existente sem viver,
noite de vida sem amanhecer
entre as sirtes do meu dourado assomo...

Fada maliciosa ou incerto gnomo
fadado houvesse de não pertencer
meu intuito gloríola com ter
a árvore do meu uso o único pomo...

Fosse eu uma metáfora somente
escrita nalgum livro insubsistente
de um poeta antigo, de alma em outras gamas,

mas doente, e, num crepúsculo de espadas,
morrendo entre bandeiras desfraldadas
na última tarde de um império em chamas...

☆ *Lisboa, Portugal, 1888*
✞ *Lisboa, Portugal, 1935*

Quando olho para mim...

Fernando Pessoa

Quando olho para mim não me percebo.
Tenho tanto a mania de sentir
que me extravio às vezes ao sair
das próprias sensações que eu recebo.

O ar que respiro, este licor que bebo,
pertencem ao meu modo de existir,
e eu nunca sei como hei de concluir
as sensações que a meu pesar concebo.

Nem nunca, propriamente reparei,
se na verdade sinto o que sinto. Eu
serei tal qual pareço em mim? Serei

tal qual me julgo verdadeiramente?
Mesmo ante as sensações sou um pouco ateu,
nem sei bem se sou eu quem em mim sente.

☆ *Lisboa, Portugal, 1888*
✝ *Lisboa, Portugal, 1935*

Volúpia

Laura Chaves

É certo! Não mentiu quem te afirmou
que eu tenho dito muito mal de ti.
É certo, sim, mordi, mordi, mordi,
enquanto a minha boca não cansou.

Tudo quanto há de mau em mim gozou...
Sabes lá a volúpia que eu senti
quando, com mil requintes, descrevi
como a tua alma aos poucos se aviltou!

E no delírio de te fazer mal
analisei o vício, o lodaçal
em que hoje vives numa orgia louca...

Mas o que ninguém pôde pressentir
é que eu estava falando para ouvir
o teu nome a vibrar na minha boca!

☆ *Lisboa?, Portugal, 1888*
✝ *?*

Certa voz na noite ruivamente...

Mário de Sá-Carneiro

Esquivo sortilégio o dessa voz, opiada
em sons cor de amaranto, às noites de incerteza,
que eu lembro não sei de onde – a voz de uma princesa
bailando meia nua entre clarões de espada.

Leonina, ela arremessa a carne arroxeada;
e bêbada de si, arfante de beleza,
acera os seios nus, descobre o sexo... Reza
o espasmo que a estrebucha em alma copulada.

Entanto nunca a vi mesmo em visão. Somente
a sua voz a fulcra ao meu lembrar-me. Assim
não lhe desejo a carne – a carne inexistente...

É só de voz-em-cio a bailadeira astral
– e nessa voz-estátua, ah! nessa voz-total
é que eu sonho esvair-me em vícios de marfim...

☆ *Lisboa, Portugal, 1890*
✝ *Paris, França, 1916*

CHOPIN: PRELÚDIO Nº 4

Eduardo Guimaraens

Do fundo do salão vem-me o seu pranto sobre-humano,
como do fundo irreal de um desespero hoje olvidado:
dir-se-ia que estes sons têm um tom de ouro avioletado;
há um anjo a desfolhar lírios de sombra sobre o piano.

Doce prelúdio! Que ermo e doloroso desengano
fala, através do seu vago perfume de passado?
Sobre Chopin a noite abre o amplo manto constelado:
um delírio de amor anda por tudo, insone, insano!

Em cada nota solta há como um lânguido lamento.
– Oh, a doçura de sentir que o teu olhar, perdido,
sonha, recorda e sofre, ao doce ritmo vago e lento!

E o silêncio! E a paixão que abre em adeus as mãos absortas!
E o passado que volta e traz consigo, inesquecido,
um aroma secreto e vago e doce, a flores mortas!

☆ *Porto Alegre/RS, 1892*
✝ *Rio de Janeiro/RJ, 1928*

De profundis clamavi

Eduardo Guimaraens

Deste profundo horror, de esplêndida memória,
ouve, Senhor, o brado unânime e maldito
que aos céus, vibrando, sobe! Ouve o sinistro grito
que é toda a angústia humana e toda a humana glória!

Ouve o que diz a boca exangue e merencória,
de amor gemendo! E o lábio ardente do preceito
que em vão interrogou a sombra do infinito!
E o que sorveu, calado, a lágrima ilusória!

Ouve, Deus de Sinai que tens o raio ao seio!
Nós clamamos a ti pelos perdões supremos,
pela suprema paz ao nosso eterno anseio!

E queremos saber por que nos torturamos!
E clamamos a ti do Éden em que sofremos!
E clamamos a ti do Inferno em que gozamos!

☆ *Porto Alegre/RS, 1892*
✞ *Rio de Janeiro/RJ, 1928*

Eu

Florbela Espanca

Eu sou a que no mundo anda perdida,
eu sou a que na vida não tem norte,
sou a irmã do sonho, e desta sorte
sou a crucificada... a dolorida...

Sombra de névoa tênue e esvaecida,
e que o destino amargo, triste e forte,
impele brutalmente para a morte!
Alma de luto sempre incompreendida!...

Sou aquela que passa e ninguém vê...
Sou a que chamam triste sem o ser...
Sou a que chora sem saber por quê...

Sou talvez a visão que alguém sonhou.
Alguém que veio ao mundo pra me ver
e que nunca na vida me encontrou!

✰ *Vila Viçosa – Alentejo, Portugal, 1894*
✞ *Matosinhos – Douro, Portugal, 1930*

Supremo enleio

Florbela Espanca

Quanta mulher no teu passado, quanta!
Tanta sombra em redor! Mas que me importa?
Se delas veio o sonho que conforta,
a sua vinda foi três vezes santa!

Erva do chão que a mão de Deus levanta,
folhas murchas de rojo à tua porta...
Quando eu for uma pobre coisa morta,
quanta mulher ainda! Quanta! Quanta!

Mas eu sou a manhã: apago estrelas!
Hás de ver-me, beijar-me em todas elas,
mesmo na boca da que for mais linda!

E quando a derradeira, enfim, vier,
nesse corpo vibrante de mulher
será o meu que hás de encontrar ainda...

☆ *Vila Viçosa – Alentejo, Portugal, 1894*
✞ *Matosinhos – Douro, Portugal, 1930*

Amar

Florbela Espanca

Eu quero amar, amar perdidamente!
Amar só por amar: aqui... além...
mais este e aquele, o outro e toda a gente...
Amar! Amar! E não amar ninguém!

Recordar? Esquecer? Indiferente!
Prender ou desprender? É mal? É bem?
Quem disse que se pode amar alguém
durante a vida inteira é porque mente.

Há uma primavera em cada vida:
é preciso cantá-la assim florida,
pois se Deus nos deu voz foi pra cantar.

E se um dia hei de ser pó, cinza e nada
que seja a minha noite uma alvorada,
que me saiba perder... pra me encontrar...

☆ *Vila Viçosa – Alentejo, Portugal, 1894*
✝ *Matosinhos – Douro, Portugal, 1930*

Contra-senso

Marta de Mesquita da Câmara

Oh! meu amor, escuta, estou aqui.
Pois o teu coração bem me conhece:
eu sou aquela voz que, em tanta prece,
endoideceu, chorou, gemeu por ti!

Sou eu, sou eu que ainda não morri
– nem a morte me quer, ao que parece –
e vinha renovar, se inda pudesse,
as horas dolorosas que vivi.

Oh! que insensato e louco é quem se ilude!
Quis fugir, esquecer-te, mas não pude...
Vê lá do que os teus olhos são capazes!

Deitando a vista pelo mundo além,
desisto de encontrar na vida um bem
que valha todo o mal que tu me fazes!

☆ *Lisboa?, Portugal, 1894*
✞ *?*

Desiludido

Alceu Wamosy

Por que te hás de aquecer ao sol dessa esperança
nova, que despontou na tua alma ingênua e crente?
Se ela é como sorriso em lábio de criança,
que se há de transformar em pranto, de repente...

A ventura completa, é céu que não se alcança,
mas que a gente vislumbra, além, perpetuamente:
esse céu mentiroso, é um céu que foge e avança,
se é maior ou menor a aspiração da gente.

Sê simples e sê bom, mas não julgues que um dia,
hás de o teu coração, repleto de alegria,
para sempre fechar, como quem fecha um cofre!

Crê que a desilusão é o sonho pelo avesso,
e que só se é feliz, dando-se o mesmo apreço
ao gozo que se goza, e à mágoa que se sofre!

☆ *Uruguaiana/RS, 1895*
✞ *Santana do Livramento/RS, 1923*

Duas almas

Alceu Wamosy

Ó tu, que vens de longe, ó tu, que vens cansada,
entra, e, sob este teto encontrarás carinho:
eu nunca fui amado, e vivo tão sozinho,
vives sozinha sempre, e nunca foste amada...

A neve anda a branquear, lividamente, a estrada,
e a minha alcova tem a tepidez de um ninho.
Entra, ao menos até que as curvas do caminho
se banhem no esplendor nascente da alvorada.

E amanhã, quando a luz do sol dourar, radiosa,
essa estrada sem fim, deserta, imensa e nua,
podes partir de novo, ó nômade formosa!

Já não serei tão só, nem irás tão sozinha.
Há de ficar comigo uma saudade tua...
Hás de levar contigo uma saudade minha...

☆ *Uruguaiana/RS, 1895*
✝ *Santana do Livramento/RS, 1923*

Aos que sonham

Raul de Leoni

Não se pode sonhar impunemente
um grande sonho pelo mundo afora,
porque o veneno humano não demora
em corrompê-lo na íntima semente...

Olhando no alto a árvore excelente,
que os frutos de ouro esplêndidos enflora,
o sonhador não vê, e até ignora
a cilada rasteira da serpente.

Queres sonhar? Defende-te em segredo,
e lembra, a cada instante e a cada dia,
o que sempre acontece e aconteceu:

Prometeu e o abutre no rochedo,
o calvário do filho de Maria
e a cicuta que Sócrates bebeu!

☆ *Petrópolis/RJ, 1895*
✝ *Itaipava/RJ, 1926*

Unidade

Raul de Leoni

Deitando os olhos sobre a perspectiva
das coisas, surpreendo em cada qual
uma simples imagem fugitiva
da infinita harmonia universal.

Uma revelação vaga e parcial
de tudo existe em cada coisa viva:
na corrente do bem ou na do mal
tudo tem uma vida evocativa.

Nada é inútil; dos homens aos insetos
vão-se estendendo todos os aspetos
que a idéia da existência pode ter;

e o que deslumbra o olhar é perceber
em todos esses seres incompletos
a completa noção de um mesmo ser...

☆ Petrópolis/RJ, 1895
✞ Itaipava/RJ, 1926

Bibliografia

AMORA, Antônio Soares e outros. *Grandes poetas românticos do Brasil.* São Paulo: LEP, 1959. 2v.

AMORA, A. S., MOISÉS, M. & SPINA, S. *Presença da literatura portuguesa.* São Paulo: Difusão Européia do Livro, 1961.5v.

ANJOS, Augusto dos. *Eu.* Rio de Janeiro: Livraria São José, 1962.

ASSIS, Machado de. *Poesias completas.* São Paulo: Mérito, 1961.

BANDEIRA, Manuel. *Antologia dos poetas brasileiros da fase romântica.* Rio de Janeiro: Ministério da Educação e Saúde, 1940.

BANDEIRA, Manuel. *Antologia dos poetas brasileiros da fase simbolista.* Rio de Janeiro: Ediouro, 1965.

BILAC, Olavo. *Os melhores poemas de Olavo Bilac.* São Paulo: Global, 1985.

BOCAGE. *Sonetos completos.* São Paulo: Núcleo, 1989.

CAMÕES, Luís de. *Sonetos.* Lisboa: Empresa Literária Fluminense, 1924.

CASTRO, Eugenio de. *Poesias escolhidas.* Paris: Aillaud, 1902.

CORREIA, Raimundo. *Poesia completa e prosa.* Rio de Janeiro: José Aguilar, 1961. Texto, cronologia, notas e estudo biográfico de Waldir Ribeiro do Val.

COSTA, Claudio Manoel. *Poesia.* Belo Horizonte: Itatiaia, 1976.

CRESPO, Gonçalves. *Nocturnos.* Lisboa: Avelino Fernandes Editor, 1882.

CRUZ E SOUSA. *Broquéis e faróis.* Rio de Janeiro: Imprensa Nacional, 1945. (Obras poéticas, 1)

CRUZ E SOUSA. *Últimos sonetos. Inéditos e dispersos.* Rio de Janeiro: Imprensa Nacional, 1945. (Obras poéticas, 2)

DEUS, João de. *Campo de flores.* Paris: Aillaud, s.d. 2v.

DURO, José. *Fel.* Lisboa: Guimarães Editores, 1915.

GIL, Augusto. *Luar de janeiro.* Lisboa: Portugália, s.d.

GONZAGA, Tomás Antônio. *Os melhores poemas de Tomás Antônio Gonzaga.* São Paulo: Global, 1983.

GONZAGA, Tomás Antônio. *Marília de Dirceu.* Rio de Janeiro: Ediouro, s.d.

GRÜNEWALD, José Lino. *Os poetas da Inconfidência.* Rio de Janeiro: Nova Fronteira, 1989.

GUIMARAENS, Alphonsus de. *Dona Mystica,* 1899 (s/indicação de editor).

GUIMARAENS, Eduardo. *A divina quimera.* Porto Alegre: Globo, 1944.

JUNQUEIRO, Guerra. *A morte de D. João.* Lisboa: Parceria Antônio Maria Pereira, 1921.

LEONI, Raul de. *Luz mediterrânea.* São Paulo: Martins, 1959.

LOUSADA, Wilson. *Cancioneiro do amor. Os mais belos versos da poesia brasileira.* Rio de Janeiro: José Olympio, 1950.

LUFT, Celso. *Dicionário de literatura portuguesa e brasileira.* Porto Alegre: Globo, 1979.

MATOS, Gregório de. *Poesias selecionadas.* São Paulo: FTD, 1993.

MENEZES, Emílio de. *Últimas rimas.* Rio de Janeiro: Leite Ribeiro & Maurillo, 1917.

MIRANDA, Sá de. *Sátiras.* Lisboa: O Mundo do Livro, 1958.

MOISÉS, Massaud. *A literatura portuguesa através dos textos.* São Paulo: Cultrix, 1974.

MOISÉS, Massaud. *Presença da literatura portuguesa.* São Paulo: Difusão Européia do Livro, 1971.

MOISÉS, Massaud. *Dicionário de termos literários.* São Paulo: Cultrix, 1974.

MONGELLI, Lênia Márcia de Medeiros. *Poesia arcádica. Literatura portuguesa.* São Paulo: Global, 1986.

NOBRE, Antônio. *Só.* Paris: Aillaud, 1913.

OLIVEIRA, Alberto de. *Os cem melhores sonetos brasileiros.* Rio de Janeiro; São Paulo: Freitas Bastos, 1950.

PESSANHA, Camilo. *Clépsidra.* Lisboa: Ática, 1956.

PESSOA, Fernando. *Poesia.* Lisboa: Confluência, 1945.

PESSOA, Fernando. *Seleção poética.* Rio de Janeiro: José Aguilar & MEC, 1971.

PESSOA, Fernando & BOTTO, Antônio. *Antologia de poemas portugueses modernos.* Coimbra: Nobel, 1944.

PINTO, Alfredo Clemente. *Seleta em prosa e verso.* Porto Alegre: Martins Livreiro, 1980.

QUENTAL, Antero de. *Sonetos escolhidos.* São Paulo: Exposição do Livro, 1966.

RAMOS, Péricles Eugênio da Silva. *Poesia parnasiana. Antologia.* São Paulo: Melhoramentos, 1967.

RÉGIO, José & SERPA, Alberto de. *Poesia de amor. Antologia portuguesa.* Porto: Tavares Martins, 1945.

REZENDE, Edgard. *Os mais belos sonetos brasileiros.* Rio de Janeiro: Freitas Bastos, 1946.

SÁ-CARNEIRO, Mário de. *Poesia.* São Paulo: Iluminuras, 1995.

SÁ-CARNEIRO, Mário de. *Poesias.* Lisboa: Ática, 1953.

SAMPAYO, Albino Forjaz de & MANTUA, Bento. *O livro das cortesãs.* Lisboa: Guimarães Editores, 1916.

SILVEIRA, Pedro da. *Antologia da poesia açoriana. Do século XVIII a 1975.* Lisboa: Sá da Costa Editora, 1977.

SIMÕES, João Gaspar. *História da poesia portuguesa.* Lisboa: Empresa Nacional de Publicidade, 1955-59. 7v.

SIMÕES, João Gaspar. *Itinerário histórico da poesia portuguesa. De 1189 a 1964.* Lisboa: Arcádia, 1964.

VERDE, Cesário. *O livro de Cesário Verde.* Lisboa: José Antonio Rodrigues Editores, 1910.

WAMOSY, Alceu. *Poesia completa.* Porto Alegre: PUCRS, IEL & Alves Editora, 1994.

LIVRO DO CORPO

Nota do organizador

Desde longínquas eras, quando o homem, sentindo necessidade de compartilhar seus sonhos e íntimos desejos, fez as primeiras incisões rupestres na obscuridade das cavernas, tem sido a mulher o mais inquietante personagem de sua galeria temática. E assim o foi através dos tempos, em todos os gêneros artísticos.

Nesta coletânea, poetas brasileiros e portugueses – de Camões aos nossos dias – retomam esse emocionante e eterno motivo, firmando a vista para esquadrinhar todas as sesmarias do corpo da mulher, na esperança, talvez, de que um dia o homem possa compreendê-la tanto quanto a ama.

Sergio Faraco

Lindo e sutil trançado, que ficaste

Luís de Camões

Lindo e sutil trançado, que ficaste
em penhor do remédio que mereço,
se só contigo, vendo-te, endoideço,
que fora co'os cabelos que apertaste?

Aquelas tranças de ouro que ligaste,
que os raios do sol têm em pouco preço,
não sei se ou para engano do que peço,
ou para me matar as desataste.

Lindo trançado, em minhas mãos te vejo,
e por satisfação de minhas dores,
como quem não tem outra, hei de tomar-te.

E se não for contente o meu desejo,
dir-lhe-ei que nesta regra dos amores
pelo todo também se toma a parte.

☆ *Lisboa, Portugal, 1524*
✝ *Lisboa, Portugal, 1580*

Soneto

*Sarmento Menna**

Cabelos onde o amor s'esconde manso,
e com eles brincando ocultamente,
dispara do arco ebúrneo a seta ardente,
que humanos peitos fere sem descanso;

cabelos, cujo mimo m'esperanço
de obter de tua mão, ditosamente;
cabelos de um escuro reluzente,
que de os ver, admirar jamais me canso;

cabelos, cuja cor tem meus cuidados;
cabelos com que um deus prende, domina
e abranda corações petrificados;

são os teus, venturosa Carolina,
cópia de graças, dos louçãos agrados,
formosura sem par, mortal divina.

☆ *Rio Pardo/RS, 1809*
✝ *Rio Pardo/RS, 1893*

* Sebastião Xavier do Amaral Sarmento Menna.

Cabelo loiro

João de Deus

Tenho no coração
um santuário de oiro,
altar de adoração
a um cabelo loiro.

Loiro ou castanho, aquele
que em tempo me prendeu.
E de quem era ele?
Bem sabes que era teu.

E vê-lo hoje ainda
mais belo... que surpresa!
Deliciosa inglesa!
Que cada vez mais linda!

☆ *S. Bartolomeu de Messines, Portugal, 1830*
✞ *Lisboa, Portugal, 1896*

Cabelos

Cruz e Sousa

Cabelos! Quantas sensações ao vê-los!
Cabelos negros, do esplendor sombrio,
por onde corre o fluido vago e frio
dos brumosos e longos pesadelos...

Sonhos, mistérios, ansiedades, zelos,
tudo que lembra as convulsões de um rio
passa na noite cálida, no estio
da noite tropical dos teus cabelos.

Passa através dos teus cabelos quentes,
pela chama dos beijos inclementes,
das dolências fatais, da nostalgia...

Auréola negra, majestosa, ondeada,
alma da treva, densa e perfumada,
lânguida noite da melancolia!

☆ *Florianópolis/SC, 1861*
✝ *Estação de Sítio/MG, 1898*

Nas ondas de uns cabelos...

Batista Cepelos

Soltos, ombros abaixo, os revoltos cabelos,
que te envolvem num longo e veludoso abraço;
e, como um rio negro, os seus negros novelos
rolam no vale em flor do teu brando regaço.

E, na louca embriaguez dos meus sentidos, pelos
cinco oceanos do sonho o meu roteiro faço,
a senti-los na mão, beijá-los e mordê-los,
até morrer de amor, sucumbir de cansaço!

E, pousando a cabeça em teu seio, que estua,
sinto um sono ligeiro, um sussurro de brisa,
que me suspende ao céu e pelo céu flutua...

E, num sonho feliz, como num mar profundo,
a minh'alma desliza, a minh'alma desliza,
como as naus de Colombo, à procura de um Mundo...

☆ *Cutia/SP, 1872*
✞ *Rio de Janeiro/RJ, 1915*

Teus cabelos

Gilberto Amado

Quero louvar o zelo desenvolto
com que arranjas o próprio desmazelo,
é sempre para mim cabelo solto
por melhor penteado o teu cabelo.

Em doce névoa de volúpia envolto
gozo contente o descuidado zelo
com que logras fazer de um mar revolto
de ondas lisas o clássico modelo.

Mergulham minhas mãos na noite funda
da perturbante tempestade em ordem
que o teu rosto claríssimo circunda.

E encontram minhas mãos onde mergulham
um ninho de relâmpagos que mordem,
novelos de serpentes que fagulham.

☆ *Estância/SE, 1887*
✞ *Rio de Janeiro/RJ, 1969*

Sobre o teu cabelo castanho*

Eduardo Guimaraens

Sobre o teu cabelo castanho,
ah, se eu sonhasse toda vida,
cabeça de ouro ao sol florida
e de um sutil eflúvio estranho!

Lembras uma virgem de antanho
e és toda bela, Prometida!
Sobre o teu cabelo castanho,
ah, se eu sonhasse toda a vida!

Se eu sonhasse, a fronte dorida
à flor dos teus seios unida!
Luz de amor em que os olhos banho!
Ah, deixa-me sonhar, Querida,
sobre o teu cabelo castanho!

☆ *Porto Alegre/RS, 1892*
✝ *Rio de Janeiro/RJ, 1928*

* No original, sem título.

Cabelos negros

Gilka Machado

Se do torço retrós de tua coma escura,
meu beijo, como um passarinho
gorjeando, célere, procura
o morno e fofo ninho,
que cheiro verde meu olfato sente!
– cheiro de resedá que em flores regurgita...
e meu olhar mergulha, e meu rosto se esconde
em tua cabeleira redolente...
tenho a impressão de que és uma árvore esquisita,
sonho que em teu cabelo há verduras de fronde.

A tua cabeleira bipartida
em curvas curtas, suaves,
tem a mesma ânsia indefinida,
ânsia de vôo, de amplidão, das aves;
mesmo ao crânio retida,
ela, às vezes, se anima,
e, na realização de algum sonho remoto,
fica, de asas espalmas, ar acima,
tentando uma subida
para o éter, para a luz, para o azul, para o ignoto.

Quando te acaricio,
e meu desejo teu desejo ateia,
teu cabelo aromal, noveloso e macio,
pelo meu rosto sutilmente passa...
tua cabeça, então, que em meus braços se enlaça,
tua cabeça, de essências cheia,
é uma caçoula que perfumes incendeia...
o teu cabelo queima... é vapor... é fumaça...

Quando, pela fadiga amolentada,
sobre o leito me estiro, em completo descuido
(talvez loucura minha, uma obsessão talvez),
passo a sentir o teu cabelo em tudo:
na paina da almofada,
nas mãos, nos lábios, no próprio ar que é fluido,
sobre a minha nudez,
cobrindo-a, qual um manto de veludo,
da tua ausência na viuvez.
Então, meu corpo ganha
uma volúpia estranha,
e teu cabelo, como por encanto,
avulta, cresce tanto,
que largo, longo, perfumado e quente,
da forma as curvas me acompanha,
ondulando, lentamente...
E, sem senti-los, sem ao menos vê-los,
subjetivamente,
durmo enrolada em teus cabelos.

Pelos
silêncios amplos e sombrios
tua coma me vem
em longos, aromais, sonoros fios,
na renda frouxa, tremulante, fina,
de uma surdina...
O teu cabelo musical contém
todos os sons velosos e soturnos
dos lânguidos noturnos
de Chopin. Ah, pudesse em meus versos contê-los
– esses mágicos sons, de etéreas melodias,
que desprendem as cordas luzidias
dos teus cabelos.

A tua cabeleira é uma negra urdidura
onde reteve o adejo,
e tomada ficou por lúbrica tontura,
a mariposa do meu desejo.
Fujo de vê-la, mas em tudo a vejo,
ela me segue e me circunda,
ela, dentro do dia, é uma noite profunda
onde minha alma cisma e em mil sonhos se enleva,
e, quando a Terra vai mergulhando na treva,
eu cuido mergulhar em tua cabeleira.

De onde vem esse odor com que ela me quebranta,
esse odor vegetal,
de essência dormideira,
odor que delicia e que faz mal,
narcotizante odor de maléfica planta?

*

E, meditando, assim, no silêncio, com calma,
tiro uma conclusão da origem desse aroma:
é a essência venenosa da tua alma
que anda a se evaporar por tua negra coma.

☆ *Rio de Janeiro/RJ, 1893*
✞ *Rio de Janeiro/RJ, 1980*

Teu cabelo

Alzira Freitas Tacques

No teu cabelo cor de noite escura,
tão crespo como a vaga à flor dos mares,
o perfume deponho dos cantares
com que entretenho a minha desventura.

No teu cabelo, em que em fulgor se apura
a treva espiritual dos meus pesares,
pesa a tiara de todos os sonhares,
sob as mãos de carícia da ternura.

Teu cabelo, floresta onde, entre mágoas,
erra o choro de viúvas toutinegras
e o mistério da lua sobre as águas...

Teus cabelos revoltos e dispersos,
são, suponho, os anéis de algemas negras
que prenderam as asas dos meus versos...

☆ *São Borja/RS, 1913*
✞ *Porto Alegre/RS, 1976*

SOBRANCELHAS*

Mello Moraes Filho

Quando feliz adormeço
nos braços de minha amada,
inda sendo meio-dia
parece noite fechada.

São as tuas sobrancelhas,
negras como a escuridão,
duas asas de andorinha
no céu do meu coração.

☆ *Salvador/BA, 1844*
✞ *Rio de Janeiro/RJ, 1919*

* Título do original: *Trovas.*

Olho

Vossos olhos, senhora, competem*

Luís de Camões

Vossos olhos, senhora, que competem
com o sol em beleza e claridade,
enchem os meus de tal suavidade,
que em lágrimas de vê-los se derretem.

Meus sentidos prostrados se submetem
assim cegos de tanta majestade;
e da triste prisão, da escuridade,
cheios de medo, por fugir, remetem.

Porém se então me vedes com acerto,
esse áspero desprezo com que olhais
me torna a animar a alma enfraquecida.

Oh, gentil cura! Oh, estranho desconcerto!
Que dareis co'um favor que vós não dais,
quando com um desprezo me dais vida?

☆ *Lisboa, Portugal, 1524*
✞ *Lisboa, Portugal, 1580*

* No original, sem título.

Ponderação do rosto e olhos de Anarda

Botelho de Oliveira

Quando vejo de Anarda o rosto amado,
vejo ao céu e ao jardim ser parecido;
porque no assombro do primor luzido
tem o sol em seus olhos duplicado.

Nas faces considero equivocado
de açucenas e rosas o vestido;
porque se vê nas faces reduzido
todo império de Flora* venerado.

Nos olhos e nas faces mais galharda
ao céu prefere quando inflama os raios,
e prefere o jardim, se as flores guarda:

enfim, dando ao jasmim e ao céu desmaios,
o céu ostenta um sol, dois sóis Anarda,
um maio o jardim logra; ela dois maios.

☆ *Salvador/BA, 1636*
✞ *Salvador/BA, 1711*

* (Mit.) Divindade romana que presidia a floração primaveril.

Estes os olhos são da minha amada

Cláudio Manuel da Costa

Estes os olhos são da minha amada:
que belos, que gentis, e que formosos!
Não são para os mortais tão preciosos
os doces frutos da estação dourada.

Por eles a alegria derramada,
tornam-se os campos de prazer gostosos;
em zéfiros suaves, e mimosos
toda esta região se vê banhada.

Vinde, olhos belos, vinde; e enfim trazendo
do rosto de meu bem as prendas belas,
dai alívios ao mal, que estou gemendo:

mas ah! delírio meu, que me atropelas!
Os olhos que eu cuidei que estava vendo
eram (quem crera tal!) duas estrelas.

☆ *Mariana/MG, 1729*
✝ *Ouro Preto/MG, 1789*

Olhos suaves, que em suaves dias*

Manuel Maria du Bocage

Olhos suaves, que em suaves dias
vi nos meus tantas vezes empregados,
vista, que sobre esta alma despedias
deleitosos farpões, no céu forjados;

santuários de amor, luzes sombrias;
olhos, olhos da cor de meus cuidados,
que podeis inflamar as pedras frias,
animar os cadáveres mirrados;

troquei-vos pelos ventos, pelos mares,
cuja verde arrogância as nuvens toca,
cuja horríssona voz perturba os ares;

troquei-vos pelo mal, que me sufoca,
troquei-vos pelos ais, pelos pesares:
oh, câmbio triste! oh, deplorável troca!

☆ *Setúbal, Portugal, 1765*
✞ *Lisboa, Portugal, 1805*

* No original, sem título.

Seus olhos

Almeida Garrett

Seus olhos – se eu sei pintar
o que os meus olhos cegou –
não tinham luz de brilhar,
era chama de queimar;
e o fogo que a ateou
vivaz, eterno, divino,
como o facho do Destino.

Divino, eterno! – e suave
ao mesmo tempo: mas grave
e de tão fatal poder,
que, num só momento que a vi,
queimar toda alma senti...
Nem ficou mais do meu ser,
senão a cinza em que ardi.

☆ *Porto, Portugal, 1799*
✞ *Lisboa, Portugal, 1854*

Seus olhos

Gonçalves Dias

Seus olhos tão negros, tão belos, tão puros, de vivo luzir,
estrelas incertas, que as águas dormentes do mar vão ferir;

seus olhos tão negros, tão belos, tão puros, têm meiga expressão,
mais doce que a brisa, – mais doce que a frauta quebrando a soidão.

Seus olhos tão negros, tão belos, tão puros, de vivo luzir,
são meigos infantes, gentis, engraçados brincando a sorrir.

São meigos infantes, brincando, saltando em jogo infantil,
inquietos, travessos; – causando tormento,
com beijos nos pagam a dor de um momento, com modo gentil.

Seus olhos tão negros, tão belos, tão puros, assim é que são;
às vezes luzindo, serenos, tranqüilos, às vezes vulcão!

Às vezes, oh! sim, derramam tão fraco, tão frouxo brilhar,
que a mim me parece que o ar lhes falece,
e os olhos tão meigos, que o pranto umedece, me fazem chorar.

Assim lindo infante, que dorme tranqüilo, desperta a chorar;
e mudo e sisudo, cismando mil coisas, não pensa – a pensar.

Nas almas tão puras da virgem, do infante, às vezes do céu
cai doce harmonia duma harpa celeste,
um vago desejo; e a mente se veste de pranto co'um véu.

Quer sejam saudades, quer sejam desejos da pátria melhor;
eu amo seus olhos que choram sem causa um pranto sem dor.

Eu amo seus olhos tão negros, tão puros, de vivo fulgor;
seus olhos que exprimem tão doce harmonia,
que falam de amores com tanta poesia, com tanto pudor.

Seus olhos tão negros, tão belos, tão puros, assim é que são;
eu amo esses olhos que falam de amores com tanta paixão.

☆ Caxias/MA, 1823
✞ No mar, perto de Guimarães/MA, 1864

Meus olhos

Junqueira Freire

Que vês nos meus olhos,
que tanto te espantam?
Que mostram de estranho,
que assim te quebrantam?

Um monstro as pupilas
no fundo terão?
Espelhos do inferno
as alvas serão?

Serão os meus olhos
um quadro de horror?
Demônios, ou fúrias
de imenso terror?

Serão – quais fantasmas
de arábicos sonhos?
Que têm os meus olhos,
que são tão medonhos?

Mentira! – Meus olhos
medonhos não são!
Meus olhos – somente –
têm nova expressão.

Exprimem a luz,
que os céus alumia:
– a luz dos mistérios
da sã poesia.

Que são os meus olhos,
que ainda te espantam?
– São deuses que inspiram!
São anjos que cantam!

☆ *Salvador/BA, 1832*
✞ *Salvador/BA, 1855*

Teus olhos são negros*

Fagundes Varela

Teus olhos são negros – negros
como a noite nas florestas...
Infeliz do viajante
se de sombras tão funestas
tanta luz não rebentasse!
A aurora desponta e nasce
da noite escura e tardia:
também da noite sombria
de teus olhos amorosos
partem raios mais formosos
que os raios da luz do dia.

Teu cabelo mais cheiroso
que o perfume dos vergéis,
na brancura imaculada
da cútis acetinada
rola em profusos anéis:
eu quisera ter mil almas,
todas ardentes de anelos,
para prendê-las, meu anjo,
à luz de teus olhos belos,
nos grilhões de teus olhares,
nos anéis de teus cabelos!

☆ *Rio Claro/RJ, 1841*
✞ *Niterói/RJ, 1875*

* No original, sem título.

Olhar de judia

Gonçalves Crespo

No transparente olhar das virgens da Alemanha
nada um fluido sutil tão pleno de cismar,
que a gente cuida ouvir uma sonata estranha
num castelo do Reno em noites de luar.

Flor do Guadalquivir*, glória da ardente Espanha,
se dardejas, sorrindo, um teu lascivo olhar,
o crespo, o encapelado e proceloso mar
dos desejos febris o coração nos banha.

Nos teus olhos, porém, venusta semidéia,
como nas mutações de um rápido cenário,
desdobram-se ante mim paisagens da Judéia...

Vejo o louro Jesus vagueando solitário,
vejo-o no Horto a chorar, ouço-lhe a voz na Ceia
e escuto-lhe o gemido extremo no Calvário.

☆ *Rio de Janeiro/RJ, 1846*
✝ *Lisboa, Portugal, 1883*

* Rio da Espanha.

Por decoro

Artur Azevedo

Quando me esperas, palpitando amores,
e os lábios grossos e úmidos me estendes,
e do teu corpo cálido desprendes
desconhecido olor de estranhas flores;

quando, toda suspiros e fervores,
nesta prisão de músculos te prendes,
e aos meus beijos de sátiro te rendes,
furtando às rosas as purpúreas cores;

os olhos teus, inexpressivamente,
entrefechados, lânguidos, tranqüilos,
olham, meu doce amor, de tal maneira,

que, se olhassem assim, publicamente,
deveria, perdoa-me, cobri-los
uma discreta folha de parreira.

☆ *São Luís/MA, 1855*
✝ *Rio de Janeiro/RJ, 1908*

Celeste

Adelino Fontoura

É tão divina a angélica aparência
e a graça que ilumina o rosto dela,
que eu concebera o tipo da inocência
nessa criança imaculada e bela.

Peregrina do céu, pálida estrela,
exilada da etérea transparência,
sua origem não pode ser aquela
da nossa triste e mísera existência.

Tem a celeste e ingênua formosura
e a luminosa auréola sacrossanta
de uma visão do céu, cândida e pura.

E quando os olhos para o céu levanta,
inundados de mística doçura,
nem parece mulher – parece santa.

☆ *Axixá/MA, 1859*
✞ *Lisboa, Portugal, 1884*

OLHOS AZUIS

Raimundo Correia

Teus olhos são dois desejos
da mais alta aspiração;
mostram, que tens sentimento,
dizem, que tens coração.

São as estrelas da noite
punhado de olhos azuis,
que Deus formou, semelhantes
aos olhos que tu possuis.

São filtros d'amor. Teus olhos
tão mágico brilho têm!
Quando sorriem teus lábios,
eles sorriem também –
mesmo em lânguido abandono,
nos momentos de amargor,
brilham molhados de pranto
em relâmpagos de amor!

Meu peito é lago: no fundo
mil pérolas a fulgir,
à flor d'água a luz da vida
vem pura se refletir;
e nas ondas de meu peito
reflete-se o teu olhar,
qual se reflete uma estrela
nas ondas verdes do mar.

Olhos azuis, pensativos,
olhos, que a cisma distrai,

sois dois mórbidos poetas,
tristes poetas cismai!
E jamais nublem as lágrimas
o vosso brilho sequer!...
Mulher! teus olhos divinos
mudam-te em anjo – mulher!

Parece, que são formados
de dois átomos do céu –
que mundo d'amor e graças
e luz ali se escondeu!
Criança! Eu gosto dos olhos
da cor dos que tu possuis –
e só Deus sabe o que sofro
por esses olhos azuis.

☆ *No mar/MA, 1859*
✞ *Paris, França, 1911*

Olhos

Cruz e Sousa

A Grécia d'Arte, a estranha claridade
daquela Grécia de beleza e graça,
passa, cantando, vai cantando e passa
dos teus olhos na eterna castidade.

Toda a serena e altiva heroicidade
que foi dos gregos a imortal couraça,
aquele encanto e resplendor de raça
constelada de antiga majestade,

da Atenas flórea todo o viço louro
e as rosas e os mirtais e as pompas d'ouro,
odisséias e deuses e galeras...

Na sonolência de uma lua aziaga,
tudo em saudade nos teus olhos vaga,
canta melancolias de outras eras!...

☆ Florianópolis/SC, 1861
✝ Estação de Sítio/MG, 1898

Olhos, que sois os fúlgidos riachos*

Araújo Figueiredo

Olhos, que sois os fúlgidos riachos
dos sonhos, das quimeras, dos encantos,
e dais vinhos de vinhas de áureos cachos
para alucinamentos e quebrantos...

Olhos, que sois os sedutores fachos
da luz do amor que se desfaz em mantos...
Olhos, que, quando merencórios, baixos,
lavam-se, gêmeos, de piedosos prantos...

Dizei-me, riachos de emotivos vinhos,
se os vossos meigos, dúlcidos carinhos
algum dia terão de andar no etéreo?

Ou terão de acabar, sinistramente,
em dois buracos de caveira algente
na atra desolação do cemitério?!

☆ *Florianópolis/SC, 1865*
✝ *Florianópolis/SC, 1927*

---

* Soneto I do ciclo *Nos astros ou no pó*.

Olhos verdes

Vicente de Carvalho

Olhos encantados, olhos cor do mar,
olhos pensativos que fazeis sonhar!

Que formosas coisas, quantas maravilhas
em vos vendo sonho, em vos fitando vejo;
cortes pitorescos de afastadas ilhas
abanando no ar seus coqueirais em flor,
solidões tranqüilas feitas para o beijo,
ninhos verdejantes feitos para o amor...

Olhos pensativos que falais de amor!

Vem caindo a noite, vai subindo a lua...
O horizonte, como para recebê-las,
de uma fímbria de ouro todo se debrua;
afla a brisa, cheia de ternura ousada,
esfrolando as ondas, provocando nelas
bruscos arrepios de mulher beijada...

Olhos tentadores da mulher amada!

Uma vela branca, toda alvor, se afasta
balançando na onda, palpitando ao vento;
ei-la que mergulha pela noite vasta,
pela vasta noite feita de luar;
ei-la que mergulha pelo firmamento
desdobrado ao longe nos confins do mar...

Olhos cismadores que fazeis cismar!

Branca vela errante, branca vela errante,
como a noite é clara! como o céu é lindo!
leva-me contigo pelo mar... Adiante!
Leva-me contigo até mais longe, a essa
fímbria do horizonte onde te vais sumindo
e onde acaba o mar e de onde o céu começa...

Olhos abençoados, cheios de promessas!

Olhos pensativos que fazeis sonhar, olhos cor do mar.

☆ *Santos/SP, 1866*
✞ *Santos/SP, 1924*

Na terra estava quando te queria

Guimarães Passos

Na terra estava quando te queria
de todas as mulheres diferente,
e olhando a altura com o fervor de um crente
em nuvem de ouro a tua imagem via.

Na asa encantada que a paixão me abria
subi, para buscar-te unicamente,
e em cima estando vi-te, de repente,
na Terra, no lugar donde eu saía.

Olhos de amante, que de tal maneira
andam cheios de lúcida loucura,
que assim se perdem na maior cegueira.

E vendo aquilo que não há, decerto,
sonham longe a ilusão de uma ventura
e não vêem a ventura que têm perto.

☆ *Maceió/AL, 1867*
✝ *Paris, França, 1909*

Olhos sacramentais, olhos contritos*

Alphonsus de Guimaraens

Olhos sacramentais, olhos contritos
onde soluçam mágoas e pesares,
sonhando o céu miseramente fitos
no oculto resplendor de outros altares:

olhos sacramentais, olhos benditos,
tão alheios à dor dos meus olhares,
tão cheios de mistérios infinitos
das horas de paixão crepusculares:

olhos que refletis velhas memórias
dos séculos da crença e dos martírios,
insensíveis às coisas transitórias:

olhos sacramentais, eterizados,
e que esperais por mim como dois círios,
quando ouvirei o dobre de finados?

☆ *Ouro Preto/MG, 1870*
✞ *Mariana/MG, 1921*

* Soneto XVI do ciclo *Pulchra et luna.*

C...

Zeferino Brazil

Nesses teus olhos de moça
há tão profundos desvelos
que não há ninguém que possa
fitá-los... Se são tão belos!

Quando os me fitas, suaves,
eu fico, mudo, a cismar
que passa o bando das aves
por sobre mim, a cantar.

Deus os formou de alvoradas,
de astros e de melodias,
e pôs lá dentro as doiradas
faíscas das utopias.

Não há olhar mais divino
que o teu olhar, meu amor;
tens os alegros de um hino
e as seduções de uma flor.

Brilha com tanta expressão,
com tanta graça e tal chiste,
que faz rir o coração,
mesmo quando ele está triste.

A gente percebe logo
que esse olhar, de fundos tons,
tem, entre chispas de fogo,
umas piruetas de clowns.

Eu vivo há muito embebido
no teu olhar de veludo,
nesse olhar indefinido,
que não diz nada... e diz tudo;

Mas, não te posso explicar,
ao ver tão lindo arrebol,
se o sol fez o teu olhar,
se o teu olhar fez o sol!

☆ *Taquari/RS, 1870*
✞ *Porto Alegre/RS, 1942*

Olhos que apalpam

Júlio César da Silva

Tímida, com seu ar de tapuia do mato,
quando ao meu lado está, fica suspensa e queda;
muda, porém, o olhar balbucia e segreda
o que a boca não diz de receio e recato.

E esse, a cujo fulgor não há nada que exceda,
untuoso olhar, por bem sentir o meu contato,
parece às vezes ter sutilezas de tato,
finuras digitais de duas mãos de seda.

Fala-me o seu olhar com franqueza e descuido
tecendo em torno a mim suas tramas e enredos;
e ele envolve-me tanto em seu mágico fluido,

diz-me com tal calor os seus grandes segredos,
que quase o sinto à flor da pele e quase cuido
que igual à mão, o seu olhar tem cinco dedos.

☆ *Eldorado/SP, 1872*
✝ *São Paulo/SP, 1936*

Olhos de Dulce

Henrique Castriciano

Um quê de estranho, forte e penetrante,
há neste olhar que as almas dilacera;
tem um olhar de domador de fera
esta formosa e pálida bacante.

Quando ela passa, rindo, triunfante,
murmuram todos: "Ri-se a primavera!..."
Um colibri suspira: "Ai! Quem me dera
beijar-lhe o róseo lábio provocante!"

Astros malditos, de lampejos vagos,
têm os seus olhos chamas diamantinas
e ao mesmo tempo sensuais afagos...

Como eles matam! Dulce, a que destinas
estes dois negros, traiçoeiros lagos,
estas duas estrelas assassinas?

☆ *Macaíba/RN, 1874*
✝ *Natal/RN, 1947*

Olhos tristes

Luís Edmundo

Olhos tristes, vós sois como dois sóis num poente,
cansados de luzir, cansados de girar,
olhos de quem andou na vida alegremente
para depois sofrer, para depois chorar.

Andam neles agora a vagar lentamente,
como as velas das naus sobre as águas do mar,
todas as ilusões do vosso sonho ardente.
Olhos tristes, vós sois dois monges a rezar.

Ouço ao vos ver assim, tão cheios de humildade,
marinheiros cantando a canção da saudade
num coro de tristeza e de infinitos ais.

Olhos tristes, eu sei vossa história sombria
e sei quanto chorais cheios de nostalgia
o sonho que passou e que não torna mais!

☆ *Rio de Janeiro/RJ, 1878*
✞ *Rio de Janeiro/RJ, 1961*

Olhos verdes

Gilka Machado

Há na vibrante cor dos teus olhos, criatura,
a virential frescura
dos verdes e viçosos vegetais;
teus olhos são, na cor e na espessura,
florestas virginais,
onde das ilusões o álacre bando
passa, de quando em quando,
cantando...

Olhos de expressões graves e fidalgas,
postos na introversão dos íntimos cismares.
Olhos que lembram solitárias algas
pompeando à superfície esmaecida dos mares.

Olhos onde do olhar alheio mal escondes
a tua alma asteróide, a tua alma singular,
pois, como através das frondes
coam-se pelo espaço as filandras do luar,

tua alma os olhos te ablui, inunda,
transvaza e o rosto te ilumina e banha
de uma luz albugínea, luz estranha,
luz que do luar suponho oriunda.

Há nos teus olhos a verdura intensa
das águas mortas, das estagnações,
e quem os vê, depressa, pensa
ver tenros tinhorões...

Olhos de cujo olhar os gonfalões desfraldas,
e deixas a rolar por todo o ambiente,
como uma chuva undante, uma chuva esplendente,
uma deliqüescência de esmeraldas.

Quando entreabro do sonho os fenestrais postigos
e aos teus olhos amigos,
para melhor os ver, envio o olhar,
tuas pupilas julgo orvalhados pascigos
onde, sempre a pastar,
vive, das ilusões próprias só das criancinhas,
o armento de ovelhinhas.

Olhos que lembram folhas pendidas,
folhas do vento na asa levadas,
postas em tristes, em hiemais jazidas
de alvacentas estradas.

Olhos macios,
cujos olhares suponho rios
a desaguarem nos olhos meus;
olhos de tal misticismo feitos
que, olhos hereges ficam sujeitos,
só por fitá-los, a crer em Deus.

Divinos olhos, cujas pupilas,
langues, tranqüilas,
são duas malvas,
malvas escuras,
abertas sempre sobre as brancuras
das córneas alvas...

Olhos com os quais meus olhos maravilhas de luz,
olhos que são abandonadas ilhas
do oceano a flux...
ilhas distantes,
aparecidas em alto mar,
onde os meus olhos – dois navegantes
andam buscando sempre aportar.

Olhos serenos, olhos de criança,
de olhar queixoso como onda mansa,
como onda calma,
que lasso, leve, langue se lança
na praia solitária da minha alma.

Olhos solenes e cismadores,
verdes como os oceanos, como as franças,
olhos – embalsamadas esperanças
postas sobre o brancor de estáticos andores.

Olhos tristonhos,
por onde vejo, em procissão e em coro,
desfilarem verdes sonhos,
sob os arcos triunfais dos supercílios de ouro.

☆ *Rio de Janeiro/RJ, 1893*
✝ *Rio de Janeiro/RJ, 1980*

O TEU OLHAR

Florbela Espanca

Quando fito o teu olhar,
duma tristeza fatal,
dum tão íntimo sonhar,
penso logo no luar
bendito de Portugal!

O mesmo tom de tristeza,
o mesmo vago sonhar,
que me traz a alma presa
às festas da natureza
e à doce luz desse olhar!

Se algum dia, por meu mal,
a doce luz me faltar
desse teu olhar ideal,
não se esqueça Portugal
de dizer ao seu luar

que à noite, me vá depor
na campa em que eu dormitar,
essa tristeza, essa dor,
essa amargura, esse amor,
que eu lia no teu olhar!

☆ *Vila Viçosa, Portugal, 1894*
✞ *Matosinhos, Portugal, 1930*

Olhos profundos

Walkyria Neves Goulart

Esses olhos de sonho, que eu diviso
mais lindos na penumbra do aposento
e que me fitam graves um momento
para depois volverem num sorriso;

esses olhos de sonho, em vão pesquiso
quel é do seu olhar o vago intento,
quando me falam nesse brando acento,
misto de sombra e luz, meio indeciso.

Olhos profundos, que mistério forte
mais sagrado e temível do que a morte
se irradia de vós em mil reflexos,

e em concêntricas ondas aumentando,
crescendo sempre, vem-se propagando
até fechar-me em círculo de amplexos?

☆ *Rio Grande/RS, 1897*
✞ *Pelotas/RS, 1980*

Meus olhos que por alguém*

Antonio Boto

Meus olhos que por alguém
deram lágrimas sem fim
já não choram por ninguém
– basta que chorem por mim.
Arrependidos e olhando
a vida como ela é,
meus olhos vão conquistando
mais fadiga e menos fé.
Sempre cheios de amargura!
Mas se as coisas são assim,
chorar alguém – que loucura!
– Basta que eu chore por mim.

☆ *Concavada, Portugal, 1902*
✝ *Rio de Janeiro/RJ, 1959*

* Poema I de *Tristes cantigas de amor.*

Olhos tristes

Henriqueta Lisboa

Olhos mais tristes ainda do que os meus
são esses olhos com que o olhar me fitas.
Tenho a impressão que vai dizer adeus
este olhar de renúncias infinitas.

Todos os sonhos, que se fazem seus,
tomam logo a expressão de almas aflitas.
E até que, um dia, cegue à mão de Deus,
será o olhar de todas as desditas.

Assim parado a olhar-me, quase extinto,
este olhar que, de noite, é como o luar,
vem da distância, bêbedo de absinto...

Este olhar, que me enleva e que me assombra,
vive curvado sobre o meu olhar
como um cipreste sobre a própria sombra.

☆ *Lambari/MG, 1903*
✞ *Belo Horizonte/MG, 1985*

TEUS OLHOS

Alzira Freitas Tacques

Verdes como os dos tigres, verdes-mares,
são teus olhos de brilho esmeraldino,
que no Saara sem luz do meu destino
entretecem oásis de luares.

Glaucos olhos que evoco em meus cismares,
sempre baixos, olhando o chão mesquinho,
tendes volúpias cálidas de vinho,
atrações de sereia à flor dos mares.

Olhos suaves, cor das algas frias,
dessa mesma quietude de onda mansa,
cegos de um todo a alheias agonias...

Olhos-jade, em milagre sem refolhos
ornamentai, com as palmas da esperança,
a clausura-azeviche dos meus olhos.

☆ *São Borja/RS, 1913*
✝ *Porto Alegre/RS, 1976*

O BRINCO DA TUA ORELHA*

Antonio Boto

O brinco da tua orelha
sempre se vai meneando;
gostava de dar um beijo
onde o teu brinco os vai dando.
Tem um topázio doirado
esse brinco de platina;
um rubi muito encarnado
e uma outra pedra fina.
O que eu sofro quando o vejo
sempre airoso meneando!
Dava tudo por um beijo
onde o teu brinco os vai dando.

☆ *Concavada, Portugal, 1902*
✝ *Rio de Janeiro/RJ, 1959*

* Poema II de *Tristes cantigas de amor.*

Boca

Cruz e Sousa

Boca viçosa, de perfume a lírio,
da límpida frescura da nevada,
boca de pompa grega, purpureada,
da majestade de um damasco assírio.

Boca para deleites e delírios
da volúpia carnal e alucinada,
boca de Arcanjo, tentadora e arqueada,
tentando Arranjos na amplidão do Empíreo.

Boca de Ofélia morta sobre o lago,
dentre a auréola de luz do sonho vago
e os faunos leves do luar inquietos...

Estranha boca virginal, cheirosa,
boca de mirra e incensos, milagrosa
nos filtros e nos tóxicos secretos...

☆ *Florianópolis/SC, 1861*
✞ *Estação de Sítio/MG, 1898*

Boca aromada a flor de cardamomo*

Araújo Figueiredo

Boca aromada a flor de cardamomo**
para a gente beijar, beijar, beijar...
Para a gente beijar num vivo assomo
de quem beija o sacrário de um altar.

Boca de salmos luminosos como
um livro escrito pela luz do luar,
um delicado e misterioso tomo
para ser lido por quem saiba amar.

Ah, boca d'ouro! Bizantina taça
de doçuras de vinhos e de graça,
encantadora âmbula sagrada,

que de vós será feito quando um dia
baixardes, boca, à terra fria, fria,
e vos virdes dos vermes assaltada?

☆ *Florianópolis/SC, 1865*
✞ *Florianópolis/SC, 1927*

* Soneto II do ciclo *Nos astros ou no pó.*

** Planta de origem asiática, cujas sementes são aromáticas.

Lábios

Alphonsus de Guimaraens

Alguns lábios, de algumas, são rosados
como frutos ao vir do meigo estio...
Do louco amor do vergel sombrio
nunca se cansam de gozar noivados.

Há lábios quentes, lábios macerados,
alguns em prece, alguns em desvario...
Outros lábios, de algumas, sentem frio,
porque nunca de amor foram beijados.

Mas nenhum como os teus, senhora minha!
Os lábios de onde a aurora se avizinha,
são duas asas a ensaiar adejos...

Parecem conservar na linha suave
um som de violoncelo, um trino de ave,
toda a carícia dos primeiros beijos...

☆ *Ouro Preto/MG, 1870*
✞ *Mariana/MG, 1921*

A tua boca formosa*

Mario Totta

A tua boca formosa
do comprimento de um til,
é fresca e virente rosa
como não há mais gracil.

A gente, ao vê-la, imagina
e pensa que quem a fez
foi decerto a mão divina
de um deus artista e chinês.

Que um outro deus não faria
com tal arte e perfeição,
rosa de tanta valia,
nem flor de tal correção.

☆ *Porto Alegre/RS, 1874*
✞ *Porto Alegre/RS, 1947*

* Canção X do ciclo *Canções líricas.*

Tua boca

Gilberto Amado

Sinuosa, desenhada em linhas evasivas,
tua boca é uma rosa abrindo-se hesitante
num longo espreguiçar de vibrações furtivas
vindas de um fundo ambíguo, ignoto, enfeitiçante.

Acordar na corola as pétalas cativas.
Tua boca, ó mulher calada e perturbante,
como eu quisera vê-la abrir-se até as gengivas
num rir de coração, sem reservas, confiante.

O sorrir da Gioconda, angústia de Leonardo,
rosa que não se abriu mesmo ao sol de Florença,
era assim como o teu, misterioso e tardo.

Vivo como o pintor com a Mona Lisa: em calma
por fora; mas por dentro a fremir na ânsia intensa
de um dia surpreender em teu sorriso a tua alma.

✰ *Estância/SE, 1887*
✞ *Rio de Janeiro/RJ, 1969*

Bocas

Hildo Rangel

Bocas pequenas, bocas perfumosas,
que são pedaços de manhã nascente;
andam perdendo o coração da gente,
dizendo coisas com sabor de rosas;

que a gente beija na ilusão frremente
de morder polpas de maçãs cheirosas,
e andam sorrindo, a nos jurar, maldosas,
o que lá dentro o coração não sente.

Bocas suaves, mariposas loucas,
que na chama do amor vão se extinguindo,
colhendo beijos para as suas bocas.

E se oferecem para mil desejos,
e a gente sabe que elas vêm mentindo,
mas vêm cantando para os nossos beijos.

☆ *Porto Alegre/RS, 1897*
✝ *Rio de Janeiro/RJ, 1940*

Boca

Theodemiro Tostes

Purpúrea boca, lúbrica e purpúrea,
onde o sorriso é um pálido lampejo,
taça em que ferve o vinho da luxúria,
flor que se esquiva à abelha do meu beijo...

Eu sinto em ti o eterno anseio, a fúria
de prazeres eróticos, eu vejo
na tua curva lúbrica e purpúrea
toda a tortura lenta do desejo.

Eu vejo a angústia do faminto
nas contorções da fome, e sinto
a longa história do suplício teu...

Gemidos, ânsias incontidas,
frases de amor não proferidas,
beijos ardentes que ninguém colheu...

☆ *Taquari/RS, 1903*
✝ *Porto Alegre/RS, 1986*

Tua boca

Maria Braga Horta

Tua boca é para mim carmínea taça
em cujas bordas sorvo, trago a trago,
o divino hidromel com que embriago
o meu sonho de amor feito em fumaça!

Tua boca é um rubro cálice sem jaça
em que meus lábios, trêmulos, afago
na incontida volúpia em que divago:
– Vivamos nosso amor... que a vida passa!

Tua boca é a minha síntese vital,
em que fica suspenso o meu ideal,
em que eu prendo minha alma semilouca!

Tua boca é um sol ardente, em chama e em brasas:
sol do equador, que queima minhas asas,
as asas de rubis da minha boca!

☆*Muriaé/MG, 1913*
✝*Brasília/DF, 1980*

Dente

Soneto

Sebastião da Rocha Pita

Quando Fílis as lágrimas bebia,
em um fio de pérolas brilhante
da matutina luz, bela, e flamante
precursora do sol, e mãe do dia,

uns dentes se lhe partem à porfia
para a união das pérolas amante,
que sendo a qualidade semelhante
os quis conglutinar a simpatia.

Bem que ao beber as pérolas luzentes
se lhe quebrem os dentes, julga, e toca
não serem as matérias diferentes,

pois sem se conhecer mudança, ou troca
enfiados por pérolas os dentes
têm por dentes as pérolas na boca.

☆ *Salvador/BA, 1660*
✝ *Salvador/BA, 1738*

Cheiro de espádua

Alberto de Oliveira

Quando a valsa acabou, veio à janela,
sentou-se. O leque abriu. Sorria e arfava.
Eu, viração da noite, a essa hora entrava
e estaquei, vendo-a decotada e bela.

Eram os ombros, era a espádua, aquela
carne rosada um mimo! A arder na lava
de improvisa paixão, eu, que a beijava,
hauri sequiosa toda a essência dela!

Deixei-a, porque a vi mais tarde, oh, ciúme!
sair velada da mantilha. A esteira
sigo, até que a perdi, de seu perfume.

E agora, que se foi, lembrando-me ainda,
sinto que à luz do luar nas folhas, cheira
este ar da noite àquela espádua linda!

☆ *Saquarema/RJ, 1859*
✞ *Niterói/RJ, 1937*

Colo

Luís Delfino

Seu colo é como um lírio, alvo e elevado,
tendo o esplendor dos mármores brunidos,
sobre a espuma das rendas dos vestidos,
como a de um mar em pontas desdobrado.

Ondula, como em lago o cisne a nado,
brando volita em todos os sentidos:
tem os giros dos sóis nos céus perdidos,
e cheira, como o abrir-se em flor um prado.

Fez dele obra de artista florentino
base em que assenta o rosto seu divino,
onde de noite e de dia a beijos bordo,

e a cabeça, em que um astro anda desfeito
em raios, que dão luz à espádua e ao peito,
e a cuja sobra d'oiro eu durmo e acordo...

☆ *Florianópolis/SC, 1834*
✞ *Rio de Janeiro/RJ, 1910*

Seio

Malva-maçã

Álvares de Azevedo

De teus seios tão mimosos
quem gozasse o talismã!
Quem ali deitasse a fronte
cheia de amoroso afã!
E quem nele respirasse
a tua malva-maçã!

Dá-me essa folha cheirosa
que treme no seio teu!
Dá-me a folha... hei de beijá-la
sedenta no lábio meu!
Não vês que o calor do seio
tua malva emurcheceu...

A pobrezinha em teu colo
tantos amores gozou,
viveu em tanto perfume
que de enlevos expirou!
Quem pudesse no teu seio
morrer como ela murchou!

Teu cabelo me inebria,
teu ardente olhar seduz;
a flor de teus olhos negros
de tua alma raia à luz,
e sinto nos lábios teus
fogo do céu que transluz!

O teu seio que estremece
enlanguesce-me de gozo.
Há um quê de tão suave
no colo voluptuoso,
que num trêmulo delíquio
faz-me sonhar venturoso!

Descansar nesses teus braços
fora angélica ventura:
fora morrer – nos teus lábios
aspirar tua alma pura!
Fora ser Deus dar-te um beijo
na divina formosura!

Mas o que eu peço, donzela,
meus amores, não é tanto!
Basta-me a flor do seio
para que eu viva no encanto,
e em noites enamoradas
eu verta amoroso pranto!

Ó virgem dos meus amores,
dá-me essa folha singela!
Quero sentir teu perfume
nos doces aromas dela...
E nessa malva-maçã
sonhar teu seio, donzela!

Uma folha assim perdida
de um seio virgem no afã
acorda ignotas doçuras
com divino talismã!
Dá-me do seio esta folha
– a tua malva-maçã!

Quero apertá-la a meu peito
e beijá-la com ternura...
Dormir com ela nos lábios
desse aroma na frescura...
Beijando-a sonhar contigo
e desmaiar de ventura!

A folha que tens no seio
de joelhos pedirei...
Se posso viver sem ela
não o creio!... Oh, eu não sei!...
Dá-m'a pelo amor de Deus,
que sem ela morrerei.

Pelas estrelas da noite,
pelas brisas da manhã,
por teus amores mais puros,
pelo amor de tua irmã,
dá-me essa folha cheirosa
– a tua malva-maçã!

☆ *São Paulo/SP, 1831*
✝ *São Paulo/SP, 1852*

Os seios

Luís Delfino

Nunca te vejo o peito arfar de enleio,
quando de amor, ou de prazer te ebrias,
que não ouça lá dentro as fugidias
aves, baixo alternando algum gorjeio...

Aves são, e são duas aves, creio,
que em ti mesma nasceram, e em ti crias,
ao arrulhar de castas melodias,
no aroma quente e ebúrneo do teu seio;

têm de uns astros irmãos o movimento,
ou de dois lírios, que balouça o vento,
o giro doce, o lânguido vaivém.

Oh, quem me dera ver no próprio ninho
se brancas são, como o mais branco arminho,
ou se asas, como as outras pombas, têm...

☆ *Florianópolis/SC, 1834*
✞ *Rio de Janeiro/RJ, 1910*

Os seios

Teófilo Dias

Como serpente arquejante
se enrosca em férvida areia,
meu ávido olhar se enleia
no teu colo deslumbrante.

Quando o descobres, no ar
morno calor se dissolve
do aroma, em que ele se envolve,
como em neblina o luar.

Se ao corpo te enrosco os braços,
a terra e os céus estremecem,
e os mundos febris parecem
derreter-se nos espaços!

E tu nem sequer presumes
que então, querida, até creio
sorver, desfeito em perfumes,
todo o sangue do teu seio.

Depois que aspiro, ansiado,
do teu níveo colo o incenso,
minh'alma semelha um lenço
de viva essência molhado.

Deixa que a louca se deite
nesse torpor, que extasia,
e que o vinho do deleite
me espume na fantasia,

pois não há ópio ou haxis*
que me abrilhante as idéias
como as fragrâncias sutis
que fervem nas tuas veias!

✩ Caxias/MA, 1854
✞ São Paulo/SP, 1889

* Haxixe: resina extraída das folhas e das inflorescências do cânhamo.

Seios

Cruz e Sousa

Magnólias tropicais, frutos cheirosos
das árvores do Mal fascinadoras,
das negras mancenilhas tentadoras,
dos vagos narcotismos venenosos.

Oásis brancos e miraculosos
das frementes volúpias pecadoras
das paragens fatais, aterradoras
do Tédio, nos desertos tenebrosos...

Seios de aroma embriagador e langue,
da aurora de ouro do esplendor do sangue,
a alma de sensações tantalizando.

Ó seios virginais, tálamos vivos,
onde do amor nos êxtases lascivos
velhos faunos febris dormem sonhando...

☆ *Florianópolis/SC, 1861*
✞ *Estação de Sítio/MG, 1898*

Teus seios

Antenor Moraes

São teus seios o lago onde eu navego
pelas noites de amor, sem rota certa.
Tua nívea camisa, um pouco aberta,
é a margem florente desse pego.

No meu batel – Amor – eu escorrego
à flor do seio teu que fica alerta
e nesse lago que a tremer desperta,
o meu destino ao teu destino entrego.

Teu cabelo – tormenta dessa noite,
aborda o meu batel e o entrelaça,
tentando sucumbi-lo em tais anseios.

E assim batido por tão forte açoite,
treme e se embala, e range, e se espedaça,
e naufraga nas ondas dos teus seios!

☆ *Taquari/RS, 1881*
✝ *São Paulo/SP, 1955*

Seios

Hildo Rangel

Teus seios pequeninos que em surdina,
pelas noites de amor, põem-se a cantar,
são dois pássaros brancos que o luar
pousou de leve nessa carne fina.

E sempre que o desejo te alucina,
e brilha com fulgor no teu olhar,
parece que teus seios vão voar
dessa carne cheirosa e purpurina.

Eu, para tê-los sempre nesta lida,
quisera, com meus beijos, desvairando,
poder vesti-los, através da vida,

para vê-los febris e excitados,
de bicos rijos, ávidos, rasgando,
a seda que os trouxesse encarcerados.

☆ *Porto Alegre/RS, 1897*
✝ *Rio de Janeiro/RJ, 1940*

BRAÇOS

Cruz e Sousa

Braços nervosos, brancas opulências,
brumais brancuras, fúlgidas brancuras,
alvuras castas, virginais alvuras,
lactescências das raras lactescências.

As fascinantes, mórbidas dormências
dos teus abraços de letais flexuras,
produzem sensações de agres torturas,
dos desejos as mornas florescências.

Braços nervosos, tentadoras serpes
que prendem, tetanizam como os herpes,
dos delírios na trêmula coorte...

Pompa de carnes tépidas e flóreas,
braços de estranhas correções marmóreas
abertos para o Amor e para a Morte!

☆ *Florianópolis/SC, 1861*
✞ *Estação de Sítio/MG, 1898*

Os braços de Fúlvia

Eugênio de Castro

Cada um dos teus braços, ó sereia,
é uma cadeia!
Nenhum tato conhece
coisa mais doce, nuvens ou cetim...
Os da Vênus de Milo, se os tivesse,
deviam ser assim!
Assim... não! linda flor que te condóis
das minhas mágoas co'as carícias tuas,
não! não eram assim!... não há dois sóis
nem duas luas!
Não! não eram assim como os teus braços,
que me entreabrem o céu quando os contemplo,
nem a deusa os perdeu em mil pedaços
nas ruínas do seu templo!
Um pesar bem horrendo
com certeza afligiu a deusa bela:
não os perdeu, partiu-os, antevendo
que a beleza dos teus rebaixaria os dela.

☆ *Coimbra, Portugal, 1869*
✝ *Coimbra, Portugal, 1944*

Às mãos de Marília

Manuel Maria du Bocage

De cima destas penhas escabrosas,
que pouco a pouco as ondas têm minado,
da lua c'o reflexo prateado
distingo de Marília as mãos formosas.

Ah, que lindas que são, que melindrosas!
Sinto-me louco, sinto-me encantado;
ah, quando elas vos colhem lá no prado,
nem vós, lírios, brilhais, nem vós, ó rosas!

Deuses! Céus! Tudo o mais que tendes feito,
vendo tão belas mãos, me dá desgosto;
nada, onde elas estão, nada é perfeito.

Oh, quem pudera uni-las ao meu rosto!
Quem pudera apertá-las no meu peito!
Dar-lhes mil beijos, e expirar de gosto!

☆ *Setúbal, Portugal, 1765*
✞ *Lisboa, Portugal, 1805*

Suas mãos

Gonçalves Crespo

As mãos dessa franzina criatura
são feitas de camélias cetinosas;
ressumbra na suavíssima textura
o azul das tênues veias caprichosas.

Levemente compridas, graciosas,
escurecem das teclas a brancura,
e desprezam as lindas preguiçosas
os finos arabescos da costura.

Os dedos são de jaspe modelado;
e as unhas... só podiam as paletas
de um chinês imitar-lhes o rosado.

Se alguém as beija em curvas etiquetas,
sente um aroma doce e delicado
como o aroma sutil das violetas.

☆ *Rio de Janeiro/RJ, 1846*
✞ *Lisboa, Portugal, 1883*

Aquela mão

Castro Alves

Era u'a mão de luxo... Era um brinquedo!...
Mas tão bonita que metera medo,
se não fosse, meu Deus! tão meiga e franca!
Mão pra se encher de gemas e brilhantes,
de suspiros, de anelos palpitantes...
Mas pra estalar as jóias e os amantes...
Aquela mão tão branca!

Era u'a mão fidalga... exígua, escassa!
Mão de Duquesa! Era u'a mão de raça
de sangue azul, em veios de Carrara!
Alva, tão alva que vencia a idéia
das neblinas, dos gelos e da garça!...
Amassada no leite de Amaltéia*
aquela mão tão rara!

Tinha um gesto de musa! – Mão que voa,
que do piano na ideal lagoa,
as asas banha em rapidez não vista!...
Como a andorinha que se arroja à toa,
cruzando em beijos a extensão das teclas!
Acendendo no seio a luz dos Eclas...
Aquela mão de artista!

Mão de criança! Era u'a mão de arminhos,
tendo essas covas, esses alvos ninhos,
de aves que a terra desconhece ainda!

* (Mit.) A mulher que amamentou Zeus, recém nascido no Monte Ida, em Creta.

Lembrando as conchas dos parcéis marinhos,
a polpa branca dos nascentes lírios...
Covas... porque se enterram mil delírios
naquela mão tão linda!

No teatro, uma noite, casta, esquiva,
na luva de pelica a mão cativa,
recordava um eclipse de lua...
Mas um momento após, deixando o guante,
vi salvar-se da espuma, rutilante,
como Vênus despida e palpitante,
aquela mão tão nua!

Era uma régia mão! Que largas vezes
sonhei torneios, morriões, arneses,
bravos ginetes de nevada crina,
justas feridas entre mil reveses,
da média idade a sanguinosa palma...
só pra o louro atirar... e a lança e a alma...
àquela mão tão fina!

Uma noite sonhei que, em minha vida,
Deus acendia a estrela prometida,
que leva os Reis ao trilho da ventura;
mas, quando, ao longo da poenta estrada,
o suor me escorria d'amargura...
passava em meus cabelos perfumada
aquela mão tão pura!

Era u'a mão que iluminara um cetro...
Mão que ensinava d'harmonia o metro
às esferas de luz que o dia encobre!...
Tão santa que uma pérola indiscreta

talvez toldasse esta nudez tão nobre...
vazia... Era a riqueza do Poeta
aquela mão tão pobre!

Era u'a mão que provocava o roubo!
Era u'a mão para conter o globo!
Tinha a luz que arrebata, a luz que encanta!
Fora o gênio de Sócrates o Grego!
Domara em Roma os cônsules e o lobo!
Mão que em trevas buscara Homero cego
aquela mão tão santa!

☆ *Muritiba/BA, 1847*
✝ *Salvador/BA, 1871*

Mãos

Cruz e Sousa

Ó mãos ebúrneas, mãos de claros veios,
esquisitas tulipas delicadas,
lânguidas mãos sutis e abandonadas,
finas e brancas, no esplendor dos seios.

Mãos etéricas, diáfanas, de enleios,
de eflúvios e de graças perfumadas,
relíquias imortais de eras sagradas,
de antigos templos de relíquias cheios.

Mãos onde vagam todos os segredos,
onde dos ciúmes tenebrosos, tredos,
circula o sangue apaixonado e forte.

Mãos que eu amei, no féretro medonho
frias, já murchas, na fluidez do Sonho,
nos mistérios simbólicos da Morte!

☆ *Florianópolis/SC, 1861*
✝ *Estação de Sítio/MG, 1898*

ESTÃO MORTAS AS MÃOS DAQUELA DONA*

Alphonsus de Guimaraens

Estão mortas as mãos daquela dona,
brancas e quietas como o luar que vela
as noites romanescas de Verona
e as barbacãs e torres de Castela...

No último gesto de quem se abandona
à morte esquiva que apavora e gela,
as suas mãos de Santa e de Madona,
inda postas em cruz, pedem por ela.

Uma esquecida sombra de agonias
oscula o jaspe virginal das unhas,
e ao longo oscila das falanges frias...

E os dedos finos... ai, senhora, ao vê-los,
recordo-me da graça com que punhas
um cravo, um lírio, um goivo entre os cabelos!

☆ *Ouro Preto/MG, 1870*
✞ *Mariana/MG, 1921*

* No original, sem título.

Tuas mãos

Zeferino Brazil

Tuas divinas mãos de pura neve,
obra-prima de linhas delicadas,
são artisticamente trabalhadas
em fino mármore, correto e leve.

Tão doce perfeição se não descreve,
que tuas mãos fidalgas e adoradas
não são mãos para serem decantadas
nas breves rimas de um soneto breve.

Que lindo pregador que se faria
de tuas mãos de exótica magia
e desejadas por quem nem supunhas!

Tudo eu daria para serem minhas
essas formosas mãos de puras linhas,
depois... embora lhes sentisse as unhas.

☆ Taquari/RS, 1870
✝ Porto Alegre/RS, 1942

Mãos

Mendes de Oliveira

As vossas mãos, senhora, são formadas
da brancura eucarística dos lírios;
são mãos aristocráticas, delgadas,
que sabem curar chagas e martírios.

Translúcidas e brancas como a neve,
elas só lembram gelos e friezas!
Mas essa idéia se desfaz, em breve,
se em nossas mãos elas se enlaçam, presas.

Então, sentimos, agradavelmente,
a cariciosa tepidez dos ninhos;
vem-nos depressa ao coração, latente,
um fluido meigo, de ideais carinhos.

São mãos fidalgas, mas não têm vaidade!
As unhas são rosadas e graciosas,
como se acaso as mãos, na extremidade,
fossem feitas de pétalas de rosas.

Quando, adejando como duas aves,
correm as teclas, pálidas de pejo,
não sabemos se os cânticos suaves
vibram no piano, se no seu adejo.

Levemente bordadas pelas veias,
por onde passa um sangue azul e nobre,
é para vê-las, de piedade cheias,
lançando a esmola no chapéu de um pobre.

Nas rendas transparentes da costura,
senhora, elas parecem duas flores.
Mãos de fada, relíquias da escultura,
ponto final de todos os lavores.

Quando fordes colher rosas floridas,
tende cuidado com essas mãos pequenas,
que, do contrário, ficarão perdidas
entre jasmins, camélias e açucenas.

☆ *Pouso Alegre/MG, 1879*
✞ *Belo Horizonte/MG, 1918*

Mãos

Augusto dos Anjos

Há mãos que fazem medo,
feias agregações pentagonais,
umas, em sangue, a delinqüentes natos,
assinalados pelo mancinismo,
pertencentes talvez...
Outras, negras, a farpas de rochedo
completamente iguais...
Mãos de linhas análogas a anfratos
que a Natureza onicriadora fez
em contraposição e antagonismo
às da estrela, às da neve, às dos cristais.

Mãos que adquiriram olhos, pituitárias
olfativas, tentáculos sutis,
e à noite, vão cheirar, quebrando portas,
o azul gazofilácio silencioso
dos tálamos cristãos.
Mãos adúlteras, mãos mais sanguinárias
e estupradoras do que os bisturis
cortando a carne em flor das crianças mortas.
Monstruosíssimas mãos,
que apalpam e olham com lascívia e gozo
a pureza dos corpos infantis.

☆ *Espírito Santo/PB, 1884*
✝ *Leopoldina/MG, 1914*

As minhas mãos

Florbela Espanca

As minhas mãos magritas, afiladas,
tão brancas como a água da nascente,
lembram plácidas rosas entornadas
dum regaço de Infanta do Oriente.

Mãos de ninfa, de fada, de vidente,
pobrezinhas em sedas enroladas,
virgens mortas em luz amortalhadas
pelas próprias mãos de oiro do sol poente.

Magras e brancas... Foram assim feitas...
Mãos de enjeitada porque tu me enjeitas...
Tão doces elas são! Tão a meu gosto!

Pra que as quero eu – Deus! – pra que as quero eu?!
Ó minhas mãos, onde está o céu?
...Onde estão as linhas do teu rosto?

☆ *Vila Viçosa, Portugal, 1894*
✝ *Matosinhos, Portugal, 1930*

Mãos de Miréia

Alceu Wamosy

As tuas mãos, Miréia, são tão finas,
tão pálidas, tão longas, tão sedosas,
que até parecem feitas de neblinas,
e da agonia do luar nas rosas...

Lembram, nas suas formas peregrinas,
na escultura das curvas deliciosas,
mãos de princesa – virginais, felinas,
torturadas, sinistras, voluptuosas...

Mãos claustrais, para unção dos agonizantes...
Mãos que ferem a gente, acariando,
num torvelim de sonhos estonteantes...

Mãos que são tuas, Luz, e hei de senti-las
minhas pálpebras lívidas fechando
sobre os sóis moribundos das pupilas...

☆ *Uruguaiana/RS, 1895*
✞ *Santana do Livramento/RS, 1923*

Mãos suaves

Hildo Rangel

Quando em horas da tarde me apareces,
sinto que as tuas duas mãos pequenas,
são como brancas almas de açucenas,
voltadas para os céus em duas preces.

Foram feitas talvez de doces messes,
de carícias sem par – beijos apenas,
tão suaves, tão leves, tão serenas,
quando em horas da tarde me apareces.

São como duas pétalas de rosa,
que escondida nasceu por entre a bruma,
duma manhã de maio, perfumosa.

Ah, quem me dera, Deus e os céus profundos,
que eu morresse sentindo-as como espuma,
sobre o ocaso dos olhos moribundos.

☆ *Porto Alegre/RS, 1897*
✞ *Rio de Janeiro/RJ, 1940*

Para o exílio das mãos que não foram amadas

Athos Damasceno Ferreira

Ó claras mãos de prece, alvas mãos silenciosas,
consoladoras mãos dos destinos sombrios!...
Onde beijar as mãos dessas santas piedosas,
dessas pobres irmãs que estão nos claustros frios?...

Amo essas mãos febris, suaves mãos dolorosas,
de palmas cor de luar e de dedos esguios,
que se ungem do olor dos jasmins e das rosas
e desmaiam de fé sobre arminhos macios...

Tristes mãos de viuvez, mãos sem beijos e afagos,
lírios de extrema-unção numa luz de sol-pôr,
sobre o espelho tranqüilo e azulado dos lagos...

Mãos que espargem incenso e põem círios no altar
e rezam, sem saber o que é a festa do Amor,
dos noivos que virão do Céu para noivar...

☆ *Porto Alegre/RS, 1902*
✝ *Porto Alegre/RS, 1975*

Sua mão

Onestaldo de Pennafort

A mão do meu suave amor é leve
como uma asa de pássaro a voar...
Tem todas essas curvas que descreve,
pelas areias úmidas, o mar...

De longe, às vezes, num adejo breve,
a alma me afaga, me afagando o olhar...
Mão que se cobre de um alvor de neve
se acaso tento os dedos seus beijar!

Ninguém diria que essa mão serena,
que tanta força tem, sendo pequena,
pode, num gesto de emoções febris,

mudar o curso das eternidades,
desmoronar impérios e cidades,
erguer montanhas... me fazer feliz!

☆ *Rio de Janeiro/RJ, 1902*
✝ *Rio de Janeiro/RJ, 1987*

As mãos de meu pai

Mario Quintana

As tuas mãos têm grossas veias como cordas azuis
sobre um fundo de manchas já da cor da terra
– como são belas as tuas mãos
pelo quanto lidaram, acariciaram ou fremiram na
/nobre cólera dos justos...
Porque há nas tuas mãos, meu velho pai, essa
/beleza que se chama simplesmente vida.
E, ao entardecer, quando elas repousam nos
/braços da tua cadeira predileta,
uma luz parece vir de dentro delas...
Virá dessa chama que pouco a pouco, longamente,
/vieste alimentando na terrível solidão do mundo,
como quem junta uns gravetos e tenta acendê-los contra o vento?
Ah! Como os fizeste arder, fulgir, com o milagre das tuas mãos!
E é, ainda, a vida que transfigura as tuas mãos nodosas...
essa chama de vida – que transcende a própria vida
...e que os Anjos, um dia, chamarão de alma.

☆ Alegrete/RS, 1906
✝ Porto Alegre/RS, 1995

Mãos seráficas

Alzira Freitas Tacques

Mãos que sois como as hóstias dos sacrários,
crismadas de orações... Mãos macilentas,
que o turíbulo ergueis das rezas lentas
na vigília de claustros solitários.

Mãos de gaze, mãos místicas, mãos bentas,
feitas para bordar escapulários
e acender na treva alampadários,
da tentação e do pecado isentas.

Mãos de virgens, de veias cor de olheiras,
extrema-unções de arminho, mãos benditas,
trêmulas mãos de maceradas freiras.

Adoro-vos assim brancas, piedosas,
mãos de monja, a pedir por nós, contritas,
no mistério das celas silenciosas...

☆ *São Borja/RS, 1913*
✞ *Porto Alegre/RS, 1976*

UNHAS

Gonçalo Jácome

Guardam as falangetas de teus dedos,
desses teus brancos dedos delicados,
unhas conhecedoras dos enredos,
das volúpias, dos gozos, dos pecados.

Unhas reveladoras dos segredos
da alma, do som, das cordas, dos teclados,
que nas fúteis carícias e brinquedos
ferem como punhais envenenados.

Pois bem! Quando essas unhas tentadoras,
vezes perversas, vezes promissoras,
vêm minhas mãos nervosas atritar:

as hienas da carne e do desejo,
do mortal abandono, num bocejo
fremem na sua solidão polar!

☆ *Barreiros/PE, 1874*
✝ *Rio de Janeiro/RJ, 1943*

A PERNA

Luís Delfino

Esta é bem como o limiar augusto
de Éden, em que ninguém ainda há vivido:
que causa, a quem quer ir, terror e susto,
pois guarda-o um anjo de clarões vestido.

Quem o caminho dele sabe ao justo?
O carreiro das rosas é sabido;
das pombas brancas ao pombal hei ido:
mas... como ao paraíso ir mesmo a custo?

E todavia aquela perna indica
que muito longe dela o céu não fica:
tentar, como um Titã de um raio em troco?

Aquela ponte de marfim maciço
passar, subir... quem pode fazer isso?
Um louco? – Eu vou... Quem há do que eu mais louco?

☆ *Florianópolis/SC, 1834*
✞ *Rio de Janeiro/RJ, 1910*

Pernas de Nova Iorque

Gilberto Amado

Pernas de Nova Iorque
as mais lindas pernas do mundo
eu as vejo trotar
na 5ª Avenida
na 6ª Avenida
na 7ª Avenida
nas avenidas numeradas e nas sem número

Eu as vejo trotar
pernas de Nova Iorque
as mais lindas pernas do mundo
eu as vejo trotar
em Manhattan
em Queen's
no Bronx
em Brooklyn
no Village

Pernas de Nova Iorque
as mais lindas pernas do mundo

Eu as vejo trotar
na direção dos apartamentos
das lojas
dos hotéis
dos bares
dos cinemas
dos teatros

Eu as vejo trotar
pernas de Nova Iorque
em todas as direções
de todos os lados
para todos os pontos

Pernas de Nova Iorque
as mais lindas pernas do mundo

E enquanto as vejo trotar
em Manhattan
em Queen's
no Bronx
em Brooklyn
no Village

Pernas de Nova Iorque
as mais lindas pernas do mundo

Enquanto as vejo trotar
em todas as avenidas
em todos os bairros
em todas as ruas
em todos os sentidos
ouço um rumor universal de máquinas de escrever.

☆ *Estância/SE, 1887*
✞ *Rio de Janeiro/RJ, 1969*

A BORRALHEIRA

Luis Guimarães Junior

Meigos pés pequeninos, delicados
como um duplo lilás – se os beija-flores
vos descobrissem entre as outras flores,
que seria de vós, pés adorados!

Como dois gêmeos silfos animados,
vi-vos ontem pairar entre os fulgores
do baile, ariscos, brancos, tentadores...
Mas – ai de mim! – como os mais pés calçados.

"Calçados como os mais! Que desacato!"
disse eu, "vou já talhar-lhes um sapato
leve, ideal, fantástico, secreto..."

Ei-lo. Resta saber, anjo faceiro,
se acertou na medida o sapateiro:
mimosos pés, calçai este soneto.

☆ *Rio de Janeiro/RJ, 1841*
✝ *Lisboa, Portugal, 1898*

O teu pé, sutil e breve*

Antero de Quental

O teu pé, sutil e breve,
é como a visão doirada
que em sonhos roça, fugindo,
a nossa fronte pesada:
todo o escuro se ilumina,
duma luz coada e branda,
e voam as fantasias,
como aves, de cada banda:

assim, quando teus pés roçam
a terra dura e sem cores,
sob a pisada, que a afaga,
às mil vêm brotando as flores!

☆ *Ponta Delgada, Portugal, 1842*
✞ *Ponta Delgada, Portugal, 1891*

* Quinto soneto do ciclo *Pepa.*

Pés

Cruz e Sousa

Lívidos, frios, de sinistro aspecto,
como os pés de Jesus, rotos em chaga,
inteiriçados, dentre a auréola vaga
do mistério sagrado de um afeto.

Pés que o fluido magnético, secreto
da Morte maculou de estranha e maga
sensação esquisita que propaga
um frio na alma, doloroso e inquieto...

Pés que bocas febris e apaixonadas
purificaram, quentes, inflamadas,
com o beijo dos adeuses soluçantes.

Pés que já no caixão, enrijecidos,
aterradoramente indefinidos
geram fascinações dilacerantes!

☆ *Florianópolis/SC, 1861*
✝ *Estação de Sítio/MG, 1898*

FECHO

DÁ A SURPRESA DE SER*

Fernando Pessoa

Dá a surpresa de ser.
É alta, de um louro escuro,
faz bem só pensar em ver
seu corpo meio maduro.

Seus seios altos parecem
(se ela estivesse deitada)
dois montinhos que amanhecem
sem ter que haver madrugada.

E a mão do seu braço branco
assenta em palmo espalhado
sobre a saliência do flanco
do seu relevo tapado.

Apetece como um barco.
Tem qualquer coisa de gomo.
Meu Deus, quando é que eu embarco?
Ó fome, quando é que eu como?

☆ *Lisboa, Portugal, 1888*
✝ *Lisboa, Portugal, 1935*

---

* No original, sem título.

Bibliografia

AMADO, Gilberto. *Poesias.* Rio de Janeiro: José Olympio, 1967.

AMORA, Antonio Soares. *Panorama da poesia brasileira: era luso-brasileira.* Rio de Janeiro: Civilização Brasileira, 1959. v.1.

AMORA, Antonio Soares e outros. *Grandes poetas românticos do Brasil.* São Paulo: LEP, 1959. v.1 e 2.

AMORA, A. S., MOISÉS, M. & SPINA, S. *Presença da literatura portuguesa.* São Paulo: Difusão Européia do Livro, 1961. v.2.

ANJOS, Augusto dos. *Obra completa.* Rio de Janeiro: Nova Aguilar, 1996.

BANDEIRA, Manuel. *Antologia dos poetas brasileiros: poesia da fase parnasiana.* Rio de Janeiro: Nova Fronteira, 1996.

BOCAGE. *Sonetos completos.* São Paulo: Núcleo, 1994.

BOTO, Antonio. *As canções de Antonio Boto.* Lisboa: Bertrand, 1956.

BRAZIL, Zeferino. *Traços cor-de-rosa.* Porto Alegre: Jornal do Comércio, 1892.

BRAZIL, Zeferino. *Na torre de marfim.* Porto Alegre: Globo, 1910.

CAMÕES, Luís de. *Sonetos.* Lisboa: Empresa Literária Fluminense, 1924.

CARVALHO, Vicente de. *Poemas e canções.* São Paulo: Companhia Editora Nacional, 1934.

CASTRO ALVES. *Obra completa.* Rio de Janeiro: Nova Aguilar, 1997.

CASTRO, Eugenio de. *Poesias escolhidas.* Paris: Aillaud, 1902.

CAVALHEIRO, Edgard. *Panorama da poesia brasileira: o romantismo.* Rio de Janeiro: Civilização Brasileira, 1959. v. 2.

CORREIA, Raimundo. *Poesia completa e prosa.* Rio de Janeiro: José Aguilar, 1961.

CRESPO, Gonçalves. *Nocturnos.* Lisboa: Adelino Fernandes, 1882.

CRUZ E SOUSA. *Poesias completas.* Rio de Janeiro: Ediouro, s.d.

DELFINO, Luís. *Melhores poemas.* São Paulo: Global, 1998. Seleção de Lauro Junkes.

DEUS, João de. *Campo de flores.* Paris: Aillaud; Lisboa: Bertrand; Rio de Janeiro: Francisco Alves, s.d. v.1.

ESPANCA, Florbela. *Poemas.* São Paulo: Martins Fontes, 1996.

FERREIRA, Athos Damasceno. *Poesias reunidas.* Porto Alegre: Globo, 1979.

FREITAS, Alzira. *Sombras.* Porto Alegre: Globo, 1933.

GÓES, Fernando. *Panorama da poesia brasileira: o simbolismo.* Rio de Janeiro: Civilização Brasileira, 1959. v.4.

GÓES, Fernando. *Panorama da poesia brasileira: o pré-modernismo.* Rio de Janeiro: Civilização Brasileira, 1959. v.5.

GUIMARAENS, Alphonsus de. *Obra completa.* Rio de Janeiro: Nova Aguilar, 1960.

GUIMARAENS, Eduardo. *A divina quimera.* Porto Alegre: Globo, 1944.

HORTA, Maria Braga. *Caminho de estrelas.* São Paulo: Massao Ohno, 1996.
LOUSADA, Wilson. *Cancioneiro do amor.* Rio de Janeiro: José Olympio, 1950.
MACHADO, Antônio Carlos. *Coletânea de poetas sul-riograndenses (1834-1951).* Rio de Janeiro: Minerva, 1952.
MACHADO, Gilka da Costa Mello. *Poesias (1915-1917).* Rio de Janeiro: Jacintho Ribeiro dos Santos, 1918.
MORAES, Antenor. *Poesias.* Porto Alegre: Globo, 1957.
OLIVEIRA, Alberto de. *Os cem melhores sonetos brasileiros.* São Paulo; Rio de Janeiro: Freitas Bastos, 1950.
PESSOA, Fernando. *Poesia.* Lisboa: Confluência, 1945.
PROENÇA FILHO, Domício, org. *A poesia dos Inconfidentes / Poesia completa de Cláudio Manuel da Costa, Tomás Antônio Gonzaga e Alvarenga Peixoto.* Rio de Janeiro: Nova Aguilar, 1996.
QUENTAL, Antero de. *Sonetos completos e poemas escolhidos.* Rio de Janeiro: Livros de Portugal, 1942.
QUINTANA, Mario. *Antologia poética.* Porto Alegre: L&PM, 1997.
RAMOS, Péricles Eugênio da Silva. *Panorama da poesia brasileira: parnasianismo.* Rio de Janeiro: Civilização Brasileira, 1959. v.3.
RAMOS, Péricles Eugênio da Silva. *Poesia barroca.* São Paulo: Melhoramentos, 1967.
RAMOS, Péricles Eugênio da Silva. *Poesia parnasiana.* São Paulo: Melhoramentos, 1967.
RANGEL, Hildo. *Jardim das emoções / Musa demente.* Porto Alegre: Instituto Estadual do Livro & EDIPUCRS, 1994.
RÉGIO, José & SERPA, Alberto de. *Poesia de amor: antologia portuguesa.* Porto: Tavares Martins, 1945.
REZENDE, Edgard. *Os mais belos sonetos brasileiros.* Rio de Janeiro: Freitas Bastos, 1946.
TOTTA, Mário. *Poesias.* Porto Alegre: Globo, 1967.
VERDE, Cesário. *O livro de Cesário Verde.* Lisboa: Ulisséia & Instituto Português do Livro, s.d.

Revista:
Eu sei tudo. Rio de Janeiro, (69):104, fev. 1923.

LIVRO DOS DESAFOROS

Nota do organizador

Na história da arte, a poesia e o desenho têm sido os gêneros mais praticados para expressar, de uma penada só, a facécia, a ironia, o escárnio, o vulgar desaforo. Mas o desenho caricatural, em regra, tem vida curta, sepultado na efêmera vigência de revistas e jornais, e alcança a posteridade tão-só nos raros momentos em que ela reconhece no autor o talento de exceção. A poesia satírica, ao contrário, tende a permanecer, ainda que, eventualmente, não faça jus à permanência: costuma embarcar em veículo – o livro – cujo itinerário é ou pode ser matusalênico. De resto, qual o grande poeta que não usou o verso para zombar das instituições, da política, do governo, dos costumes, da moral e mesmo de seus desafetos? Até Bilac, até Alphonsus de Guimaraens... quem diria?

Neste volume, comparecem dezenas de poetas de língua portuguesa (inclusive dos Açores) que fizeram do verso uma chicotada de urtigas. Alguns puderam desembarcar em nosso tempo porque o livro os trouxe. Outros cá chegaram por seu próprio mérito, dando carona ao livro. O coro dessas vozes compreende uma era que começa no amanhecer do segundo milênio e vem encontrar seu termo nas primeiras décadas do século XX.

Sergio Faraco

Foi um dia Lopo jogral

*Martim Soárez**

Foi um dia Lopo jogral
à casa de um infanção** cantar
e mandou-lhe ele por dom***
dar três coices na garganta,
e foi-lhe escasso, a meu cuidar,****
segundo como ele canta.

Escasso foi o infanção
em seus coices partir de então,
pois***** não deu a Lopo então
mais de três em sua garganta,
e mais merecia o jogralão,******
segundo como ele canta.

☆ ?, Séc. XIII
✞ ?

* Poeta português, dado como nascido em "Riba de Limia".

** Fidalgo de segunda linha.

*** Deu-lhe em pagamento.

**** E tratou-o até com moderação, a julgar como ele canta.

***** No original, *ca*.

****** No original, *jograron*, mau jogral.

TANTO É MELYON PECADOR

*Afonso Lopes**

Tanto é Melyon pecador
e tanto é fazedor de mal
e tanto é um homem infernal
que eu sou bem sabedor,
quanto o mais posso ser,
que nunca poderá ver
a face de Nosso Senhor.

Tantos são os pecados seus
e tão muito é de mal talan**
que eu sou certo, de pran***
quanto isto é, amigos meus,
que, por quanto mal nele há,
que jamais nunca verá
em nenhum tempo a face de Deus.

Ele fez sempre mal e cuidou
e jamais nunca fez bem,
e eu sou certo por en****
dele, que sempre em mal andou,
que nunca já, pois assim é,
pode ver, por boa fé,
a face de quem nos comprou.*****

☆ *?, Séc. XIII*
✞ *?*

---

* Poeta português.

** Talante.

*** De certeza, seguramente.

**** Por isso.

***** Nos redimiu: o Redentor.

Garcia amigo, ninguém te espante

*Afonso Alvarez**

Garcia amigo, ninguém te espante,
porém** te digo que muito perdeste,
des que em Mafoma tua crença puseste,
segundo que disse o velho Almirante,
que o que ganhaste direi de talante:
ganhaste nome de alcaide de vento,
ganhaste inferno, escuro tormento,
ganhaste até mais do que trazias antes.

Des que a Jesus, Nosso Salvador,
tu renegaste por bem adorar
o falso profeta, linhagem de Agar,
que dizem Mafoma, vil embaidor,***
de quanto ganhaste sou bem sabedor:
ganhaste mais barbas que trazer soías,
ganhaste privança**** do demo maior.

Com tais trocos como hás trocado
mui bem te podes chamar traidor,
pois não houveste de Cristo pavor,
nem das gentes vergonha*****, coitado!
Quanto aí ganhaste (te direi de grado):
ganhaste pobreza****** e má ventura,

---

* Poeta português, embora nascido na Espanha.

** No original, *pero que.*

*** Embusteiro.

**** A intimidade.

***** No original, *vergonça.*

****** No original, *proveza.*

ganhaste luxúria, amarga tristura,*
ganhaste por sempre de ser lastimado.

Já não te podes chamar perdidoso,**
pois tantas coisas com'estas ganhaste,
quando a lei mui santa trocaste
por má seita do falso, enganoso;
de quanto ganhaste sei ledo e gozoso:
ganhaste lazeira*** de noite e de dia,
ganhaste a ira de Santa Maria,
ganhaste vileza e câmbio astroso.****

☆ *Vilasandino, Espanha, 1340/50*
✝ *?, 1428*

---

* Tristeza.

** Prejudicado.

*** Padecimento.

**** Funesto, que nasceu sob a influência de mau astro.

Chegando muito cansado

*Henrique de Sá**

Chegando muito cansado,
achei um vosso criado
na vossa quinta d'Osela,
que me fez tal gasalhado**
que outrora serei forçado
passar bem longe dela;
falava em vossa amizade
mais vezes do que devia,
porém o que nos cumpria
fechava bem de verdade.

Mas porém por não mentir
e fazer em vosso caso,
querendo-me já partir,
nos deu um alqueire raso,
muito mau de repartir;
porque as bestas sete eram,
não contando a minha mula,
e um alqueire trouxeram,
ora que quereis que engula
cada uma do que deram?

Dizei-me, por não errar,
a quem devo de culpar
daquele mau gasalhado,
se esse vosso apaniguado,
se a vós por lho mandar,

---

* Poeta português.

** Que me recebeu de tal modo, com tal prazer.

porque diz Deus verdadeiro,
o que as fomes socorre,
que deveis saber primeiro
se vem pelo despenseiro
se pelo senhor da torre.

☆ *?, Séc. XV*
✞ *?*

Contra as mulheres

*Jorge de Aguiar**

Esforça, meu coração,
não te mates, se quiseres:
lembra-te que são mulheres.

Lembra-te que por nascer
nenhuma que não errasse,
lembra-te que seu prazer,
por bondade, e merecer,
não vi quem dele gostasse;
pois não te dês à paixão,
toma prazer se puderes,
lembra-te que são mulheres.

Descansa, triste, descansa,
que seus males são vinganças,
tuas lágrimas amansa,
deixas suas esperanças.
Pois que nasceu sem razão,
nunca por elas lh'esperes,
lembra-te que são mulheres.

Tuas mui grandes firmezas,
tuas grandes perdições,
suas desleais nações
causaram tuas tristezas.
Pois não te mates em vão,
que quanto mais as quiseres,
verás que são as mulheres.

---

* Poeta português.

Que te presta padecer,
que te aproveita chorar,
pois nunc'outras hão de ser
nem são nunca de mudar?
Deixas com sua nação,
seu bem nunca lho esperes,
lembra-te que são mulheres.

Não te mates cruamente
por quem fez tão grande errada,
que quem de si se não sente,
por ti não lhe dará nada.
Vive lançando pregão
por onde fores e vieres,
que são mulheres, mulheres.

Final

Espanha já foi perdida
por Letabla uma vez,
e a Tróia destruída
por males que Helena fez.
Desabafa, coração,
vive, não te desesperes,
que a que fez pecar Adão
foi a mãe destas mulheres.

☆ *?, Séc. XV*
✞ *No mar, 1508*

Ao padre Girão, por fazer versos compridos

D. Tomás de Noronha

Padre Girão, se a Vossa Reverência
lhe deu licença o Louro Patriarca
para fazer os versos mais da marca,
bem dada foi em sua consciência.

Porém se lha não deu, mostre Vossência
exemplo em Camões, Lope ou Petrarca
e não me ande por aqui roçando alparca,*
porque me dá com um pau na paciência.

Se a musa de Vossência é centopéia,
sevandija do charco do Pegaso,
versos faça – com Deus! – de légua e meia.

Porém, se algum coimeiro** do Parnaso,
lhos levar por compridos à cadeia,
que há de fazer Vossência neste caso?

☆ *Alenquer – Estremadura, Portugal, ?*
✞ *Alenquer – Estremadura, Portugal, 1651*

* Alpargata.

** Cobrador de coima, multa.

Descreve o que era naquele tempo a cidade da Bahia

Gregório de Matos

A cada canto um grande conselheiro,
que nos quer governar cabana, e vinha;
não sabem governar sua cozinha,
e podem governar o mundo inteiro.

Em cada porta um freqüentado olheiro
que a vida do vizinho, e da vizinha
pesquisa, escuta, espreita e esquadrinha
para levar à praça e ao terreiro.

Muitos mulatos desavergonhados,
trazidos pelos pés os homens nobres,
posta nas palmas toda a picardia.

Estupendas usuras nos mercados,
todos, os que não furtam, muito pobres,
e eis aqui a cidade da Bahia.

☆ *Salvador/BA, 1623*
✞ *Recife/PE, 1696*

Aos maus juízes

Botelho de Oliveira

Que julgas, ó Ministro da Justiça?
Por que fazes das leis arbítrio errado?
Cuidas que dás sentença sem pecado,
sendo que algum respeito mais te atiça,

por obrar os enganos da justiça?
Bem que teu peito vive confiado,
o entendimento tens todo arrastado
por amor, ou por ódio, ou por cobiça.

Se tens amor, julgaste o que te manda;
se tens ódio, no inferno tens o pleito;
se tens cobiça, é bárbara e execranda.

Oh, miséria fatal de todo feito!
Que não basta o direito da demanda,
se o julgador te nega esse direito...

☆ *Salvador/BA, 1636*
✝ *Salvador/BA, 1711*

Soneto

Sebastião da Rocha Pita

Pondero a emudecida formosura
de Fílis sem temer que impertinente
possa no meu soneto meter dente,
pois carece de toda a dentadura.

Se por cobrir a falta esta escultura
tão muda está que não parece gente,
estátua de jardim será somente
se de pano de rás não for figura.

O senhor secretário quer que a creia
bela sem dentes, eu lho não concedo;
desdentada é pior do que ser feia;

e em silêncio só pode causar medo,
ser relógio de sol para uma aldeia,
para um povo estafermo de segredo.

☆ *Salvador/BA, 1660*
✞ *Salvador/BA, 1738*

Em louvor do presidente, o padre Manuel Cerqueira Leal*

*José da Cunha Cardoso***

Nos ecos do silêncio retumbante
sois a pompa do horríssono instrumento,
do côncavo da lua o pavimento,
e do trópico astral a estrela errante.

No calor furibundo e coruscante,
que é lúbrico da inveja firmamento,
fostes autor do paradoxo invento,
raio nos episódios fulminante.

Calcitrante se encrespa, e se profunda
vossa pluma no Lete***, excedendo
ao cultor que de Tróia os campos lavra.

Vistes, meu Manuel, tal barafunda?
Pois São Pedro**** me leve, se eu entendo
disto que aqui vos disse, u'a palavra.

☆ ?
✞ ?

* Presidente da 18ª Conferência da Academia Brasílica dos Esquecidos, em 4 de fevereiro de 1725 (Bahia).

** Poeta brasileiro do séc. XVIII, membro da academia.

*** Na mitologia grega, um dos rios do inferno, cujas águas levavam o esquecimento às almas dos mortos.

**** O Pe. Manuel era coadjutor da Igreja de São Pedro.

A UMA DAMA DESDENTADA

*Antônio de Oliveira**

Um anel o deus do amor
de rubins mandou encravar
e só por paz não levar
não lhe quer diamantes pôr.
Já tem com alto primor
feito o anel mais brilhante;
porque achou o deus amante
esses lábios de carmins,
pois entre tantos rubins
não vê um só diamante.

☆ *Lisboa, Portugal, c.1700*
✞ *Salvador/BA, ?*

* Sacerdote do hábito de São Pedro.

À ESTÁTUA DE APOLO FERIDA POR UM RAIO

*Avertano de Santa Maria**

Este extático Apolo que está tísico
de aturar o noturno, e diurno cântico
por que não vai banhar-se ao Mar Atlântico
sendo como Esculápio tão bom físico?

Tanto sobe que passa a metafísico
donde posto também a nigromântico
só reforça o corpólico farfântico
com o ofusco licor do lago estígico.**

Mas se contra Tonante*** que é belígero
deste raio não fica todo pálido
acolhendo-se a Marte que é armígero:

ficará quando ignífero tão válido
que transformado em Pã porque é cornígero
sairá por Europa touro cálido.****

☆ ?, Séc. XVIII
✞ ?

---

* Se português ou brasileiro, ignora-se. Sacerdote.

** De Estige, rio do Inferno.

*** Zeus.

**** Zeus se transformou num touro branco para raptar Europa.

Justiça humana

Paulino Cabral

Citado o réu, a ação distribuída,
of'rece-se o libelo na audiência;
entra logo uma cota, uma incidência,
apenas em dez anos discutida.

Contraria-se tarde*; ou recebida
uma exceção, faz nova dependência;
crescem as dilações, e a paciência
uma das partes perde, ou perde a vida.

Habilita-se um filho, outro demora;
e de novos artigos na disputa,
mais se dilata a causa, ou empiora.

Contudo põe-se em prova, ou circunduta;**
em casa do escrivão bem tempo mora,
e se há sentença enfim... não se executa.

☆ *Amarante – Douro, Portugal, 1719*
✝ *?, 1787*

* A contestação do réu.

** Circundução (*ant. jur.*): anulação da citação do réu, pena aplicada ao autor pelo seu não comparecimento em juízo.

Ao sr. Manuel Francisco de Almeida, em resposta ao soneto que fez no doloroso transe de ser corneado por uma freira*

José Jácome Raposo

Conheci um pastor de imenso gado;
de um gado que se nutre ao pé de um pico**;
pintadas reses, de semblante rico,
porém de coração atraiçoado.

Outro pastor distante, a amores dado,
no tal gado tentou molhar o bico;
e depois que o molhou, eu certifico,
foi de uma rês faminta escorneado.

Pinga aqui, pinga ali, temos *Pinguinha****,
descobre-se da rês o infame trato;
assim o quis Amor, assim convinha.

Grita o pastor distante: – Eu não a mato;
esta era a rês pior que o gado tinha;
pus-lhe o ferro, deitei-a para o mato!****

☆ Ribeira Grande – Açores, Portugal, c.1730
✞ Ponta Delgada – Açores, Portugal, 1805

---

* A freira em questão se chamava Máxima e pertencia ao Convento de Jesus, em Ribeira Grande (Açores).

** Pico das Freiras, nas cercanias do Convento de Jesus.

*** Apelido do frade que destronou Manuel Francisco de Almeida no leito da freira. Era dado à bebida.

**** Citação do soneto do poeta infelicitado.

Descrição do quarto do autor

*Xavier da Cunha**

De escarros a parede matizada,
sobre a mesa bastante papel velho,
noutra parte sem aço antigo espelho
e um tinteiro que só vê tinta aguada;

do teto imensa teia pendurada,
duas cadeiras já sem aparelho,
imundície que dá pelo joelho
e a pequena janela esburacada;

quatro livros franceses emprestados
e um estreito lençol de cor mui preta,
onde enrosco os membros descarnados;

de mordedoras pulgas tropa infeta,
percevejos cruéis, ratos malvados:
aqui tendes o quarto de um poeta.

☆ ?
✞ ?

* Poeta português, autor de *Poesias.* Porto, 1796.

A UM LEIGO QUE ERA VESGO E NUNCA TEVE FASTIO; E A QUEM, POR ACASO, TOCOU NA CABEÇA A PONTA DE UM ESPADIM

Nicolau Tolentino

Feriu sacrílega espada,
alçada por mão traidora,
cabeça que sempre fora
té aos barbeiros vedada;
d'entre a grenha profanada
corre o sangue à pedra dura;
tosquiou-se a matadura
e o casco rebelde a ordens
precisou destas desordens
para ter prima tonsura.

Feroz soldado imprudente,
que nova espada esgrimiu,
foi o ímpio que feriu
esta vítima inocente;
a quem do golpe insolente
o motivo lhe procura,
diz que fez compra segura,
pois, duvidoso na escolha,
quis ver que tal era a folha,
cortando por coisa dura.

Homem de tenção danada,
só tu conseguiste o fim
de entrar o teu espadim
aonde não entra nada;
da repentina estocada

cai o padre desmaiado;
mas quando recuperado
a ti os olhos volveu,
sabes o que te valeu?
Foi teres já almoçado.

Todo o mundo te pragueja,
porque em detestável guerra
ias deitando por terra
esta coluna da Igreja;
mas se triunfasse a inveja
e o padre morresse então,
dize, ó ímpio coração,
que tanto em furor te atiças,
quem ajudaria às missas?
Quem tocaria ao sermão?

Quem nos daria a certeza
de haver outro homem sisudo,
que pudesse comer tudo
quanto se puser na mesa?
Da próvida natureza
quem havia as leis seguir?
Observante em digerir,
qual outro havia saber
depois de acordar, comer,
depois de comer, dormir?

Que importa, ó cruel soldado,
para desculpar teu erro,
ter sido o teu ímpio ferro
já pela pátria arrancado?
Que importa que em campo armado

junto a si Lippe* te veja?
Que importa que o mundo seja
das tuas ações o abono,
se a mão que defende o trono
ataca depois a Igreja?

☆ *Lisboa, Portugal, 1740*
✞ *Lisboa, Portugal, 1811*

* Oficial que comandou as forças anglo-portuguesas, em 1762, contra franceses e espanhóis.

Cartas chilenas*

Tomás Antônio Gonzaga

(...)
Tem pesado semblante, a cor é baça,
o corpo de estatura um tanto esbelta,
feições compridas e olhadura feia;
tem grossas sobrancelhas, testa curta,
nariz direito e grande, fala pouco
em rouco, baixo som de mau falsete;
sem ser velho, já tem cabelo ruço,
e cobre este defeito e fria calva
à força de polvilho que lhe deita.
Ainda me parece que o estou vendo
no gordo rocinante escarranchado,
as longas calças pelo umbigo atadas,
amarelo colete, e sobre tudo
vestida uma vermelha e justa farda.

De cada bolso da fardeta pendem
listradas pontas de dois lenços brancos;
na cabeça vazia se atravessa
um chapéu desmarcado; nem sei como
sustenta a pobre só do laço o peso.
Ah! tu, Catão severo, tu que estranhas
o rir-se um cônsul moço, que fizeras
se em Chile agora entrasses e visses
ser o rei dos peraltas quem governa?
(...)

☆ *Porto, Portugal, 1744*
✞ *Moçambique, 1810*

---

* Fragmento da Carta Primeira: *Em que se descreve a entrada que fez Fanfarrão em Chile*, isto é, a chegada do governador Cunha Menezes em Minas Gerais.

Funeral do desgoverno provisório

*Silvério de Paraopeba**

Expirou, deu à costa, enfim morreu
o governo que fora improvisado;
se malnascido foi, foi malfadado,
que a contento de todos faleceu!

Nenhuma mão piedosa o socorreu,
contumaz acabou no seu pecado,
sem pompa ou funeral é sepultado,
agouro que lhe fiz quando nasceu.

Bem que se foi de tão pequena idade,
causou nesta província tanto dano
que só deixa lembrança e não saudade.

Tirai, rebeldes, dele o desengano,
conhecei, que este monstro da maldade,
acabou de existir antes de um ano.

☆ *?, 1763*
✞ *?, 1843*

* Padre Silvério Ribeiro de Carvalho, poeta brasileiro nascido em Minas Gerais, autor de *Trovas mineiras*, 1863 (edição póstuma).

Soneto

José Pedro Soares

Com Cupido saí a desafio,
por ele mesmo sendo provocado,
queixando-se de mim, por desprezado,
porque zombo do amor, dele me rio.

Tomo um bordão, um canivete afio,
únicas armas em que vou fiado;
Cupido de mil setas vem armado,
mas não me faz temer, não desconfio.

Chegado de brigar o tempo certo,
dispara-me uma seta sem receio,
mas erra, e dá-me as costas muito esperto.

Co'o pau lhe dei nas asas, desasei-o,
aturdido no chão cai de mim perto;
apanhei-o no chão, que fiz? Capei-o.

☆ *Lisboa, Portugal, c.1763*
✝ *Ponta Delgada – Açores, Portugal, 1845*

A UMA MULHER DE NARIZ GRANDE

Manuel Maria du Bocage

Nariz, nariz, e nariz,
nariz, que nunca se acaba;
nariz, que se ele desaba,
fará o mundo infeliz;
nariz que Newton não quis

descrever-lhe a diagonal;
nariz de massa infernal,
que, se o cálculo não erra,
posto entre o Sol e a Terra,
faria eclipse total.

☆ *Setúbal, Portugal, 1765*
✝ *Lisboa, Portugal, 1805*

Só um agrado

Curvo Semedo

– Minha mulher expirou!
E a doce tranqüilidade
sobre a minha alma baixou!
– Pois não lhe tinha amizade?
– Só uma vez me agradou.
– Quando foi? – Quando passou
desta vida à eternidade.
– E por quê? – Porque foi só
no que me fez a vontade.

☆ *Montemor-o-Novo – Alentejo, Portugal, 1766*
✞ *?, 1838*

Depois de uma parada, ao corpo de milicianos de que era capitão

João Pereira de la Cerda

Famigerados, ínclitos guerreiros,
dos nossos tempos Martes galicados*,
nas palestras de Vênus estragados,
e nos jogos de Baco chocarreiros:

tenho a honra de ser dos companheiros
dos feitos vossos mais abalizados,
que em trovas hão de ser recomendados
à memória de andantes cavaleiros.

Sereis lá no futuro um vivo archote
de alunos, que honrarão vossa memória,
muito sobrepujando a D. Quixote;

raro assunto sereis de rara história.
Eis pois, com valor, coice, pinote!
Bravo! Bravo!... Vitória e mais vitória!

☆ *Horta – Açores, Portugal, 1772*
✝ *Horta – Açores, Portugal, 1850*

---

* Isto é, sifilíticos.

O TESTAMENTO DE D. BURRO, PAI DOS ASNOS*

José Antônio de Camões

(...)

Na pobre estrebaria em que me vejo,
cheio de pulgas, piolhos, percevejos,
eu D. Burro, pai dos asnos calcitrantes,
que o mundo vai deixar dentro de instantes,
vendo-me já tanto de anos carregado,
no mais triste e lastimoso estado,
sem abrigo de pai nem de parentes,
da cabeça já calvo, e já sem dentes,
do meu dono desprezado, e abatido,
ingrata satisfação de o ter servido;
vendo que neste mundo me não resta
coisa com que fazer a minha festa,
remédio não hei já senão prestar-me
fazer minha viagem, preparar-me:
essa viagem de todos tão temida,
pois os dias termina, acaba a vida.
É certo que minha alma irracional
não goza os privilégios de imortal,
mas como de cá vou pra não tornar,
e várias coisas tenho d'arranjar
– além de amigos meus e de parentes
(não que bem descendentes ou ascendentes);
por isso tomarei sequer uma hora,
na qual sem dúvidas e sem demora,
para exemplo a futuros e vindouros,
dispor eu possa bem de meus tesouros.
Como é fácil anular um testamento
o meu quero fazer com fundamento.

---

* Fragmentos.

Porque o não posso fazer por minha mão,
impedido de angústia e de aflição,
ao Senhor Vigário eu peço mo escreva,
não porque ele favor algum me deva,
mas por ser sua letra mui par'cida
com a que eu escrevia em minha vida
quando pra amanuense seu me preparava,
pois só tal amanuense lhe quadrava.
(...)
Quarenta anos, pouco mais, tenho de idade:
sempre foram pra mim d'austeridade;
nunca neles senti barriga cheia
em almoço, jantar, merenda ou ceia.
Só quando era pequeno, lá no Corvo,*
minha avó me frigiu um dia um ovo.
Estando pra o comer, eis de repente
meu avô chega, velho e impaciente,
e não só o papou ele dum bocado
mas até minha avó pôs em tal estado
que a pobre prometeu com juramento
não se embaraçar mais co'o meu sustento.
(...)
Meu corpo quero seja sepultado
aí no canto dum qualquer cerrado,
onde de mim lembrança mais não possa haver;
mas porquanto bem pode suceder
o almotacé pra o açougue me mande ir,
e à sua ordem ninguém pode resistir,
cada um de por si vá preparado
pra me levar de carne o seu cruzado.
Mas saiba quem a leve, lá por teimas:

* Ilha do arquipélago dos Açores.

comendo-a, morre cheio de almorreimas;*
porque não pode ser que, em tal idade,
minha carne não cause enfermidade.

Herdeiros

Item. Precisando nomear testamenteiros,
o Capitão Silvestre é o primeiro;
Felipe Antônio fique de segundo;
e suposto que me acho moribundo,
sempre nomeio terceiro aristocrácio,
meu compadre o Alferes Francisco Inácio.
P'lo trabalho de testamentaria,
peças lhes deixo da maior valia:
ao primeiro, meu óculo de alcançar,
um óculo tão distinto e singular
que com ele até mesmo observava
quantas cricas** de burra encontrava.

(...)

Item. Ao segundo meu testamenteiro,
eu deixo quinze réis em bom dinheiro,
porém co'a obrigação, todos os anos,
de os pagar aos padres franciscanos
por mesada daquele pouco tempo
em que estive de estudante no convento.
Item. Ao terceiro, pouco tenho que deixar,
pois são muitos os que têm de me herdar,
e os meus bens, como sabem, poucos são.
Mas pra fugir a toda a ingratidão
as canelas lhe deixo duma perna
e meu terçado feito já pela moderna.
Em o tendo não mais use espadim,
pois é traste que nem servia a mim.

---

* Hemorróidas.

** Órgão sexual feminino.

– Obrigações primeiras satisfeitas,
usemos com os outros às direitas.

(...)

Item. Ao Padre Tesoureiro mando dêem
meu couro pra chamarra* que não tem;
pois se há de comprar baeta em loje,
faça uma cor de burro quando foge.
E depois, quando deste mundo eu for,
não quero mais ouvir que ante o Ouvidor
aparece com calças à maruja,
que é ação muito feia, muito suja.
Se o Ouvidor até 'qui dissimulou,
foi força de prudência de que usou;
pois eu se ouvidor fosse não sofria
uma tão temerária grosseria.

(...)

Item. Deixo ao Sr. Juiz por bem da lei
quantas lágrimas neste mundo eu chorei,
as quais ordeno sejam misturadas
co'aquelas que têm sido derramadas
por tanto pobre a quem sua mercê
cadeias, ferros manda que se dê.

(...)

Item. Meu contraparente João Bernardo,
pra ostentação maior de seu estado,
mando se dê depois da minha morte
meu rabo, que lhe sirva de chicote.
E se não se contentar com esta deixa,
pra que de mim não forme alguma queixa
dar-lhe-ão mais uma dúzia de bolotas
e o couro das minhas pernas pra umas botas.

Item. A Antônio Furtado Nunes, meu parente,
a quem Deus não fez como a outra gente,

* Batina.

deixo por minha morte duas pipas
do miolo que me saía pelas tripas.
(...)
Item. A minha prima Maria Joaquina
deixo dois gamelões da minha urina:
o caldo só, pois os cascos não,
porque estes meus também não são.
Com ela poderá dar uma calda
e alvejar quando quiser a sua fralda.
(...)
Item. A José Paciente e a Francisco Dente,
deixo em legado pio o meu pendente,
uma jóia de tanta estimação
que render não pode menos de um tostão.
(...)
Item. A João Castelo e sua irmã Isabel,
o meu sangue para um sarapatel;
mas com a rigorosa obrigação
que pelo olho do cu mo chuparão,
pois não quero se me faça anatomia
nem do corpo mo tirem por sangria.
(...)
O meu olho do cu já o deixei
a meu primo José, porém errei
em deixar-lho para ele assobiar,
pois nisso os beiços podem bem bastar.
Mando pois que embrulhado em um papel
o remetam a Alexandre Pimentel;
que o ponha no lugar do que não tem,
e só assim lhe pago o mal com bem.
(...)

☆ *Fajanzinha – Açores, Portugal, 1777*
✞ *Ponta Delgada – Açores, Portugal, 1827*

Epigrama

Pato Muniz

Ao Parnaso* quer subir
novo rival de Camões:**
de tão loucas pretensões
as Musas se põem a rir.
Apolo, sem se afligir,
destarte diz ao casmurro,
pode entrar que o não empurro,
nem me vem causar abalo;
já cá sustento um cavalo,***
sustentarei mais um burro.

☆ *Lisboa, Portugal, 1781*
✞ *Ilha do Fogo, Cabo Verde, 1826*

* Monte da Grécia (2.547 m.), perto de Delfos, consagrado a Apolo e às Musas; a poesia, os poetas.

** Padre José Agostinho de Macedo, com o qual o autor e seu amigo Bocage sustentaram acesa polêmica.

*** Pégaso.

Bahia

Moniz Barreto

À religião, às leis nenhum respeito;
ufano o vício, o mérito escondido;
favoneado o crime, e não punido;
muitas sociedades sem proveito;

para cabalas cada vez mais jeito;
em juiz qualquer zote convertido;
austero e violento o corrompido
nos mais notando o mínimo defeito;

por aqui, por ali, casas roubadas;
carne muito barata em teoria;
todas as coisas úteis malparadas;

ruim prosa nos jornais, ruim poesia;
francesas contradanças já cansadas:
"eis aqui a cidade da Bahia".*

☆ *Jaguaripe/BA, 1804*
✞ *Rio de Janeiro/RJ, 1868*

* Remissão ao último verso do soneto em que Gregório de Matos escarnece da mesma cidade.

Posturas municipais

Maciel Monteiro

Se há posturas de galinhas,
também há municipais;
aquelas produzem ovos,
estas sono e nada mais!

☆ *Recife/PE, 1804*
✝ *Lisboa, Portugal, 1868*

Epigrama

Gonçalves de Magalhães

– É verdade que da Europa
voltaste feito doutor?
– Parece-te impossível?
É verdade, sim senhor.

– E por qual academia?
E qual a ciência, então?
– Isso não sei: o diploma
é escrito em alemão.

☆ *Rio de Janeiro/RJ, 1811*
✞ *Roma, Itália, 1882*

Epigrama

Xavier de Novaes

Um rico velho avarento,
já bem perto d'expirar,
para fazer testamento
manda o tabelião chamar.

Com timbre de voz roufenho
diz o velho a suspirar:
"Deixo tudo quanto tenho..."
E não podia acabar.

O tabelião cansado
do seu tempo em vão gastar,
tendo escrito, diz, zangado:
"E o resto?... Queira ditar!"

"Deixo tudo quanto tenho..."
– o velho torna, a chorar –
pára um pouco e diz, roufenho:
"porque o não posso levar".

☆ *Porto, Portugal, 1820*
✝ *Rio de Janeiro/RJ, 1869*

Ao grande literato homeopático dr. Veludo

Gonçalves Dias

Dizem que o velho Diógenes
de novo ao mundo voltou
com sua lanterna acesa
e à Guanabara chegou.

"Quem é", pergunta ele, aqui,
"um doutor pilha-bonito,
panegirista *quand même*
de Frei Bernardo de Brito?"*

"*Ecce homo!*", lhe dizem.
"Doutor... aquilo? Oh se é!
Faz plágios, copia, imprime
volumes que ninguém lê.

É o moderno tostado,
e em finanças não zote,
grande home' em tudo e por tudo,
in utroque, utraque, utroque!"

"*Eureka!*", interrompe o grego,
"dava pr'a o ver uma perna!
Achei um asno às direitas,
posso apagar a lanterna".

☆ *Caxias/MA, 1823*
✝ *No mar, perto de Guimarães/MA, 1864*

* (1568-1617) Historiador português, cronista-mor do reino, autor de *Monarquia lusitana.*

Os meus amigos

Camilo Castelo Branco

Amigos cento e dez e talvez mais,
eu já contei! vaidades que eu sentia!
Pensei que sobre a terra não havia
mais ditoso mortal entre os mortais.

Amigos cento e dez, tão serviçais,
tão zelosos das leis da cortesia,
que eu já farto de os ver, me escapulia
às suas curvaturas vertebrais.

Um dia adoeci profundamente,
ceguei. Dos cento e dez houve um somente
que não desfez dos laços quase rotos.

Que vamos nós (diziam) lá fazer?
Se ele está cego, não nos pode ver...
Que cento e nove impávidos marotos!

☆ *Lisboa, Portugal, 1825*
✞ *São Miguel de Seide – Braga, Portugal, 1890*

A bodarrada*

Luís Gama

Amo o pobre, deixo o rico,
vivo como o tico-tico;
não me envolvo em torvelinho,
vivo só no meu cantinho:
da grandeza sempre longe
como vive o pobre monge.
Tenho mui poucos amigos,
porém bons, que são antigos,
fujo sempre à hipocrisia,
à sandice, à fidalguia;
das manadas de barões?
Anjo Bento, antes trovões.
Faço versos, não sou vate,
digo muito disparate,
mas só rendo obediência
à virtude, à inteligência:
eis aqui o *Getulino***
que no plectro anda mofino.
Sei que é louco e que é pateta
quem se mete a ser poeta;
que no século das luzes,
os birbantes mais lapuzes
compram negros e comendas,
têm brasões, não – das calendas,
e com tretas e com furtos
vão subindo a passos curtos;

* Segundo Manuel Bandeira, *Quem sou eu?* foi o título dado por Luís Gama a esta sátira, mas "ela ficou conhecida pelo que aqui vai".

** Pseudônimo que Gama usou ao publicar *Primeiras trovas.* Rio, 1861.

fazem grossa pepineira,
só pela *arte do Vieira**
e com jeito e proteções,
galgam altas posições!
Mas eu sempre vigiando
nessa súcia vou malhando
de tratantes, bem ou mal,
com semblante festival.
Dou de rijo no pedante
de pílulas fabricante,
que blasona arte divina,
com sulfatos de quinina,
trabuzanas, xaropadas,
e mil outras patacoadas;
que, sem pinga de rubor,
diz a todos, que é DOUTOR!
Não tolero o magistrado,
que do brio descuidado,
vende a lei, trai a justiça
– faz a todos injustiça –,
com rigor deprime o pobre,
presta abrigo ao rico, ao nobre
e só acha horrendo crime
no mendigo, que deprime.
– Neste dou com dupla força
té que a manhã perca ou torça.
Fujo às léguas do lojista,
do beato e do *sacrista* –
crocodilos disfarçados,
que se fazem muito honrados,
mas que, tendo ocasião,
são mais feros que o leão.

---

* Porque se atribuía ao Padre Vieira a autoria do livro *Arte de furtar*.

Fujo ao cego lisonjeiro,
que, qual ramo de salgueiro,
maleável, sem firmeza,
vive à lei da natureza;
que, conforme sopra o vento,
dá mil voltas num momento.
O que sou, e como penso,
aqui vai com todo o senso,
posto que já veja irados
muitos lorpas enfunados,
vomitando maldições
contra as minhas reflexões.
Eu bem sei que sou qual grilo,
de maçante e mau estilo;
e que os homens poderosos,
desta arenga receosos,
hão de chamar-me – tarelo,
bode, negro, mongibelo;
porém eu que não me abalo,
vou tangendo o meu badalo
com repique impertinente,
pondo a trote muita gente.
Se negro sou, ou sou bode,
pouco importa. O que isto pode?
Bodes há de toda a casta,
pois que a espécie é muito vasta...
Há cinzentos, há rajados,
baios, pampas e malhados,
bodes negros, bodes brancos,
e, sejamos todos francos,
uns plebeus, e outros nobres,
bodes ricos, bodes pobres,
bodes sábios, importantes,

e também alguns tratantes.
Aqui, nesta boa terra,
marram todos, tudo berra;
nobres condes e duquesas,
ricas damas e marquesas.
Deputados, senadores,
gentis-homens, veadores;
belas damas emproadas,
de nobreza empantufadas;
repimpados principotes,
orgulhosos fidalgotes,
frades, bispos, cardeais,
fanfarrões imperiais,
gentes pobres, nobres gentes,
em todos há *meus parentes.*
Entre a brava *militança*
fulge e brilha alta *bodança*;
guardas, cabos, furriéis,
brigadeiros, coronéis,
destemidos marechais,
rutilantes generais,
capitães-de-mar-e-guerra
– tudo marra, tudo berra.
Na suprema eternidade,
onde habita a divindade,
bodes há santificados,
que por nós são adorados;
entre o coro dos anjinhos
também há muitos bodinhos.
O amante de Siringa*
tinha pêlo e má catinga;
o deus Mendes, pelas contas,

* Siringe, ninfa dos bosques amada pelo deus Pan.

na cabeça tinha pontas;
Jove* quando foi menino,
chupitou leite caprino;
e, segundo o antigo mito,
também Fauno** foi cabrito.
Nos domínios de Plutão,
guarda um bode o Alcorão;
nos lundus e nas modinhas
são cantadas as bodinhas:
pois se todos têm *rabicho*,
para que tanto capricho?
Haja paz, haja alegria,
folgue e brinque a bodaria;
cesse, pois, a matinada,
porque tudo é *bodarrada*!

☆ *Salvador/BA, 1830*
✞ *São Paulo/SP, 1882*

* Júpiter.
** Deus romano, associado ao grego Pan.

Salvas fúnebres

João de Deus

Ditosa de uma augusta personagem,
que em exalando o último suspiro,
de quarto em quarto de hora ouve-se um tiro,
o que é de uma grandíssima vantagem.

Nós cá temos no luto outra linguagem,
que é o pranto, o silêncio e o retiro;
eles, tiros de peça! Não me admiro;
são pessoas de altíssima linhagem!

São pessoas reais; os mais, abortos
em que os cavalos do seu coche encalham,
e eles vão indo estáticos, absortos...

Não se lhes dá das lástimas que espalham,
e muito menos que, depois de mortos,
quebrem o sono os pobres que trabalham.

☆ *São Bartolomeu de Messines – Algarve, Portugal, 1830*
✝ *Lisboa, Portugal, 1896*

É ELA! É ELA! É ELA! É ELA!

Álvares de Azevedo

É ela! é ela! – murmurei tremendo,
e o eco ao longe murmurou – é ela!
Eu a vi – minha fada aérea e pura –
a minha lavadeira na janela!

Dessas águas-furtadas onde eu moro
eu a vejo estendendo no telhado
os vestidos de chita, as saias brancas;
eu a vejo e suspiro enamorado!

Esta noite eu ousei mais atrevido
nas telhas que estalavam nos meus passos
ir espiar seu venturoso sono,
vê-la mais bela de Morfeu nos braços!

Como dormia! que profundo sono!...
Tinha na mão o ferro do engomado...
Como roncava maviosa e pura!...
Quase caí na rua desmaiado!

Afastei a janela, entrei medroso:
palpitava-lhe o seio adormecido...
Fui beijá-la... roubei do seio dela
um bilhete que estava ali metido...

Oh! decerto... (pensei) é doce página
onde a alma derramou gentis amores;
são versos dela... que amanhã decerto
ela me enviará cheios de flores...

Tremi de febre!... Venturosa folha!
Quem pousasse contigo neste seio!
Como Otelo beijando a sua esposa,
eu beijei-a a tremer de devaneio...

É ela! é ela! – repeti tremendo;
mas cantou nesse instante uma coruja...
Abri cioso a página secreta...
Oh! meu Deus! era um rol de roupa suja!

Mas se Werther morreu por ver Carlota
dando pão com manteiga às criancinhas,
se achou-a assim mais bela, – eu mais te adoro
sonhando-te a lavar as camisinhas!

É ela! é ela! meu amor, minh'alma,
a Laura, a Beatriz que o céu revela...
É ela! é ela! – murmurei tremendo,
e o eco ao longe suspirou – é ela!

☆ *São Paulo/SP, 1831*
✝ *São Paulo/SP, 1852*

SONETO

Junqueira Freire

Arda de raiva contra mim a intriga,
morra de dor a inveja insaciável;
destile seu veneno detestável
a vil calúnia, pérfida, inimiga.

Una-se todo em traiçoeira liga,
contra mim só o mundo miserável;
alimente por mim ódio entranhável
o coração da terra que me abriga.

Sei rir-me da vaidade dos humanos;
sei desprezar um nome não preciso;
sei insultar uns cálculos insanos.

Durmo feliz sobre o suave riso
de uns lábios de mulher gentis, ufanos;
e o mais que os homens dão, desprezo e piso.

☆ *Salvador/BA, 1832*
✞ *Salvador/BA, 1855*

A ESBELTA

*Franco de Sá**

A Esbelta, o alvo dos suspiros nossos,
é fada vaporosa, é flor das flores;
em vez de carne, vestem-na vapores,
é leve a rapariga, só tem ossos.

Os caniços do lago são mais grossos
que as canelas gentis dos meus amores;
tem nas lindas bochechas menos cores
que a seca múmia quando sai dos fossos.

Ah! ditoso mancebo, eu te prometo
que se hoje, noivo, trêmulo, desmaias,
beijando a anágua que lhe encobre o espeto,

talvez, quando marido, morto caias
vendo surgir o pálido esqueleto
da espessa nuvem de umas oito saias.

☆ *?/MA, 1836*
✞ *?/MA, 1856*

---

* Poeta brasileiro nascido no Maranhão.

Armas

Fagundes Varela

– Qual a mais forte das armas,
a mais firme, a mais certeira?
A lança, a espada, a clavina,
ou a funda aventureira?
A pistola? O bacamarte?
A espingarda, ou a flecha?
O canhão que em praça forte
faz em dez minutos brecha?
– Qual a mais firme das armas? –
O terçado, a fisga, o chuço,
o dardo, a maça, o virote?
A faca, o florete, o laço,
o punhal, ou o chifarote?
A mais tremenda das armas,
pior que a durindana,
atendei, meus bons amigos:
se apelida: – a língua humana! –

☆ *Rio Claro/RJ, 1841*
✞ *Niterói/RJ, 1875*

Sonhei: de novo suspirava o vento

Gonçalves Crespo

Sonhei: de novo suspirava o vento
das tílias sob a cúpula odorante;
e como outrora ouvia o juramento
do teu amor constante.

Que protestos de amor nesse momento!
Mas na febre dos beijos que me deste,
como para gravar teu juramento
em meus dedos mordeste!

Dona do riso alegre, ó meu tormento!
Dona de olhos azuis, ó minha amada!
Já me bastava o doce juramento,
foi demais a dentada!

☆ *Rio de Janeiro/RJ, 1846*
✞ *Lisboa, Portugal, 1883*

Soneto futurista*

Carlos de Laet

Noite. Calor. Concerto nos telhados.
Cubos esferoidais. Gatas e gatos.
Vênus. Graças. Aranhas. Carrapatos.
Melindrosas. Poetas assanhados.

Rabanetes azuis. Sóis encarnados.
Comida no alguidar. Cuspo nos pratos.
Três rondas a cavalo. Mil boatos.
Prosa sesquipedal. Tropos safados.

Avenida deserta. Bondes. Grama.
Chopes *Fidalga.* Leite. Pão-de-ló.
Carros de irrigação. Salpicos. Lama.

Vacas magras. Esfinge. Triste. Só.
Tumor mole. São Paulo. Telegrama.
Dois secretas. Cubismo. Xilindró.

☆ *Rio de Janeiro/RJ, 1847*
✝ *Rio de Janeiro/RJ, 1927*

* O soneto é uma crítica mordaz ao futurismo e, como se lê no terceiro verso, a Graça Aranha, um de seus mentores, e reproduz, "futuristicamente", um ridículo episódio. Conspirador político, Graça Aranha enviou a São Paulo um telegrama cifrado, comunicando a iminente eclosão de um levante: *Tumor mole virá a furo esta noite* (v. décimo-terceiro verso). A polícia decifrou a mensagem e o prendeu. Carlos de Laet teria comentado: "O Aranha publicou um livro simbólico, *Canaã*, que ninguém compreendeu... Agora faz um telegrama secreto, que todo mundo decifrou (...) Que estilista!" (conf. BECKER, *op. cit. in fine*).

A uma formosura incompleta

Costa Resende

Há no teu rosto beleza,
de acordo, minha pequena,
mas o que é decerto pena
(perdoa a minha franqueza)
é ver-te a boca, ó tristeza,
quando aberta e sorridente,
com cada bucha de dente,
de tal cor e tal feitio,
que a dentuça de um bugio
é mais linda, certamente!

Salvando esta exceção,
tudo o mais em ti é belo,
cútis, pescoço, cabelo,
olhos, pés, cintura e mão,
e talvez que o coração,
se bem não possa sondá-lo,
nem o mais que aqui eu calo;
mas, repito, minha bela,
nessa boca de gamela
tens uns dentes de cavalo!

Eu bem sei, minha menina,
que esta verdade é bem dura,
mas laudo de formosura
sempre à verdade se inclina,
a qual nem sempre propina,
a quem sofre o seu comento,
completo contentamento;

e portanto digo aqui
que essa boca, quando ri,
te rouba trinta por cento!

☆ *Ponta Delgada – Açores, Portugal, 1849*
✞ *Ponta Delgada – Açores, Portugal, 1896*

Depois do terremoto

*Conde d'Azevedo**

Dizia El-Rei Dom José,
com ar de bater num sistro,
depois de findo o sinistro,
que abalou terra e maré:

"Protege-o Deus, bem se vê!
Com ufania o registro:
só a casa do meu ministro**
por milagre está de pé!"

"É certo, senhor", responde
um nobre e faceto conde
ao rei, com tom folgazão,

"mas, pra que ao perigo fuja,
Deus dera igual proteção
ao harém da Rua Suja!"***

☆ ?
✞ ?

* Poeta português, autor de *Em toda a lyra*, 1913.

** O Marquês do Pombal.

*** Consta que a Rua Suja, depois Rua do Capelão, zona dos bordéis lisboetas, teria sido poupada pelo terremoto de 1755.

Sardenta

Cesário Verde

Tu, nesse corpo completo,
ó láctea virgem dourada,
tens o linfático aspecto
duma camélia melada.

☆ *Lisboa, Portugal, 1855*
✝ *Lisboa, Portugal, 1886*

Miserável

Artur Azevedo

O noivo, como noivo, é repugnante:
materialão, estúpido, chorudo,
arrotando, a propósito de tudo,
o ser comendador e negociante.

Tem a viuvinha, a noiva interessante,
todo o arsenal de um poeta guedelhudo:
alabastro, marfim, coral, veludo,
azeviche, safira e *tutti quanti*.

Da misteriosa alcova a porta geme,
o noivo dorme num lençol envolto...
Entra a viuvinha, a noiva... Ó céu, contém-me!

Ela deita-se... espera... Qual! Revolto,
o leito estala... Ela suspira... freme...
e o miserável dorme a sono solto!...

☆ *São Luís/MA, 1855*
✞ *Rio de Janeiro/RJ, 1908*

Leão pachola

Aluízio Azevedo

Hipérbole fatal de nossos dias,
arremedo de um quê, que não é nada,
bagatela do tom, moço pomada,
eterno prosa das confeitarias;

ceando na Ravot comidas frias;
vestindo ao Raunier roupa fiada;
pince-nez de uma cor sempre azulada;
entre os dentes charutos – *Regalias*;

francês notado em trato e pedantismo,
e secas* em francês sempre que amola;
não é homem, não, é galicismo.

Eis o tipo fiel d'alta bitola!
Que se sustenta co'o maior cinismo
da Rua do Ouvidor – leão pachola.**

✰ São Luís/MA, 1857
✞ Buenos Aires, Argentina, 1913

---

* Maçada, chateação.

** Indivíduo pedante, cheio de si; gabola.

O Girafa

Múcio Teixeira

Borrar papel, Girafa, é teu fadário,
contra a honra de toda a gente séria.
Oh! alma pustulenta e deletéria...
Oh! ente nauseabundo e salafrário!

Ontem... entre os rebeldes, mercenário,
hoje... parece mesmo uma pilhéria!
Qual vende o leito crapulosa Impéria,
a pena alugas por qualquer salário!

Jornaleiro metido a jornalista,
dos vícios teus a criminosa lista
verás aqui... e para além te empurro!

Por andares na berra, estás na barra;
pois hoje a Musa em teu focinho escarra,
Doutor na asneira, na ciência burro!

☆ *Porto Alegre/RS, 1857*
✞ *Rio de Janeiro/RJ, 1926*

Idéia entomológica

Raimundo Correia

O Hudson quer fazer uns versos: toma a pena,
coça a basta melena,
luta! mas não transpõe do prosaísmo o escolho:
falta-lhe sempre a veia!
Leva a mão à cabeça enfim... e em vez de idéia
tira de lá... um piolho!

☆ *No mar, na baía de Mogúncia/MA, 1859*
✝ *Paris, França, 1911*

Cair do alto

Garcia Monteiro

E ficou com as mãos pousadas no teclado,
esquecida, a cismar num mundo de riqueza:
supunha-se num baile; um conde apaixonado
segredava-lhe: "Adoro-a... Eu mato-me, marquesa!..."

Ah! se fosse fidalga!... Ao menos baronesa...
Que baile! que esplendor na noite do noivado!...
Estremeceu, nervosa, achou-se na pobreza,
e o piano soltou um grito arrepiado.

Absorvida outra vez, prendeu-se-lhe o sentido
à mesma idéia – o luxo. Ia comprar cautelas...
E imaginou de novo o conde enfurecido...

Um palácio, um *coupé**, esplêndidos cavalos...
Nisto o marido entrou, de óculos e chinelas,
e miou com ternura: – "Anda a aparar-me os calos".

☆ *Horta – Açores, Portugal, 1859*
✞ *Cambridge, Estados Unidos, 1913*

---

* Carruagem fechada, de quatro rodas, geralmente para dois passageiros.

Talento e orelhas*

Alberto de Oliveira

E ainda há quem creia que é talento aquilo!
Aquele dedo erguido e falar lento,
aquele olhar como de sonolento,
e o todo acacial**, grave e tranqüilo...

Talento! mas, então, também no Nilo
força é dizer que havia esse talento,
quando o "gesto impudico" em meigo acento
frisou da Vênus, quero crer, do Nilo!***

Para esvurmá-la, como a vis bostelas,
nas mãos de meu amigo, o *Sacamuelas*,****
as mensagens do Acácio, um dia empurro;

e ele há de vos mostrar, claro e evidente,
que quem tais coisas faz é, certamente,
um néscio, um tolo, um parvo, um zote, um burro!

☆ *Saquarema/RJ, 1859*
✞ *Niterói/RJ, 1937*

* Sátira cujo alvo é o poeta Alberto Torres.

** Acaciano, isto é, lembrando o Conselheiro Acácio, personagem de Eça de Queirós, em *O primo Basílio*.

*** Alusão a Nilo Peçanha, que teria cometido uma silabada, pronunciando "impúdico" ao invés de impudico, e ao final do quarteto, para agravar o escárnio, um trocadilho com a Vênus de Milo.

**** Dentista ordinário.

Loucura senil

Henrique de Casaes

Radiante e satisfeita, vestes ricas
cobrindo as carnes e polpudas ancas,
pés de galinha, rugas e pelancas
em grande profusão,
viúva de um marido apatacado,
que te deixara casas e dinheiro,
vais entregar agora ao teu padeiro
a carne mole, o corpo avelhantado,
o vicioso e já gasto coração.

Viúva e rica, quase palmilhando
o limiar do túmulo,
da insânia foste ao cúmulo,
cuidando
que ao moço português vencera o amor.
Que loucura senil tua quimera!
Que riso alarve esse teu riso terno!
Tu és o triste e merencório inverno
e teu marido a primavera em flor.

Desnuda em frente ao espelho essa carcaça,
mira as rugas e a pele encarquilhada...
Onde o mimo, a beleza, o viço, a graça,
ó velha sem juízo e aperaltada?
O teu marido, outrora teu padeiro,
casou com teu dinheiro.

☆ Salvador/BA, 1864
✝ Porto Alegre/RS, 1948

AGULHA EM PALHEIRO

Olavo Bilac

Numa bela terça-feira
– taful, com ar de rainha,
Jacinta, mulher matreira,
vai batizar a filhinha.

Na torre o sino repica.
Que pompa! A gente da aldeia
corre toda! E a igreja fica
cheia, cheia, cheia, cheia.

No seu casulo dourado
o padre, sereno e grave,
aproxima-se. Ajoelhado
o povo murmura um'*Ave.*

Pega o padrinho uma vela,
pega a madrinha a criança
– menina gorducha e bela,
menina corada e mansa.

Contente o padre examina
o povo. E perto da pia:
"Quem é o pai da menina?"
pergunta com bonomia.

"Senhor padre, que pergunta!"
diz Jacinta corando...
E olha em roda a gente junta
e diz, o povo apontando:

"Oh! Trabalho extraordinário,
deixe-me pensar primeiro,
que eu não sei, senhor vigário,
catar agulha em palheiro".

☆ *Rio de Janeiro/RJ, 1865*
✝ *Rio de Janeiro/RJ, 1918*

Oliveira Lima*

Emílio de Menezes

De carne mole e pele bambalhona,
ante a própria figura se extasia.
Como oliveira – ele não dá azeitona,
sendo lima – parece melancia.

Atravancando a porta que ambiciona
não deixa entrar nem entra. É uma mania!
Dão-lhe por isso a alcunha brincalhona
de paravento da diplomacia.

Não existe exemplar na atualidade
de corpo tal e de ambição tamanha,
nem para a intriga tal habilidade.

Eis em resumo essa figura estranha:
tem mil léguas quadradas de vaidade
por milímetro cúbico de banha.

☆ *Curitiba/PR, 1866*
✞ *Rio de Janeiro/RJ, 1918*

* Manuel de Oliveira Lima (1865-1928), diplomata e historiador brasileiro. Emílio se diverte com a gordura de Oliveira Lima, mas ele próprio era obeso, como se lê nos versos de Guimarães Passos à p. 296. Uma publicação de 1909, *Filhote*, traz um soneto assinado por "Esaó & Jacub", dedicado a Emílio. O autor (ou a dupla) lamenta não poder envolver o poeta com "as quatorze malhas de um soneto" e termina avisando que, entre outras coisas, ficou de fora a papada... (conf. BECKER, *op. cit. in fine*).

Corrida de amor

Vicente de Carvalho

Quando partiste, em pranto, descorada
a face, o lábio trêmulo... confesso:
arrebatou-me um verdadeiro acesso
de raivosa paixão desatinada.

Ia-se nos teus olhos, minha amada,
a luz dos meus; e então, como um possesso,
quis arrojar-me atrás do trem expresso
e seguir-te correndo pela estrada...

"Nem há dificuldade que não vença
tão forte amor!" pensei. Ah! como pensa
errado o vão querer das almas ternas!

Com denodo, atirei-me sobre a linha...
Mas, ao fim de uns três passos, vi que tinha
para tão grande amor, bem curtas pernas...*

☆ *Santos/SP, 1866*
✞ *Santos/SP, 1924*

* Neste último verso o poeta faz uma imitação burlesca de Camões.

ADESÃO

*Aloísio de Carvalho**

Eu adiro, tu aderes, ele adere.
Todos nós aderimos prontamente,
a questão é ficar comodamente,
sem perder os proventos que se aufere.

O que se fez, está feito. Derramar
sangue, por causa disto, é insensatez,
desde que, para mostrarmos altivez,
basta a prosa da sala de jantar.

Quem tem mulher e filhos, meu amigo,
não ser prejudicado ao mais prefere.
Vir pra rua brigar – não é consigo;

em conflitos assim não interfere;
por isso, nos momentos de perigo,
eu adiro, tu aderes, ele adere.

☆ *?/BA, 1866*
✞ *?/BA, 1942*

* Poeta e humorista brasileiro, nascido na Bahia.

Oceano Atlântico, 1890

Antônio Nobre

Vou sobre o oceano (o luar de doce enleva!)
por este mar de glória, em plena paz.
Terras da pátria somem-se na treva,
águas de Portugal ficam, atrás.

Onde vou eu? Meu fado onde me leva!
Antônio, onde vais tu, doido rapaz?
Não sei. Mas o vapor, quando se eleva,
lembra o meu coração, na ânsia em que jaz.

Ó Lusitânia que te vais à vela!
Adeus! que eu parto (rezarei por ela)
na minha Nau Catarineta*, adeus!

Paquete, meu paquete, anda ligeiro,
sobe depressa à gávea, marinheiro,
e grita França! pelo amor de Deus!

☆ *Porto, Portugal, 1867*
✞ *Carreiros – Foz do Douro, Portugal, 1900*

* Nau lendária que deu origem a um longo poema (de autor desconhecido), onde se narram as conquistas dos antigos navegadores. Muito difundido na Península Ibérica, incluiu-se mais tarde, musicado e com variantes, no folclore do Brasil.

Vá ser gordo*

Guimarães Passos

Este anunciante não poupa
cobre, não quer nudezas,
trabalha em panos de estopa
e em panos finos ingleses;
quer um oficial garoupa
e um ajudante, corteses;
a alfaiata coze a sopa
e ele coze os seus fregueses...
Vai tudo de vento em popa,
mas não é nesses seis meses
que ele dá pronta uma roupa
para o Emílio de Menezes!**

☆ *Maceió/AL, 1867*
✝ *Paris, França, 1909*

---

* Em epígrafe: *Precisa-se de um oficial e de um ajudante de alfaiate, para obra grande* (Dos jornais).

** O autor alude à excessiva gordura do poeta e epigramatista curitibano.

Só a morte

Medeiros e Albuquerque

"Se me desdenhas, sinto que faleço,
de nada mais pode servir-me a vida;
de ti e só de ti me vem, querida,
todo o alento vital de que careço.

Só a morte é possível, se perdida
eu vir tua afeição. Nenhum apreço
darei a tudo mais, se o que mereço
é teu desprezo, em paga à minha lida".

Ela não respondeu... Por fim, notando
que contra a sorte é inútil que se teime,
resolvi não morrer. E tão tranqüilos

foram os meus dias, que eu me rio quando
penso no que ontem vi: ontem pesei-me
e achei, num mês, que eu engordei três quilos!

☆ *Recife/PE, 1867*
✝ *Rio de Janeiro/RJ, 1934*

Velha anedota

Alphonsus de Guimaraens

Zé Pancrácio, magríssimo sujeito,
de bem murcho carão e barba pouca,
pra ver a dama que lhe enluara o peito,
barbear-se vai, numa alegria louca...

Na cadeira se assenta, põe-se a jeito:
– Cuidado! diz-lhe o fígaro em voz rouca.
E intromete-lhe, muito satisfeito,
de bilhar duas bolas pela boca.

Pancrácio, quase sufocado, e mudo,
espia o algoz, carrega o sobrecenho,
e sem nada dizer, diz-lhe bem tudo...

– É sem razão, Pancrácio, que te queixas:
para barbear-te com mais arte e engenho
deste modo arranjei-te outras bochechas!

☆ *Ouro Preto/MG, 1870*
✞ *Mariana/MG, 1921*

Propaganda eleitoral

Belmiro Braga

Meu caro Coronel Martins Ferreira,*
candidato extrachapa a deputado
ao congresso da Câmara Mineira,
desejo ser aí o mais votado.

A minha fé de ofício é de primeira.
Vale por um programa o meu passado,
e no congresso não direi asneira
todas as vezes... que ficar calado.

Fui caixeiro, depois fui negociante,
e do torrão natal, representante,
agora aspiro a ser como escrivão;

e, eleito**, espero, mas que maravilha!
ser pai da Pátria e receber da filha
todo o subsídio, quer trabalhe ou não...

☆ *Juiz de Fora/MG, 1872*
✝ *Juiz de Fora/MG, 1937*

* Chefe político regional, na época.

** Foi eleito e não quis assumir a cadeira.

MULHERES! MULHERES!

Lúcio de Mendonça

Dois amigos desde as fraldas,
Crispiniano e Crispim,
viram-se após longa ausência
e palestraram assim:

– Como vão os teus amores?
Que é feito de Sinhá Doce?
– Aquela de olhos de gata?
– Sim. – Pois não sabes? Casou-se.

– Infiel! E o que me dizes
da Mariquinhas Bem-Bem?
– Oh! Traiu-me negramente.
– Então... – Casou-se também.

– Mas a Júlia... essa não creio...
– Pois casou-se, é o que te digo.
E foi a pior de todas,
porque casou-se comigo.

☆ *Piraí/RJ, 1874*
✞ *Rio de Janeiro/RJ, 1909*

ARGUMENTO DE DEFESA

Bastos Tigre

Disse alguém, por maldade ou por intriga,
que eu de Vossa Excelência mal dissera:
que tinha amantes, que era "fácil", que era
da virtude doméstica, inimiga.

Maldito seja o cérebro que gera
infâmias tais que, em cólera, maldigo!
Se eu disse tal, que tenha por castigo
o beijo de uma sogra ou de outra fera!

Ponho a mão espalmada na consciência
e ela, senhora, impávida, protesta
contra essa intriga da maledicência!

Indague a amigos meus: qualquer atesta
que eu acho e sempre achei Vossa Excelência
feia demais para não ser honesta...

☆ *Recife/PE, 1882*
✞ *Rio de Janeiro/RJ, 1957*

Smarts

Augusto dos Anjos

Dilui-se em vários círculos de agrado
este que, oferecendo um chapéu novo,
dá à vista curiosíssima do povo
o aspecto de um reclame invertebrado.

Tem a aparência elipsoidal de um ovo,
bebe champanha num cíato dourado!
Contra o seu carioquismo requintado
versos epigramáticos não movo.

A idolatria ideal das moças goza,
este miniaturesco Rui Barbosa
que anda fazendo eternamente roda.

Mas, mostrando-se sempre economista,
prefere à propaganda civilista
a propaganda dos chapéus da moda.

☆ *Espírito Santo/PB, 1884*
✝ *Leopoldina/MG, 1914*

Corvo

Hermes Fontes

Em cima, o azul da esfera interjeições arranca,
embaixo, o mar, nervoso e insone, se espreguiça;
e a praia, em curva, é toda uma ampla toalha branca,
manchada pela cor sangüínea da carniça.

Vede: um corvo! (Que mau agouro) Sobre uma anca
pousa: belisca e rasga, abre, revolve, erriça,
retalha o peito, o ventre... A mesa é lauta e franca
e a fome é um tribunal – que oficiais de justiça!

Desses que, da miséria alheia enriquecidos,
vivem do ouro pelo ouro, inda os há mais ferozes
– têm cinco dentes mais, ao invés dos sentidos...

E a civilização não queima esses atrozes
corvos que, a sangue humano e lágrimas nutridos,
querem do alto pompear com penas de albatrozes?...

☆ *Buquim/SE, 1888*
✞ *Rio de Janeiro/RJ, 1930*

Gazetilha

*Fernando Pessoa**

Dos Lloyd Georges da Babilônia
não reza a história nada.
Dos Briands da Assíria ou do Egito,
dos Trotskys de qualquer colônia
grega ou romana já passada,
o nome é morto, inda que escrito.

Só o parvo dum poeta, ou um louco
que fazia filosofia,
ou um geômetra maduro,
sobrevive a esse tanto pouco
que está lá para trás no escuro
e nem a História já historia.

Ó grandes homens do momento!
Ó grandes glórias a ferver
de quem a obscuridade foge!
Aproveitem sem pensamento!
Tratem da fama e do comer,
que amanhã é dos loucos de hoje!

☆ *Lisboa, Portugal, 1888*
✝ *Lisboa, Portugal, 1935*

* Como Álvaro de Campos.

OS TRÊS REIS MAGROS

Olegário Mariano

Amas a três peraltas. Dividida
tua alma é deles. Cada qual pior.
Andam-se engalfinhando toda a vida...
Gaspar e Baltasar e Melchior.

Este joga *foot-ball*. É um rei do *sport*,
difícil de levar-se de vencida.
Aquele tem uma barata Ford.
E o outro é um bate-calçadas da Avenida.

Isso é um nunca acabar! De luta em luta,
de mentira em mentira, esperta e astuta,
vais a vida levando... Mas bem vês:

tornas teus dias cada vez mais agros
e, dando o coração aos três reis magros,
ficas mais magra do que todos três.

☆ *Recife/PE, 1889*
✞ *Rio de Janeiro/RJ, 1958*

Fim

Mário de Sá-Carneiro

Quando eu morrer batam em latas,
rompam aos berros e aos pinotes –
façam estalar no ar chicotes,
chamem palhaços e acrobatas.

Que o meu caixão vá sobre um burro
ajaezado à andaluza:
a um morto nada se recusa,
e eu quero por força ir de burro...

☆ *Lisboa, Portugal, 1890*
✞ *Paris, França, 1916*

Abóboda malfeita*

*Moacir de Toledo Piza***

Morreu, subiu ao céu, bateu à porta,
mas, súbito, recuou, desconfiado.
– Um arco – disse. – Sem delonga, importa
averiguar se foi bem calculado.

A curva das pressões lá me sai torta!
Este núcleo central, acachapado!
E o momento de inércia mal suporta
a metade do esforço concentrado!

Nisto Pedro, o chaveiro sorumbático,
vem abrir, e lhe diz: "Entra, simpático".
– Muito obrigado, que de cá me escacho!

Não entro nessa abóboda indecente,
nem que me partas. E, imediatamente,
precipitou-se pelo azul abaixo...

☆ *?, 1891*
✝ *?, 1923*

---

* Em epígrafe: "De como o Dr. Paula Sousa, diretor da Politécnica, não entrou no céu".

** Poeta brasileiro nascido no estado de São Paulo.

Humoresca

Eduardo Guimaraens

Pierrette certo dia abandonou o esposo
e foi correr mundo à aventura.
Traiu assim Pierrot, o pálido amoroso
que quase morreu de amargura.

Seduziu-a Arlequim, o biltre, falso amigo
que tinha modos de tenor
de ópera – e que arrastou essa Manon* consigo
sob o vão pretexto do amor.

Ora tal aventura – a eterna – durou pouco.
E ao fim de uma cena, já farta,
Pierrette, à rósea boca um ai cansado e rouco,
deixou-lhe um dia a fatal carta.

Pôs-se a andar, era noite... E sempre que passava
por alguém, um vulto qualquer,
trêmulo o coração, logo o rosto ocultava...
Não fosse ela toda mulher!

Perseguiam-lhe o ouvido os ditos descorteses
que ouvem as que andam sós; e o medo
de encontrar Arlequim fê-la parar dez vezes...
– Se a seguisse! – Mas era cedo.

---

* *Manon Lescaut*, romance do abade Prévost (1731), em que se narram os amores de Manon e do cavaleiro Des Grieux.

E saiu afinal para o campo. Uma estrada.
Larga e pedregosa. Luar.
Tenebroso, o arvoredo! E a pobre, extenuada,
já mal podia caminhar.

Gelava a lua céu, estrada, relva, arbusto.
Nevava... lívida, apertando
às mãos o coração, Pierrette com que susto
respirou forte, e foi andando.

Mas, de repente, ao pé de um fosso, à luz da lua,
Pierrette, olhando para o chão,
avistou qualquer coisa; e como quem recua
ante macabra aparição,

estacou... Ó terror! Sinistra, a lua cheia
entre as ramagens se mexia...
Viu então que ali, branco e a rir, na úmida areia,
era uma caveira o que havia.

Sorriu... Tranqüilizou-se. E à luz do luar frio,
serena, o crânio examinou.
Pôs-se depois a andar, contendo um calafrio:
Ui! Pensei que fosse Pierrot.

✰ Porto Alegre/RS, 1892
✞ Rio de Janeiro/RJ, 1928

Bibliografia

AMORA, Antônio Soares e outros. *Grandes poetas românticos do Brasil.* São Paulo: LEP, 1959.

AMORA, A.S., MOISÉS , M. & SPINA, S. *Presença da literatura portuguesa.* São Paulo: Difusão Européia do Livro, 1961. 5v.

ANJOS, Augusto dos. *Obra completa.* Rio de Janeiro: Nova Aguilar, 1996. Organização, fixação de texto e notas de Alexei Bueno.

A POESIA DOS INCONFIDENTES. *Poesia completa de Cláudio Manuel da Costa, Tomás Antônio Gonzaga e Alvarenga Peixoto.* Rio de Janeiro: Nova Aguilar, 1996. Organização de Domício Proença Filho.

BANDEIRA, Manuel. *Antologia dos poetas brasileiros: poesia da fase romântica.* Rio de Janeiro: Nova Fronteira, 1996.

BECKER, Idel. *Humor e humorismo. Paródias.* São Paulo: Brasiliense, 1961.

BOCAGE, Manuel Maria du. *Os melhores poemas de Bocage.* São Paulo: Global, 1987. Seleção de Cleonice Berardinelli.

CASAES, Henrique de. *Inverno sempre em flor.* Porto Alegre: Livraria Americana, 1927.

CORREIA, Raimundo. *Poesia completa e prosa.* Rio de Janeiro: José Aguilar, 1961. Texto, cronologia, notas e estudo biográfico de Waldir Ribeiro do Val.

CRESPO, Gonçalves. *Nocturnos.* Lisboa: Avelino Fernandes Editor, 1882.

DEUS, João de. *Campo de flores. Poesias lyricas completas.* Paris: Aillaud; Lisboa: Bertrand; Rio de Janeiro: Francisco Alves, s.d. v.2. Coordenação sob as vistas do autor por Theophilo Braga.

FERREIRA, A. *As mais lindas poesias dos melhores poetas portugueses.* Lisboa: Empreza de Edições Illustradas, s.d.

FONTES, Hermes. *Apotheoses.* Rio de Janeiro: Edição do Auctor, 1908.

GUIMARAENS, Alphonsus de. *Obra completa.* Rio de Janeiro: José Aguilar, 1960. Organização e preparo do texto de Alphonsus de Guimaraens Filho.

GUIMARAENS, Eduardo. *A divina quimera.* Porto Alegre: Livraria do Globo, 1944. Edição definitiva organizada e prefaciada por Mansueto Bernardi.

MATOS, Gregório de. *Escritos de Gregório de Matos.* Porto Alegre: L&PM, 1986. Seleção e notas de Higino de Barros.

MONGELLI, Lênia Márcia de Medeiros. *Poesia arcádica. Literatura portuguesa.* São Paulo: Global, 1986.

NOBRE, Antonio. *Só.* Porto: Araújo & Sobrinho, 1931.

NUNES, José Joaquim. *Crestomatia arcaica. Excertos da literatura portuguesa desde o que mais antigo se conhece até ao século XVI.* Lisboa: Livraria Clássica Editora, 1953.

PESSOA, Fernando. *Poesias de Álvaro de Campos.* São Paulo: FTD, 1992.

RAMOS, Péricles Eugênio da Silva. *Poesia barroca.* São Paulo: Melhoramentos, 1967.

RAMOS, Péricles Eugênio da Silva. *Poesia parnasiana.* São Paulo: Melhoramentos, 1967.

SÁ-CARNEIRO, Mário. *Poesia.* São Paulo: Iluminuras, 1995. Organização, introdução e notas de Fernando Paixão.

SILVEIRA, Pedro da. *Antologia da poesia açoriana.* Lisboa: Sá da Costa, 1977.

TOSTES, Theodemiro. *Pequeno guia da poesia portuguesa.* Porto Alegre: Globo, 1967.

VERDE, Cesário. *O livro de Cesário Verde.* Lisboa: Ulisséia, s.d.

LIVRO DAS CORTESÃS

Por que açoitas essa pobre rameira? Vira contra ti próprio essa chibata. Estás ardendo de desejos de com ela realizares o ato por que a castigas.

SHAKESPEARE. *O rei Lear*
Ato IV – Cena VI

Nota do organizador

Ensinam os dicionários que o termo *cortesã*, ao cabo de secular evolução, tem hoje mais de uma acepção, a própria, que é o feminino de cortesão, e as figuradas: a amante favorita de um rei; a mulher dissoluta que tem posição de relevo na sociedade e vive luxuosamente, sem que, no entanto, faça comércio de seu corpo; a prostituta elegante, cujos serviços são apanágio de uma abastada minoria; e a meretriz que, na definição romana, "alimenta o corpo com o corpo"* e se entrega a qualquer "sem escolher dinheiro"**, a mesma que o vulgo chama de *rameira**** e de outros nomes imaginosos e quase sempre cruéis.

Nesta antologia, com a abonação de Antenor Nascentes, acolheu-se um sexto sentido, incluindo-se versos consagrados à mulher que, independentemente de sua condição social, inclina-se à luxúria, a *lúbrica* de Cesário Verde, cujo exemplo literário também se configura nas ninfas camonianas que abrem o volume.

Pelo tributo que a arte universal e, sobretudo, a poesia, rendem às cortesãs, responde a história do homem, em que elas são onipresentes – desde as humildes e obscuras, que nos bordéis provincianos revelam aos adolescentes os segredos do sexo, até as poderosas e notórias, que com seus encantos e saberes empolgam ou derrubam os mais considerados sólios.

Tamanho já foi o império de uma hetera que Frinéia, a beleza morena que arrebatou o Areópago, pôde oferecer-se para mandar

---

* *Quoe alit corpus corpore.*

** *Palam sine delectu pecuna accepta.*

*** Porque em Portugal as tabernas tinham um ramo de árvore pendurado na porta.

reerguer as muralhas de Tebas, arrasadas pela fúria macedônia. E os tebanos, súditos cabisbaixos daquela soberana da volúpia, só declinaram de seu favor porque ela, irônica, queria gravar nas pedras: "Destruídas por Alexandre, o Grande, e reconstruídas por Frinéia, a Prostituta".

Sergio Faraco

Os lusíadas*

Luís de Camões

(...)

Cortando vão as naus a larga via
do mar ingente para a pátria amada,
desejando prover-se de água fria
para a grande viagem prolongada,
quando, juntas, com súbita alegria,
houveram vista da ilha namorada,
rompendo pelo céu a mãe formosa
de Menônio**, suave e deleitosa.

De longe a ilha viram, fresca e bela,
que Vênus*** pelas ondas lha levava
(bem como o vento leva a branca vela)
para onde a forte armada se enxergava;
que, por que não passassem sem que nela
tomassem porto, como desejava,
para onde as naus navegam a movia
a Acidália****, que tudo enfim podia.

Mas firme a fez e imóvel, como viu
que era dos nautas vista e demandada,
qual ficou Delos, tanto que pariu

---

* Fragmentos intercalados do Canto Nono.

** Isto é, raiando o dia. Na mitologia grega, Menônio (na verdade, Mêmnon), é filho de Eós = Aurora.

*** Afrodite para os gregos, a deusa do amor.

**** Epíteto de Vênus, relacionado com uma fonte da Beócia.

Latona Febo e a deusa à caça usada.*
Para lá logo a proa o mar abriu,
onde a costa fazia u'a enseada
curva e quieta, cuja branca areia
pintou de ruivas conchas Citeréia.**

(...)

Nesta frescura tal desembarcaram
já das naus os segundos argonautas,***
onde pela floresta se deixavam
andar as belas deusas, como incautas;
algu'as, doces cítaras tocavam;
algu'as, harpas e sonoras flautas;
outras, co'os arcos de ouro se fingiam
seguir os animais, que não seguiam.

Assi lho aconselhara a mestra experta:****
que andassem pelos campos espalhadas;
que, vista dos barões a presa incerta,
se fizessem primeiro desejadas.
Algu'as, que na forma descoberta
do belo corpo estavam confiadas,
posta***** a artificiosa formosura,
nuas lavar-se deixam na água pura.

* Segundo Virgílio, na *Eneida* (Livro III), a ilha de Delos "errava por costas e praias", até que foi fixada "para que, imóvel ficando, aprendesse a enfrentar tormentas". Latona era mãe dos gêmeos Apolo (Febo) e Ártemis (Diana).

** Vênus. O epíteto vem da ilha de Citera, entre o Peloponeso e Creta, onde havia um templo de Afrodite.

*** Porque os primeiros tinham sido os participantes da expedição comandada por Jáson, na nau *Argó*, que partira em busca do Tosão de Ouro.

**** Vênus.

***** Deposta, despida.

Mas os fortes mancebos, que na praia
punham os pés, de terra cobiçosos
– que não há nenhum deles que não saia –,
de acharem caça agreste desejosos,
não cuidam que sem laço ou redes caia
caça naqueles montes deleitosos,
tão suave, doméstica e benigna,
qual ferida lha tinha já Ericina.*

(...)

Começam a enxergar subitamente,
por entre verdes ramos, várias cores,
cores de quem a vista julga e sente
que não eram das rosas ou das flores,
mas de lã fina e seda diferente,
que mais incita a força dos amores,
de que se vestem as humanas rosas,
fazendo-se por arte mais formosas.

Dá Veloso**, espantado, um grande grito:
– "Senhores, caça estranha – disse – é esta!
Se inda dura o gentio antigo rito,
a deusas é sagrada esta floresta.
Mais descobrimos do que humano espírito
desejou nunca; e bem se manifesta
que são grandes as coisas e excelentes
que o mundo encobre aos homens imprudentes.

Sigamos estas deusas, e vejamos
se fantásticas são, se verdadeiras!"

---

* Vênus ainda, por causa de seu templo no Monte Érix, na Sicília.

** Fernão Veloso.

Isto dito, velozes mais que gamos,
se lançam a correr pelas ribeiras.
Fugindo as ninfas vão por entre os ramos,
mas, mais industriosas que ligeiras,
pouco a pouco, sorrindo e gritos dando,
se deixam ir dos galgos alcançando.

Du'a os cabelos de ouro o vento leva,
correndo, e da outra as fraldas delicadas;
acende-se o desejo, que se ceva
nas alvas carnes súbito mostradas;
u'a de indústria cai, e já releva,
com mostras mais macias que indignadas,
que, sobre ela empecendo, também caia
quem a seguiu pela arenosa praia.

Outros, por outra parte, vão topar
com as deusas despidas que se lavam;
elas começam súbito a gritar,
como que assalto tal não esperavam;
u'as fingindo menos estimar
a vergonha que a força, se lançavam
nuas por entre o mato, aos olhos dando
o que às mãos cobiçosas vão negando;

outra, como acudindo mais depressa
à vergonha da deusa caçadora*,
esconde o corpo n'água; outra se apressa
por tomar os vestidos, que tem fora.
Tal dos mancebos há que se arremessa
vestido assi e calçado (que, co'a mora

* Actáion, neto de Apolo, viu Ártemis nua, banhando-se numa fonte.

de se despir, há medo que inda tarde),
a matar na água o fogo que nele arde.

Qual cão caçador, sagaz e ardido,
usado a tomar na água a ave ferida,
vendo no rosto o férreo cano erguido
para a garcenha ou pata conhecida,
antes que soe o estouro, mal sofrido
salta n'água e da presa não duvida,
nadando vai e latindo: assi o mancebo
remete à que não era irmã de Febo.*

Leonardo, soldado bem disposto,
manhoso, cavaleiro e namorado,
a quem Amor não dera um só desgosto,**
mas sempre fora dele maltratado,
e tinha já por firme pressuposto
ser com amores mal afortunado,
porém não que perdesse a esperança
de inda poder seu fado ter mudança,

quis aqui sua ventura que corria
após Efire, exemplo de beleza,
que mais caro que as outras dar queria
o que deu, para dar-se, a natureza.
Já cansado, correndo, lhe dizia:
– "Ó formosura indigna de aspereza,
pois desta vida te concedo a palma,
espera um corpo de quem levas a alma!"

* Isto é, avança na direção daquela que, por certo, não é casta como a irmã de Apolo.

** Leia-se: não dera um desgosto só, mas muitos.

(...)

Já não fugia a bela ninfa tanto,
por se dar cara ao triste que a seguia
como por ir ouvindo o doce canto,
as namoradas mágoas lhe dizia.
Volvendo o rosto, já sereno e santo,
toda banhada em riso de alegria,
cair se deixa aos pés do vencedor,
que todo se desfaz de puro amor.

Oh, que famintos beijos na floresta!
E que mimoso choro soava!
Que afagos tão suaves! Que ira honesta,
que em risinhos alegres se tornava!
O que mais passam na manhã e na sesta,
que Vênus com prazeres inflamava,
melhor é experimentá-lo que julgá-lo,
mas julgue-o quem não pode experimentá-lo.

(...)

☆ *Lisboa, Portugal, 1524*
✞ *Lisboa, Portugal, 1580*

Meretrícia *procacitas*

*Vasco Mouzinho de Quevedo**

A hera, se com seus nós
a qualquer árvore abraça,
rouba-lhe a verdura e graça
que a primavera lhe pôs.

Cai a flor com que se arreia;
toda a sua glória perde;
a hera só fica verde
à custa da perda alheia.

Esta condição esquiva
tem a pouco esquiva dama,
que àquele que a serve e ama
da vida e honra se priva.

☆ *?, séc. XVI*
✝ *?, séc. XVII*

* Poeta português, autor de *Afonso africano*. Lisboa, 1611.

A UMA DAMA PRÓDIGA DE FAVORES

D. Tomás de Noronha

Se assim, formosa Helena, como és sol,
não deras tantas mostras de ser lua,
não te tivera o mundo por comua,
nem quem tanto te quer por caracol.

Olha que já te traz a fama o rol
por ser a tua grandeza a todos nua,
e pode ser que ganhes sendo crua
não acudindo como peixe ao anzol.

Ai! muda, muda, Helena, muda as modas,
e não sejas, oh! não! como é a corça,
que mais corre como a seta que a lastima.

Ama a quem te mais quer, e não a todos,
que repartido o amor tem menos força,
e a coisa que é mais comua não se estima.

☆ Alenquer – Estremadura, Portugal, ?
✝ Alenquer – Estremadura, Portugal, 1651

Soneto

Gregório de Matos

Descarto-me da tronga* que me chupa,
corro por um conchego todo o mapa;
o ar da feia me arrebata a capa,
o gadanho** da linda até a garupa.***

Busco uma freira que me desentupa
a via que o desuso às vezes tapa;
topa, e topando, todo o bolo rapa,
que as cartas lho dão sempre com chalupa.****

Que hei de fazer, se sou de boa cepa,
e na hora de ver repleta a pipa,
darei por quem ma vaze toda Europa?

Amigo, quem se limpa da carepa,*****
ou sofre u'a muchacha que o dissipa,
ou faz da sua mão sua cachopa.

☆ *Salvador/BA, 1636*
✝ *Recife/PE, 1696*

---

* Prostituta.

** No caso, unha.

*** No caso, alforje.

**** Com maior valor.

***** Quem melhora de vida.

Epigrama

*Filinto Elísio**

Este aqui, tenda, aquele assenta banca;
um ganha com padeiro, outro com tranca.**
Cada um labora nesse escasso mundo
com mister, com ofício, ou benefício.
Clori acertou, que com saber profundo,
na alcova a loja abriu do seu ofício.

☆ *Lisboa, Portugal, 1734*
✝ *Paris, França, 1819*

* Pseudônimo de Francisco Manuel do Nascimento.

** Carregador "de pau e corda", moço de fretes, mariola.

VAI-TE, FERA CRUEL, VAI-TE, INIMIGA

Manuel Maria du Bocage

Vai-te, fera cruel, vai-te, inimiga,
horror do mundo, escândalo da gente,
que um férreo peito, uma alma que não sente,
não merece a paixão que me afadiga.

O Céu te falte, a Terra te persiga,
negras fúrias o Inferno te apresente,
e da baça tristeza o voraz dente
morda o vil coração que amor não liga.

Disfarçados, mortíferos venenos,
entre licor suave em áurea taça,
mão vingativa te prepare ao menos;

e seja, seja tal tua desgraça,
que ainda por mais leves, mais pequenos,
os meus tormentos invejar te faça.

☆ *Setúbal – Estremadura, Portugal, 1765*
✞ *Lisboa, Portugal, 1805*

Palinódia

Gonçalves Dias

O céu não te dotou de formosura,
de atrativo exterior, e a natureza teu peito
inficionou co'a vil torpeza
d'ingrata condição falaz e impura!
Bocage

Se só por vós, Senhora, corpo e alma,
apesar da aversão que tenho ao crime,
inteiro me embucei nos seus andrajos,
em tremedal de vícios;

se só por vós descri do que era nobre,
porque envolto em torpeza imunda e feia,
as vestes da virtude imaculada
rebolquei-as no lodo;

se só por vós persegue-me o remorso
que os dias da existência me consome,
e entre angústias cruéis minha alma anseia,
– ludíbrio dos meus erros:

consenti que a moral os seus direitos
reivindique uma vez, e que a minha alma
das lições que bebeu na pura infância
uma hora se recorde!

Agora, agro censor, hão de os meus lábios,
duras verdades trovejando em verso,
fazer de vós, o que a razão não pôde,
– mulher ou estátua!

Mentistes quando amor tínheis nos lábios,
mentistes a compor meigos sorrisos,

mentistes no olhar, na voz, no gesto...
Fostes bem falsa!...

Falsa, como a mulher que em bruta orgia
finge extremos de amor que ela não sente
e o rosto of'rece a ósculos vendidos,
ao sigilo da infância.

Quantas vezes, Senhora, não caístes
humilhada, a meus pés, desfeita em pranto,
chorando – e que choráveis? – a jurar-me...
– Que juráveis então?

Se pois sentistes compaixão amiga
a cair gota a gota dos meus lábios
no que eu supunha cicatriz recente,
e que era úlcera funda;

se me vistes os olhos incendidos,
sangrar-me o coração no peito aflito
ao fel das vossas dores, que azedáveis
co'o pranto refalsado:

ouvi! – não éreis bela – nem minha alma
vos amou, que um modelo de virtudes,
– um sublime ideal – amou somente;
vós o não fostes nunca.

Que uma alma como a vossa, já manchada,
aos negros vícios mais que muito afeita,
já feia, já corrupta, já sem brilho...
Amá-la eu, Senhora!

Deitar-me sob a copa traiçoeira,
que ao longe espalha a sombra, o engano, a morte;

recostar-me no seio onde outros dormem,
que por ninguém palpita!

Beijar faces sem vida, onde se enxerga
visgo nojento d'ósculos comprados;
crer no que dizem olhos mentirosos,
em prantos de loureira!

Antes curvar o colo envilecido
ao jogo vil da escravidão nefanda;
beijar humilde a mão que nos ofende,
que nos cobre de opróbrio!

Antes, possesso d'imprudência estúpida,
brincando remexer no açafate,
onde por baixo de mimosas flores,
o áspide se esconde!

Mas eu, nos meus acessos de delírio,
voz importuna de contínuo ouvia,
cá dentro de mim, a repr'ender-me sempre
de vos amar... tão pouco!

Assim o cego idólatra se culpa,
nos espasmos d'ascética virtude,
de não amar assaz o vão fantasma,
de suas mãos feitura.

Porém se luz melhor de cima o aclara,
cospe afronta e desdém, e à chama entrega
o cepo vil, que não merece altares.
Nem d'of'rendas é digno!

Revela-se a imprudência feminina,
inda um erro, uma culpa se perdoa,

se a desvaira a paixão, se amor a cega
no mar de escolhos cheio.

O Deus, que mais perdoa a quem mais ama,
talvez da vida a negra mancha apaga
a quem as asas de algum anjo orvalha
de lágrimas contritas.

Mas não àquela, em cujo peito mora
torpeza só, – onde o amor se cobre
de vícios – a nutrir-se d'impurezas,
como vermes de lodo.

Se porém te aproveita o meu conselho,
a quem, mais do que a mim, tens ofendido,
que entre os risos do mundo, vê tua alma
e lê teus pensamentos;

se não crês noutra vida além da morte,
roga sequer a Deus, que te não rompa
à luz do sol divino da Justiça
a máscara d'enganos!

Que a rainha da terra inamolgável,
– a dura opinião – te não entregue,
sozinha, e nua, e d'irrisão coberta,
à popular vindita!*

☆ *Caxias/MA, 1823*
✞ *No mar, perto de Guimarães/MA, 1864*

* Mais tarde, e depois de receber, por carta, elegante admoestação do poeta argentino Carlos Guido, Gonçalves Dias arrependeu-se da fúria preconceituosa desses versos e teve a grandeza de reconhecer publicamente seu mau passo, escrevendo e publicando o belo poema *Retratação*, que assim começa: "Perdoa as duras frases que me ouviste".

ÀS PORTAS DE CORINTO

*Antônio Fogaça**

És para os olhos, deusa, a mais formosa;
és para o tato a sensação violenta,
és da volúpia um fruto cor-de-rosa,
teu hálito adormenta.

Dá-me um vinho tão louro como a luz
que o sol espraia sobre o azul do mar,
faz crescer em mim o gozo a flux
e deixa-me sonhar.

Minh'alma anda a vestir-se de esplendores;
quer conhecer, ó planta envenenada,
num leito excepcional, de madrugada,
a embriaguez das flores.

Desejo amar-te ao menos por instantes;
rasga, despe o vestido – esse tesouro
de gaza branca e azul, bordado a ouro,
aljofres e diamantes.

Quero sentir-me preso dos teus braços,
perfeitos como um sonho escultural;
deixa que eu suba em lânguidos abraços
a um róseo mundo ideal.

---

* Poeta português, autor de *Versos da mocidade*. Coimbra, 1887.

Mas depois, cortesã, ó flor da escória,
quando eu tombar exausto, amortecido,
lança-me à vala, eu devo ter morrido
          ébrio de gozo e glória!...

☆ ?
✞ *Coimbra, Portugal, 1888*

A ABANDONADA

Arnaldo Gama

Fulminas, sim, a enganada,
    e sorris ao enganador;
ao desprezo ela é votada,
    de todos ele é amor!
É de todos festejado,
por todos elogiado,
    que zombou do coração.
E ela, pobre desgraçada!...
A prostituta é chamada,
evitam-na, é desprezada,
    de todo mundo é baldão!

☆ *Porto, Portugal, 1828*
✞ *?, 1869*

ANJO CAÍDO

*Bulhão Pato**

Na flor da vida, formosa,
ingênua, casta, inocente,
eras tu no mundo, rosa!
Quem te arrojou de repente
para o abismo fatal?
Viste um dia o sol de abril;
o teu seio virginal
sorriu alegre e gentil.

Ergueu-se aos clarões suaves
d'aquela doce alvorada
a tua face encantada.
Amaste o doce gorjeio
que desprendiam as aves,
e no teu cândido seio
quanto amor, quanta ilusão
alegre pulava então.

Mal haja o fatal destino,
maldita a sinistra mão,
que em teu cálix purpurino
derramou fera e brutal
esse veneno fatal.

Hoje és bela; mas teu rosto
que outrora alegre sorria,
é todo melancolia!

---

* Nascido na Espanha, aos oito anos passou a viver em Portugal.

Hoje nem sol, nem estrela,
para ti brilha no céu;
mal haja quem te perdeu!

☆ *Bilbao, Espanha, 1829*
✞ *Almada, Portugal, 1912*

Perdida

*José Newton**

No quadro iluminado da janela
avulta essa mulher de meigos traços,
cujo dolente olhar imerge a espaços
na sombra, negra como a vida dela.

Durante a noite o escol dos boêmios lassos
cospe-lhe afrontas sujas de viela;
e quanta vez a derradeira estrela
a vê dormir sobre o torpor dos braços!

Se a colhe o desalento, na memória
fulge-lhe a imagem doce e merencória
do amor da mãe, a infatigável moura...

Ó dias calmos da inocência finda!
Quanto ela dera por beijar ainda
do irmão mais novo a cabecinha loura!...

☆ ?
✞ ?

* Poeta português, autor de *Versos*. Lisboa, 1887.

Maternidade

João de Deus

Ela era um anjo, linda e inocente;
mas uma carniceira, a quem fez conta
pô-la nos talhos que aí há de gente,
foi à polícia, deu-lhe o nome, e pronta.

Ele é banqueiro; entrou nessa remonta
de pares que se fez ultimamente,
porque em Loanda, a crer o que se conta,
ganhou em pretos fabulosamente.

Rico, senhor de uma fortuna bruta,
proporciona-lhe gozos, que ninguém,
mulher nenhuma em Portugal desfruta.

E a triste nada goza e nada tem!
Monstros não geram: Deus à prostituta
não lhe concede as honras de ser mãe!

☆ *São Bartolomeu de Messines – Algarve, Portugal, 1830*
✝ *Lisboa, Portugal, 1896*

O POEMA DO FRADE*

Álvares de Azevedo

And her head droo'd as when the lily lies
O'er charged with rain.
DON JUAN

Dorme! Ao colo do amor, pálido amante,
repousa, sonhador, nos lábios dela!
Qual em seio de mãe, febril infante!
No olhar, nos lábios da infantil donzela
inebria teu seio palpitante!
O murmúrio do amor em forma bela
tem doçuras que esmaiam no desejo
dos sonhos ao vapor, na onda de um beijo!

Que importa a perdição manchasse um dia
a alvura virginal das roupas santas
e o mundo a esse corpo que tremia
rompesse o véu que tímido alevantas?
E à noite lhe pousasse a fronte fria
nesse leito em que trêmulo te encantas
e ao bafejo venal murchasse flores,
flores que abriam a infantis amores?

Que importa? se o amor teu rosto beija,
se a beijas nua e sobre o peito dela
teu peito juvenil ama e lateja!
Se tua langue palidez revela
que tua alma febril sonha e deseja
desmaiar-lhe de amor, gemer com ela,

* Fragmento do Canto Segundo. Suprimiu-se a numeração romana das estrofes.

ébrio de vida, a soluçar d'enleio,
pálido sonhador morrer-lhe ao seio!

Que importa o mundo além? Teu mundo é esse
onde na vida o coração te alegra!
Teu mundo é o serafim que às noites desce
e que lava no amor a mancha negra!
É a névoa de luz onde não lê-se
escrita à porta vil a infame regra
que assinala o bordel à mão poluta
e diz nas letras fundas – prostituta!

A essa pobre mulher na fronte bela
anátema escreveu a turba fria!
Banhe o remorso o travesseiro dela,
corram-lhe a mil da pálpebra sombria
prantos do coração, não há erguê-la
a eterna maldição. E quem diria
a solitária dor, da noite ao manto
que lavra o seio à cortesã em pranto?

Ah! Madalenas míseras! Ardentes
quantos olhos azuis se não inundam
nos transes do prazer em prantos quentes
quando os seios febris em ais abundam,
que o amante nos ósculos trementes
crê sonhos que do amor no mar se afundam!
Que suspiros no beijo que delira
que são lágrimas só! que são mentira!

E quantas vezes na cheirosa seda
da longa trança desatada, solta,
onde o moço de gozos embebeda

a fronte à febre juvenil revolta;
quando a vida, o frescor, a imagem leda
de esp'rança que morreu ao leito volta;
as lágrimas na dor ferventes correm...
Como em céu de verão estrelas morrem?

Ah! não chores! Que valem perfumadas
do Oriente as manhãs e céus e lua
e a natureza a vir entre alvoradas
e a láurea do porvir que sangue sua,
o val deserto, as noites estreladas
quando lânguida a vida em ais flutua!
Quando um suspiro as lágrimas apaga
e o lábio treme, e em beijos se embriaga?

Amar uma perdida! que loucura!
Mas tão bela! que seio de Madona!
Nunca amara tão nívea criatura
como aquela mulher que ali ressona!

☆ *São Paulo/SP, 1831*
✞ *São Paulo/SP, 1852*

A SULTANA

Junqueira Freire

Sultana! – por que teus olhos
pululam choro tão triste?
No vôo de ave sinistra
algum mau agouro viste?
Ou dos lábios do teu mago
más profecias ouviste?

Que tens que choras, sultana,
co'as mãos no queixo – tão bela?
Tanto palor nestas faces,
que foram cor de canela?
Desalinhada a madeixa,
sentada junto à janela?

Sultana! – por que dedilhas
os bilros nesse tear?
Os dedos correm e correm
à toa, sem acertar!
Os dedos erram pontos
bem fora de seu lugar!

Sultana! – que dor tamanha
que te esmaga o coração?
Que te pode armar nas faces
tão estranha contração?
Que pode arrojar-te a mente
em tão vaga distração?

– Meu senhor hoje chamou-me:
quando mais me chamará?

Meu senhor hoje falou-me:
quando mais me falará?
Meu senhor hoje abraçou-me:
quando mais me abraçará?

Naquele colchão macio
eu junto dele dormi;
eu vi o céu do profeta,
o céu verdadeiro eu vi:
oh! que bela a noite de ontem!
– Não terei mais noite assi!

Beijou-me co'a sua boca
macia como cetim:
abraçou-me com seus braços
mais lindos do que o marfim:
reclinou minha cabeça
em cima de seu coxim.

Eu ficava toda fria,
se ele se achegava a mim:
minhas faces palejavam,
como cândido jasmim:
– e depois... ficava ardente,
vermelha – como um rubim.

Eu lhe ouvi a voz sonora,
como a voz de um querubim:
que doce roçar de beijos
macios como o cetim!
Que dedos tão delicados,
que se imprimiram em mim!

Julguei eterna a ventura,
– fui louca – pobre de mim!
Não luzem mais de uma noite
as lâmpadas do festim!
– Revelai-me, ó grão-profeta,
se terei mais noite assim!

Meu senhor tem mil mulheres
tão doces como o maná;
amante de coisas novas,
as novas chamando irá:
meu senhor – de mim, coitada,
de mim não se lembrará!

☆ *Salvador/BA, 1832*
✞ *Salvador/BA, 1855*

Dores*

Casimiro de Abreu

Há dores fundas, agonias lentas,
dramas pungentes que ninguém consola,
        ou suspeita sequer!
Mágoas maiores do que a dor dum dia,
do que a morte bebida em taça morna
        de lábios de mulher!

(...)

Oh! ninguém sabe como a dor é funda,
quanto pranto s'engole e quanta angústia
        a alma nos desfaz!
Horas há em que a voz quase blasfema...
E o suicídio nos acena ao longe
        nas longas saturnais!

Definha-se a existência pouco a pouco
e ao lábio descorado o riso franco
        qual dantes, já não vem;
um véu nos cobre de mortal tristeza,
e a alma em luto, despida dos encantos,
        amor nem sonhos tem!

Murcha-se o viço do verdor dos anos,
dorme-se moço e despertamos velho,
        sem fogo para amar!
E a fronte jovem que o pesar sombreia

---

* Fragmento do segundo canto do *Livro negro*.

vai, reclinada sobre um colo impuro,
dormir no lupanar!

Ergue-se a taça do festim da orgia,
gasta-se a vida em noites de luxúria
no leito dos bordéis,
e o veneno se sorve a longos tragos
nos seios brancos e nos lábios frios
das lânguidas Frinés!

Esquecimento – mortalha para as dores –
aqui na terra é a embriaguez do gozo,
a febre do prazer:
a dor se afoga no fervor dos vinhos,
e no regaço das Marcôs modernas
é doce então morrer!

Depois o mundo diz: – Que libertino!
a folgar no delírio dos alcouces*
as asas empanou! –
como se ele, algoz das esperanças,
as crenças infantis e a vida d'alma
não fosse quem matou!...

☆ *Barra de São João/RJ, 1839*
✝ *Nova Friburgo/RJ, 1860*

* Prostíbulos.

Deixa-me

Fagundes Varela

Quando cansado da vigília insana
declino a fronte num dormir profundo,
por que teu nome vem ferir-me o ouvido,
lembrar-me o tempo que passei no mundo?

Por que teu vulto se levanta airoso,
tremente em ânsias de volúpia infinda?
E as formas nuas, e ofegante o seio,
no meu retiro vens tentar-me ainda?

Por que me falas de venturas longas,
por que me apontas um porvir de amores?
E o lume pedes à fogueira extinta,
doces perfumes a polutas flores?

Não basta ainda essa existência escura,
página treda que a teus pés compus?
Nem essas fundas, perenais angústias,
dias sem crença e serões sem luz?

Não basta o quadro de meus verdes anos
manchado e roto, abandonado ao pó?
Nem este exílio, do rumor no centro,
onde pranteio desprezado e só?

Ah! não me lembres do passado as cenas,
nem essa jura desprendida a esmo!
Guardaste a tua? A quantos outros, dize,
a quantos outros não fizeste o mesmo?

A quantos outros, inda os lábios quentes
de ardentes beijos que eu te dera então,
não apertaste no vazio seio
entre promessas de eternal paixão?

Oh! fui um doido que segui teus passos,
que dei-te em versos da beleza a palma;
mas tudo foi-se, e esse passado negro
por que sem pena me despertas n'alma?

Deixa-me agora repousar tranqüilo,
deixa-me agora dormitar em paz,
e com teus risos de infernal encanto,
em meu retiro não me tentes mais!

☆ *Rio Claro/RJ, 1841*
✝ *Niterói/RJ, 1875*

Metempsicose

Antero de Quental

Ardentes filhas do prazer, dizei-me!
Vossos sonhos quais são, depois da orgia?
Acaso nunca a imagem fugidia
do que fostes, em vós se agita e freme?

Noutra vida e outra esfera, onde geme
outro vento, e se acende um outro dia,
que corpo tínheis? Que matéria fria
vossa alma incendiou, com fogo estreme?

Vós fostes nas florestas bravas feras,
arrastando, leoas ou panteras,
de dentadas d'amor um corpo exangue...

Mordei pois esta carne palpitante,
feras feitas de gaze flutuante...
Lobas! leoas! sim, bebei meu sangue!

☆ *Ponta Delgada – Açores, Portugal, 1842*
✞ *Ponta Delgada – Açores, Portugal, 1891*

Dolores

Guilherme Braga

Sentado à mesa, o príncipe da Igreja
inclina a calva fronte aos seios túmidos
duma espanhola, cujo olhar flameja,
e em cujos lábios úmidos,
rindo, o prazer de beijos s'inebria!

Ao ver-te assim, mirrada
pelos impuros hálitos da orgia;
ao ver-te assim, na sombra, arremessada
dos canteiros natais à impura alcova,
quem há que se comova,
pobre flor dos jardins da Andaluzia?

Tem por nome Dolores...
Por ofício, vender a quem lh'os paga,
como não tem amor, os seus amores.

É soberba e formosa!
Brilhante e sedutora! – imagem vaga
d'Eva... já criminosa,
escondendo a nudez por entre as flores!

Misto de sombra e luz, de lava e gelo,
d'Éden oculto e precipício aberto,
prende, fascina, atrai, cega, arrebata!
Para quem dorme, em êxtase, coberto
pelas ondas gentis do seu cabelo,
é como no deserto
a mancenilha, que adormenta e mata!

Os braços nus da jovem messalina
cingem o padre, que, sorrindo, oscula
a carne branca, aveludada e fina,
que lhe é dado gozar... mesmo sem bula.

Calam-se, em longo beijo,
as duas bocas ávidas, famintas...

Escuta, ó Cristo, escuta, embora sintas
o rosto frio a chamejar de pejo!

☆ *Porto, Portugal, 1845*
✞ *Porto, Portugal, 1874*

DULCE

Gonçalves Crespo

Via-a um dia na rua. Flutuante
ao desdém lhe caía a loura trança;
como a luz dum farol, essa criança
levou-me atrás de si... triste bacante!

Era o seu nome Dulce. O povo rude
apontava-a mofando, quando a via.
Docemente sorrindo, ela dizia:
"Tu sabes, se te amei, santa virtude!"

Um dia a quis beijar; fugiu-me triste:
"Dulce me chamam", disse, "que amargura!
Este corpo, que vês, é sânie impura,
nem mais amargo fel no mundo existe.

Que torva história a minha! É breve, atende:
por minha mãe, que a fome alucinava,
lançada fui no abismo! Então amava...
Hoje sou Dulce, a lama que se vende..."

☆ *Rio de Janeiro/RJ, 1846*
✞ *Lisboa, Portugal, 1883*

HETAÍRAS

Sousa Viterbo

Vós envolveis o corpo nas roupagens
mais finas, elegantes, caprichosas;
vedes passar, alegres, voluptuosas,
do amor fidalgo as lúbricas imagens.

Adormeceis nas flácidas carruagens,
murchais no seio as pudibundas rosas,
e queimais essas bocas sequiosas
nas bocas feminis dos louros pajens.

Tendes tudo: os teatros, a riqueza,
as noites de delírio e morbideza,
todas as tentações, todos os brilhos!

E só não tendes nas estéreis pomas,
ó Vênus das esplêndidas Sodomas,
uma gota de leite para os filhos!

☆ *Porto, Portugal, 1846*
✝ *Lisboa, Portugal, 1911*

MADALENA

Fernandes Costa

Beijando de Jesus os pés sagrados,
prostrada cai por terra e abatida,
com os lindos cabelos desgrenhados,
a bela pecadora arrependida.

Ouve-lhe o bom Jesus os ais cortados
e levanta-a com mão compadecida;
classifica de amor os seus pecados
e comparte com ela a eterna vida!

– Ó feminino espírito amoroso,
que assim passaste do prazer violento
para o celeste e místico repouso!

Teu destino, mulher, eu não lamento,
porque tiveste do pecado o gozo
e ainda a graça do arrependimento!

☆ *Lisboa, Portugal, 1848*
✝ *?, 1920*

EPITÁFIOS

Gomes Leal

De uma cocotte

Como era bom pompear, em carros a Daumont,
sensacionais chapéus!
Mas lá no céu cristão que falta de bom-tom!
Não se usa lá carmim, pó-de-arroz, nem lorgnon,*
nem se bebe Bordéus!...

De uma mundana

Rainha dos salões, mais formosa que as lendas
féericas do Erin!
O que te há de afligir nestas horas tremendas
é aparecer a Deus sem peignoir de rendas
e sem pôr o teu carmim.

*Da Rigolboche***

Deusa da bacanal, foste a amável Naná,
ruidosa do bom tom.
E se acaso, nos céus, se baila como cá,
decerto já piscaste um olho a Jeová,
dançando o cotillon.

☆ *Lisboa, Portugal, 1848*
✞ *Lisboa, Portugal, 1921*

---

* Lornhão: óculo de duas lentes engastadas em armação sem hastes, com um cabo.

** Margarida Badel, dita *Rigolboche*, dançarina francesa que adquiriu notoriedade nos anos 1855/60.

Margarida Gautier*

*Santos Luz***

Acabei de reler a tua vida
e inda sinto correr nas minhas veias,
numa febre de amor, indefinida,
todo o sangue, afogueando-me as idéias.

Pelo teu grande amor, mulher perdida,
sublime e grande amor, d'áureas cadeias,
sinto a carne a vibrar, incompreendida,
como um sino vibrando nas ameias.

Ninguém pode invejar-te uma existência
cheia d'ouro, de lama e de incoerência,
que inspira repugnância e compaixão.

Mas – sublime mulher! – tenho a certeza
de que muitas, com rasgos de pureza,
hão de invejar teu grande coração.

☆ ?
✝ ?

* Marguerite Gautier, a mundana de *A dama das camélias* (1847), de Alexandre Dumas, filho.

** Poeta português, autor de *Mundo interior*. Lisboa, 1908.

Injusto mundo

*Dario Galvão**

No dorso da verde onda estira-se o veleiro,
quando se lança ao mar um velho borrachão;
olvida os seus, a blusa arranca bem ligeiro
e se atira a salvá-lo o bravo capitão...

Linda mulher, do vício imersa no lameiro,
socorro solicita a humano coração;
ouve-lhe um moço, esquece o céu e o mundo inteiro,
os preconceitos despe e a ela estende a mão...

O marujo arriscara a vida só terrena,
este, futuro e glória a sorrir amortalha,
beirando o negro abismo onde é perene a pena.

Entretanto conquista aquele áurea medalha
e quem imita Cristo, em face à Madalena,
só recebe do mundo o nome de canalha!

☆ ?
✞ ?

* Poeta brasileiro, autor de *Echos e sombras*. Paris, 1911.

LÉSBIA*

Cristóvão Ayres

Não há olhar mais doce
nem mais formosa boca,
nem mais suave e etérea formosura;
porém no olhar dessa criança louca
nem o reflexo duma crença pura!
É como se ele fosse
talhado em pedra dura.

Aquele seio dela, essa riqueza
que não tem outro igual em toda a Terra,
aquele coração onde ela encerra
tão gelados desdéns, tanta frieza,
aquela boca, coralínea taça,
que pede beijos e recusa dá-los,
aquele altivo olhar que faz vassalos
por onde passa,
todos esses prodígios de beleza,
todo esse imenso abismo da desgraça,
quem os quiser possuir... há de comprá-los!

☆ *Goa, Portugal, 1853*
✝ *Lisboa, Portugal, 1930*

* A musa do poeta latino Caio Valério Catulo (87-54 a.C.)

Soneto

Carvalho Júnior

Quando, pela manhã, contemplo-te abatida,
amortecido o olhar e a face descorada,
imersa em languidez profunda, indefinida,
o lábio ressequido e a pálpebra azulada,

relembro as impressões da noite consumida
na lúbrica expansão, na febre alucinada,
do gozo sensual, frenético, homicida,
como a lâmina aguda e fria de uma espada.

E ao ver em derredor o grande desalinho
das roupas pelo chão, dos móveis no caminho,
e o *boudoir**, enfim, do caos um fiel plágio,

suponho-me um herói da velha antigüidade,
um marinheiro audaz após a tempestade,
tendo por pedestal os restos de um naufrágio!

☆ *Rio de Janeiro/RJ, 1855*
✝ *Rio de Janeiro/RJ, 1879*

* Saleta de uso exclusivo da mulher.

Estudo anatômico

Fontoura Xavier

Entrei no anfiteatro da ciência,
conduzido por mera fantasia,
e aprouve-me estudar anatomia,
por dar um novo pasto à inteligência.

Discorria com toda a sapiência
um lente, numa mesa em que jazia
uma imóvel matéria muda e fria,
a que outrora animara humana essência.

Fora uma meretriz. Seu rosto belo
pude, tímido, olhá-lo com respeito,
por entre negras ondas de cabelo...

A um gesto do lente, contrafeito,
rasguei-a com a ponta do escalpelo
e não vi o coração dentro do peito!...

☆ *Cachoeira do Sul/RS, 1856*
✞ *Lisboa, Portugal, 1922*

LAURA*

Guilherme de Santa Rita

Que estranho rir no lábio nacarado!
Que pérolas de luz no olhar lascivo!
Ressoa um beijo no teu colo altivo
por ti vendido bem e bem comprado!

E idealizei-te um ser imaculado!
O pedaço de céu, azul, estivo,
onde eu outrora quis estar cativo,
neste sonho de vida, atribulado!

Mas por que foi que assim no devaneio
banhei a fantasia adormecida,
se eu sei que vendes, a quem compra, um seio?

Talvez... lembrei-me, que uma vez na vida,
quando hauriste da afronta o cálix cheio,
tu choraste uma lágrima sentida!

☆ *Lisboa, Portugal, 1859*
✝ *Lisboa, Portugal, 1905*

* Quarto soneto do quarteto intitulado *Laura.*

Lésbia*

Antônio Feijó

A Lésbia está sentada a uma janela. Sonha,
abismada e perdida em plácido letargo...
Ao longe, no poente, o sol sincero e largo
afaga o seu perfil duma expressão tristonha.

Velou-se no futuro a estrela romanesca...
O poeta gentil da inspiração risonha
abandonou-a, a rir, numa expansão medonha,
como quem lança à rua uma camélia fresca.

Ergueu-se da janela; e a velha taça etrusca
bebeu, triste e chorosa... A embriaguez ofusca
se o coração repousa e o pensamento é nulo.

Mas a Lésbia deitada em púrpuras da Ásia
sentiu-se fulminada, ébria e felina Aspásia,
no raio abrasador dos beijos de Catulo!

☆ *Ponte de Lima – Minho, Portugal, 1860*
✝ *Estocolmo, Suécia, 1917*

---

* Ver nota p. 370.

A Cortesã

*Rodrigo Beça**

Voluptuosamente reclinada
sobre coxins de seda e cachemira,**
a cortesã repousa descansada
das fadigas da noite, que fugira.

Vê nos seus dedos finos a safira,
o diamante, a pérola nevada,
e lentamente o leve fumo tira
dum *narguier**** de prata marchetada.

Em vão sua dor procura ocultar.
Uma pequena lágrima de neve
desce-lhe pela face devagar.

Desventurado aquele que do amor
junto de si jamais sentiu ou teve
a carinhosa e perfumada flor.

☆ ?
✝ ?

---

* Poeta português, autor de *Livro de sonetos*. Porto, 1910.

** *Cashmere.*

*** *Narguilé?*

O JULGAMENTO DE FRINÉIA

Olavo Bilac

Mnezarete, a divina, a pálida Frinéia,*
comparece ante a austera e rígida assembléia
do Areópago supremo**. A Grécia inteira admira
aquela formosura original, que inspira
e dá vida ao genial cinzel de Praxíteles,
de Hipérides à voz e à palheta de Apeles.

Quando os vinhos, na orgia, os convivas exaltam
e das roupas, enfim, livres os corpos saltam,
nenhuma hetera sabe a primorosa taça,
transbordante de Cós***, erguer com maior graça,
nem mostrar, a sorrir, com mais gentil meneio,
mais formoso quadril, nem mais nevado seio.

Estremecem no altar, ao contemplá-la, os deuses,
nua, entre aclamações nos festivais de Elêusis...****
Basta um rápido olhar provocante e lascivo:
quem na fronte o sentiu curva a fronte, cativo...
Nada iguala o poder de suas mãos pequenas:
basta um gesto, – e a seus pés roja-se humilde Atenas...

---

* Prostituta célebre por sua beleza, nascida em Téspias (séc. IV a.C.), foi retratada por Apeles e serviu de modelo a Praxíteles em suas estátuas de Afrodite. Mnezarete era seu nome. O apelido derivou de sua epiderme morena, semelhante à cor de certas rãs (*phira*).

** O mais alto tribunal de Atenas, que julgava os crimes graves. Era constituído de 31 membros.

*** Ilha do Mar Egeu, produtora de apreciado vinho.

**** Cidade grega (Ática) onde eram celebradas, no outono, durante doze dias, as festividades em honra da deusa Deméter.

Vai ser julgada. Um véu, tornando inda mais bela
sua oculta nudez, mal os encantos vela,
mal a nudez oculta e sensual disfarça.
Cai-lhe, espáduas abaixo, a cabeleira esparsa...
Queda-se a multidão. Ergue-se Eutias. Fala,
e incita o tribunal severo a condená-la:

"Elêusis profanou! É falsa e dissoluta,
leva ao lar a cizânia e as famílias enluta!
Dos deuses zomba! É ímpia! é má! (E o pranto ardente
corre das faces dela, em fios, lentamente...)
Por onde os passos move a corrupção se espraia,
e estende-se a discórdia! Heliastes! condenai-a!"

Vacila o tribunal, ouvindo a voz que o doma...
Mas, de pronto, entre a turba Hipérides assoma,
defende-lhe a inocência, exclama, exora, pede,
suplica, ordena, exige... O Areópago não cede.
"Pois condenai-a agora!" E à ré que treme, a branca
túnica despedaça, e o véu, que a encobre, arranca...*

Pasmam subitamente os juízes deslumbrados.
– Leões pelo calmo olhar de um domador curvados:
nua e branca, de pé, patente à luz do dia
todo o corpo ideal, Frinéia aparecia
diante da multidão atônita e surpresa,
no triunfo imortal da Carne e da Beleza.

☆ *Rio de Janeiro/RJ, 1865*
✝ *Rio de Janeiro/RJ, 1918*

* O fato é real. Hipérides teria dito aos juízes: "Olhai que perfeição de formas tem essa mulher. Se tendes ânimo, sentenciai a que elas sejam, antes do tempo, desfeitas pela morte."

Beata Beatrix

Venceslau de Queirós

Dizem que és casta, és santa, és pura...
E, na verdade, quem te veja
o rosto... os olhos... a figura
que lembra as santas de uma igreja,

por Deus! negar não pode, jura
que és pura, és santa, és casta, e beija
com untuosa compostura
tua mão branca e benfazeja.

Mas que o Senhor me fira em cheio
o coração, se em longo anseio
da mais brutal paixão espúria,

teu corpo em meus braços de ferro
não palpitou ouvindo o berro
do bode negro da luxúria!

☆ Jundiaí/SP, 1865
✞ Jundiaí/SP, 1921

Dorme!...

*Mário de Artagão**

Adormecida está... E a luz da lamparina,
que morna bruxuleia em cima do consolo,
trespassa o cortinado e vai beijar-lhe o colo,
que tem o aroma bom dos lírios da campina.

Descansa, ó flor da rua! E dorme, Messalina!...
Lá fora, a chapinhar, a chuva alaga o solo...
E ao ver-te o corpo nu, não ouso decompô-lo,
porque é só a sonhar que o teu céu se ilumina!

Descansa, que amanhã, na laje das vielas,
voltarás a tremer ao frio da nortada,
em busca do histrião que sacie as güelas...

Quem sabe se terás, aconchegada a um peito,
uma outra noite assim, tão clara e constelada,
como a noite de chuva em que te dei meu leito!

☆ *Rio Grande/RS, 1866.*
✝ *Lisboa, Portugal, 1937*

* Pseudônimo de Antônio da Costa Correia Leite Filho.

Mea culpa

Guimarães Passos

Não é tua alma o lírio imaculado
que à luz de uns olhos puros se levanta,
pois não fulgura em teu olhar a santa
chama que brilha isenta do pecado.

Se o teu seio palpita apaixonado,
se a voz do amor nos teus suspiros canta,
não me ilude o queixume que à garganta
quebras para me ver mais desgraçado!

Eu bem sei quem tu és... Mas, que loucura
arrasta-me a teus pés como um cativo!
Mostra-me o inferno a aberta sepultura:

e abraçado contigo, ó pecadora,
eu desço-o tão feliz como se fora
um justo ao claro céu subindo vivo.

☆ *Maceió/AL, 1867*
✞ *Paris, França, 1909*

A UMA CORTESÃ

*J. Eustachio d'Azevedo**

A luz do teu olhar que audaz cintila,
iluminou minh'alma enregelada,
naquela noite olente e constelada
em que me viste, em que eu te vi, Dalila!

Tinhas da Vésper que no céu rutila
o fulgurante brilho e a graça iriada!...
E eu, ao te ver assim, bela, adorada,
oh! como te estimei, mulher d'argila!

No coração, porém, só tinhas... lodo!
O meu amor arrefeceu de todo...
E ao saber que, sem pejo, te vendias,

eu também te comprei! Paguei-te à vista
e saí enojado da conquista
trescalando ao perfume das orgias!

☆ *?, 1868*
✞ *?*

---

* Poeta brasileiro, autor de *Musa ecléctica.* Belém, 1909.

Após o festim

Ibrantina Cardona

Pouco a pouco esmorece o delírio na sala;
sob arcos de festões morre a luz de áurea esteira...
De humana exsudação um forte odor trescala,
e o ambiente corrompido a vinho e a nardo cheira.

E resto do festim no mosaico resvala...
Taças gregas, rocais e véus de bailadeira,
diademas da nobreza e túnicas de gala
rolaram na expansão da orgia derradeira...

Aos acordes finais das músicas lascivas
quedou-se de cansaço a erótica loucura;
no sono da embriaguez aquietam-se os convivas.

Silêncio em tudo agora; e noite alta, erradia,
átrio adentro, espalhando o luar que fulgura,
somente a lua vela os destroços da orgia.

☆ *Rio Grande/RS, 1868*
✞ *São José do Rio Pardo/SP, 1956*

Soneto

Renato da Cunha

A noite era profunda. A neve borrifava
com pontas de punhais as pedras das calçadas.
Nos páramos do céu a lua deslizava
formosa auribordando as nuvens descoradas.

O vento minuano, um vento penetrante,
fazia tremular os lampiões sombrios;
deitados pelo solo em bando agonizante
uivavam tristemente uns doze cães vadios.

As lindas cortesãs, envoltas em arminhos,
nos fofos dos *coupés**, como rolas em seus ninhos,
saíam dos bordéis cansadas das vigílias.

E nas mesas do jogo os velhos crapulosos
davam ao *baccara***, febrentos, sequiosos,
os últimos ceitis roubados às famílias.

☆ *Porto Alegre/RS, 1869*
✞ *Porto Alegre/RS, 1901*

---

* Ver nota na página 287.

** Jogo de cartas.

A camisa de Xanto

Eugênio de Castro

Ninguém foi mais feliz do que eu, enquanto
de Xanto o lindo corpo agasalhava;
só quando à lavadeira me mandava
é que eu vertia copioso pranto.

Mas em breve, voltava para Xanto
e a ventura de novo me animava!
Por nada me trocara, se beijava
seu fino colo de aprilino encanto!

Pobre camisa! chora, pois perdeste
as tuas mais preciosas alegrias!
Pobre camisa, que desgraça a tua!

Há três dias que Xanto não me veste!
Nos braços de Antenor, há já três dias
e três noites que Xanto vive nua!

☆ *Coimbra, Portugal, 1869*
✞ *Coimbra, Portugal, 1944*

A CANÇÃO DAS PERDIDAS*

Augusto Gil

Quem por amor se perdeu
não chore, não tenha pena.
Uma das santas do céu
– é Maria Madalena.

Minha mãe foi o que eu sou.
Eu sou o que tantas são.
Que triste herança te dou,
filha do meu coração.

Meu pai foi para o degredo,
era eu inda pequena.
Se não morresse tão cedo,
morria agora – de pena...

E há no mundo quem afronte
uma mulher quando cai!
Nasce água limpa da fonte,
quem a suja é quem lá vai...

Àquele que me roubou
a virtude de donzela
se outra honra lhe não dou,
– é... porque só tive aquela!

* Suprimiu-se a numeração romana das estrofes.

Nós temos o mesmo fado,
ó fonte de água cantante:
quem te quer, pára um bocado,
quem não quer, passa adiante...

O meu amor, por amá-lo,
pôs-me o peito numa chaga:
deu-me facadas. Deixá-lo.
Mas ao menos não me paga!

Nem toda água do mar
por estes olhos chorada,
daria bem a mostrar
o que eu sou de desgraçada!

Como querem ver contente
este país desgraçado,
se dão só livros à gente
nas escolas do pecado...

Dormia o meu coração
cansado de fingimento.
Bateste-me, e vai então
acordou nesse momento...

Se aquilo que a gente sente,
cá dentro, tivesse voz,
muita gente... toda a gente
teria pena de nós!

☆ *Porto, Portugal, 1873*
✝ *Lisboa, Portugal, 1929*

Uma infeliz

*Maria O'Neill**

Sou filha do alto Minho
e vim de lá enganada:
nesta Lisboa, tão boa,
é que me fiz desgraçada.

Nada mais triste na terra
que a vida alegre ir seguindo:
o coração vai chorando,
os lábios sempre sorrindo.

Eu não vivo do presente
nem pensando no futuro.
Que o agora é todo lama,
o depois é num monturo.

Ai, como os homens honrados
a mim me fizeram mal!
Fui criada entre carinhos,
findarei num hospital.

Não posso mostrar afeto,
nem ter amor a ninguém,
que me pagam com dinheiro
atirado com desdém.

* Poeta portuguesa, autora de *São João das Ruas.*

Só uma réstia de sol
alegra a minha janela:
é a lembrança do tempo
em que fui criança e bela.

Nada mais triste na terra
que a vida alegre ir seguindo:
o coração vai chorando,
os lábios sempre sorrindo.

☆ *?, 1873*
✞ *?, 1932*

Soneto

Raul de Villeroy

Noite... O castelo triste e silencioso
entre as feudais ameias e seteiras,
lembra ainda as façanhas derradeiras
de um exilado *lord* desditoso...

N'aléia de jasmins e amendoeiras
assoma um par gentil e misterioso...
Ele – a sorrir alegre e venturoso,
ela – a chorar as lágrimas primeiras...

E a castelã e o pagem predileto
imploram, mudamente, de um afeto
tudo que temem e tudo que desejam...

E enquanto a lua no infinito rola,
um soluço de amor febril se evola
e duas bocas trêmulas se beijam...

☆ *Caxias do Sul/RS, 1874*
✞ *Porto Alegre/RS, 1930*

Lição errada

Henrique Castriciano

...E o sábio disse: “Meus senhores, esta
mulher que vemos sobre a laje fria,
foi como a noite vinda após um dia
de cerração, num ermo da floresta.

Seus olhos verdes como verde a giesta,
tinham brilhos de fúnebre ardentia,
fosforescentes como a pedraria
de um colar de princesa em régia festa.

Não teve coração!” – E, nisto, o sábio
rasgou-lhe o seio e... recuou... Seu lábio
contraiu-se num gesto estranho e lento...

No peito havia um coração partido,
morto de amor, de lágrima ungido,
e lacerado pelo sofrimento!*

☆ *Macaíba/RN, 1874*
✝ *Natal/RN, 1947*

---

* O autor, possivelmente, conheceu o soneto de Fontoura Xavier (p. 374) e teria desejado contestá-lo.

Margarida Gautier*

José Duro

Margarida Gautier, o teu amor assombra;
teu corpo é um bordel, mas a tua alma é chama...
E a flor também se dá num pântano de lama,
como em qualquer jardim ou em qualquer alfombra.

Embriaga-me o sol, mas gosto mais da sombra
porque o sol não me escuta e a sombra é que me chama...
E eu que desprezo tudo, eu amo só quem ama,
amo talvez a dor que o meu olhar ensombra...

Para que um astro brilhe é necessária a noite;
porém, estrelas há que antes que o sol se acoite,
já elas no azul desfolham malmequeres...

Assim o teu amor, estranhamente raro,
rasgando a podridão em pleno dia claro,
mostrou que tinhas alma à alma das mulheres!

☆ *Lisboa, Portugal, 1875*
✝ *Lisboa, Portugal, 1899*

* Ver nota na página 366.

A viela

*Luis Cebola**

Falam em calão grosseiro
uma rameira e um vadio,
bairrista, pernalta, esguio,
que outrora foi marinheiro.

Descanta-se ao desafio
na loja dum taberneiro;
enquanto, na esquina, o candeeiro
vela tristonho e sombrio.

Tossindo, um tuberculoso
fere a nota da desgraça
no seu casebre musgoso.

E o guarda, de sentinela,
vigia um ébrio que passa
aos ziguezagues na viela.

☆ *?, 1876*
✞ *?*

* Poeta português, autor de *Canções da vida.*

Demóstenes

Júlio Dantas

Em casa de Laís, Demóstenes entrara:
como Atenas inteira, o supremo orador
vinha comprar também, nuns minutos de amor,
o corpo escultural dessa beleza rara.

Quase a possuíra já, de tanto que a sonhara:
e ao ver, gloriosa e nua, em todo o seu esplendor,
cingido o *strophion** de ouro aos dois seios em flor,
essa linda mulher que se vendeu tão cara,

tímido, perguntou: – "Um só beijo fugaz,
por quanto o vendes, grega?" E ela, num gesto lento:
– "Conta mil dracmas, velho, e tu me possuirás!"

– "Quê? Pagar por tanto ouro o beijo dum momento?
Dar mil dracmas por ti? Não, mulher; fica em paz:
eu não compro tão caro um arrependimento".

☆ *Lagos – Algarve, Portugal, 1876*
✞ *Lisboa, Portugal, 1962*

* Em latim, *strophium*, faixa usada pelas mulheres para segurar os seios.

A PROSTITUTA

Manuel Ribeiro

Nessa viela, onde mal entra o ar,
viceja a pobre cortesã do vício
que, como outro qualquer que tem ofício,
aluga o corpo para o sustentar.

Seus beijos dá-os já sem sacrifício
a todo aquele que a quiser beijar.
E de tantos gemidos abafar
só no seu peito d'ais se encontra indício.

Toda a tristeza que há na vida – e é tanta! –
sempre nessa alma um eco vai deixando
e para alívio dos seus males canta.

Mas julga a gente que ela está cantando,
ouvindo a voz gemer-lhe na garganta,
ela coitada, está mas é chorando.

☆ *Beja – Alentejo, Portugal, 1878*
✝ *?*

Aspásia

Leal de Souza

Virgens, de louro sol cheia a pupila gázea,
lindas flores tecendo em guirlandas amenas,
lançam róseos festões aos mármores de Atenas,
e airosa, entre elas passa, envolta em glória, Aspásia.*

Os homens e a mulher – ou jovem ou durázia –
admiram-na, esquecendo alegrias e penas,
e voa, celebrando-a, a Fama** – das serenas
linfas claras da Grécia às quentes plagas d'Ásia.

Nela, da fronte aos pés, a beleza irradia
e, na ânfora sensual dos seus lábios, mistura
ao licor da eloqüência o da sabedoria.

Deuses! Filhos do Céu que amais a Terra, à dura
lei das Parcas*** furtai quem de tal modo alia
o espírito gracioso e a olímpia formosura.

☆ *Santana do Livramento/RS, 1880*
✞ *Rio de Janeiro/RJ, 1948*

---

* Esposa de Péricles, nascida em Mileto por volta de 450 a.C. Na obra *Demes*, o poeta cômico Eupólide a qualifica de hetaíra.

** Ente mitológico citado (talvez criado) por Virgílio, que personificava a "voz geral".

*** Na mitologia, as romanas Parcas, equivalentes às Moiras gregas, eram três irmãs, Nona, Décuma e Morta, que fixavam o nascimento e a morte dos seres humanos.

Cleópatra

Gustavo Teixeira

Sob o pálio de um céu broslado de cambiantes,
a galera real, de tírias velas tesas,
avança rio adentro, arfando de riquezas,
cheia de um resplendor de pedras coruscantes.

Sob um dossel de bisso, entre espirais ebriantes
de incenso, a escultural princesa das princesas
cisma... Remos de prata, à flor das correntezas,
deixam móbeis jardins de bolhas trepidantes.

Soluçam harpas d'ouro às mãos de ancilas belas;
branda aragem enfuna a púrpura das velas
e à tona da água alveja um espumoso friso.

E a náiade do Egito, ao ver a frota ingente
de Marco Antônio, ri, levando unicamente
contra as lanças de Roma a graça de um sorriso...

☆ *São Pedro/SP, 1881*
✞ *São Pedro/SP, 1937*

A galera de Cleópatra

Antenor Moraes

Ei-la em pé num gesto vencedor
olhando o velho mar que chora e canta
debaixo de seus pés. A carne em flor
treme e palpita, estua e se levanta

o níveo colo real pleno de amor.
Foge-lhe a voz sonora da garganta.
Fere as cordas da lira num tremor
de quem na majestade se quebranta.

Das purpurinas velas da galera
anjos fingindo a doce primavera
cobrem-lhe o corpo nu todo de flores.

E a galera desliza à luz da lua,
como um sonho a fugir, levando nua
a rainha do amor cantando amores.

☆ *Taquari/RS, 1881*
✞ *São Paulo/SP, 1955*

Canção das mulheres perdidas

João de Barros

Dias e noites, noites e dias,
damos os corpos a quem nos pede
beijos, carícias, febre, alegrias,
em horas doidas e fugidias,
em horas doidas da eterna sede.

Da sede eterna do eterno amor
que dá aos homens iguais desejos:
nas nossas bocas, já sem calor,
todas procuram o mesmo ardor,
as mesmas frases e os mesmos beijos...

E vêm moços, e vêm tantos
velhos que metem ou nojo ou dó;
são os domingos e dias santos
dias dos pobres, dias de quantos
pela semana trabalham só.

Mas ricos, pobres, velhos e os mais
que nos desmaiam por sobre os peitos
– olhos fechados, lábios sensuais –
são sempre os mesmos: tornam-se iguais
se os abraçarmos nos nossos leitos.

São sempre os mesmos, com a ilusão
de que os podemos amar ness'hora;
e vibra um pouco do coração
nos beijos quentes que eles não dão
com um sorriso que ordena... e implora.

E há os ingênuos, ou ignorantes,
e somos nós
que os ensinamos a ser amantes,
e viver muito nalguns instantes,
a pôr sorrisos, beijos na voz...

Ó mães honestas, vós que passais
com vossos filhos – o olhar fecundo,
os seios altos e maternais –
vós que passando nos desprezais
porque dormimos com meio mundo,

talvez que o beijo que vos fez mães
nas nossas bocas fosse ensaiado,
e sois injustas nesses desdéns,
pois que vos demos todos os bens
no bem dum filho louro e rosado!

Mulheres perdidas: assim nos chama
quem não suspeita do nosso amor;
ninguém, senhoras, como nós ama
com tanto brilho numa só chama,
com tanta raiva, com tanta dor!

A vida alberga, serena e forte,
glória e vergonha, vício e virtude;
que haja um sorriso que as chame e exorte...
Ei-las – coitadas – nesta má sorte
– as virgens cheias de juventude...

E faz-nos santas a piedade;
inda que o ódio nos prenda e leve
não recusamos a f'licidade

a qualquer homem que em nós se agrade,
do breve engano dum beijo breve.

Ó natureza, boa e clemente,
somos irmãs!
Mulher perdida que a toda a gente
dás no teu leito, confiadamente,
beijos dos astros e das manhãs!

E sem descanso, noites e dias,
e sem descanso, pra quem t'os pede,
tens sonhos, febre, riso, alegrias,
em horas doidas e fugidias,
em horas doidas de eterna sede!

✰ Figueira da Foz – Litoral, Portugal, 1881
✞ Lisboa, Portugal, 1960

Fala das prostitutas

Alfredo Pimenta

Nós somos as mulheres de vid'airada,
as pálidas famintas
que, quando o nosso corpo não dá nada,
recorremos ao lápis e à pomada,
aos pós-de-arroz e às tintas!

Somos os lírios da miséria escura,
os lírios do cancã...
Nosso corpo é a negra sepultura
onde mataram nossa alma pura
os risos de Satã!

Somos aquelas cujo amor sagrado
alguém estrangulou.
Sentimos nosso peito apunhalado...
É pra nós um mistério desgraçado
quem foi que nos gerou!

À luz crua do sol, a populaça
insulta-nos com vaias...
Mas, quando é noite, mísera e devassa,
vem comprar-nos o corpo e a desgraça,
vem beijar-nos as saias!

Filhos-famílias, quando acompanhados,
não nos conhecem, não!
E às horas dos fantasmas evocados,
vem pedir-nos o leito, embriagados,
e pedem-nos perdão!

Sacerdotes, no púlpito, praguejam
contra o nosso pecado...
Mas à noite, de modo que os não vejam,
destrançam nossas tranças e desejam
dormir ao nosso lado!

Somos as filhas da miséria doida,
as rosas dos esgotos.
Mas somos nós quem implanta a moda...
Embora enxovalhadas pela roda
e as pedras dos garotos!

Burgueses sensuais deixam seu lar
e o calor do seu leito,
e vêm-nos, alta noite, procurar,
pra terem o amor do nosso olhar,
o amor do nosso peito...

Somos aquelas que passamos rindo,
aos bandos, pela rua...
Temos o aspecto de quem vai fugindo
a alguém que quer o nosso corpo lindo,
a nossa carne nua.

Mas não! Eis que está aqui para vender
o nosso corpo branco!
Vendemo-lo, burgueses! Quem o quer?
Lançai o preço! Vai para quem der
maiores notas de banco!...

Se vós quereis nossas ternuras falsas
e o nosso coração,
q'remos vestidos pra bailar nas valsas,
nossos botins pra não andar descalças,
e mais que tudo, pão!

Nós temos fome! E o Dom Juan canalha
que, um dia, nos beijou,
nesse beijo legou-nos a mortalha
que a nossa alma tristíssima enxovalha
e onde ele a sepultou!...

Tu que estás farto já, que estás cansado
do amor de tua mulher,
caminha ao nosso corpo perfumado!
Insulta-o ainda mais – ao desgraçado! –,
mas dá-nos que comer!

Somos aquelas que passamos loucas
a rir no macadam...*
Andamos de cantar fracas e roucas,
todos querem dormir nas nossas bocas
até pela manhã!

*

Ó pálidas vencidas das vielas,
bendigo vosso olhar!
Sois maiores que as anêmicas donzelas
que encontro debruçadas nas janelas,
à luz crepuscular!

Ó prostitutas! Desfolhadas flores!
Bendigo a vossa cruz!
Bendigo as vossas lágrimas e dores!
Rosas do macadam, vós sois maiores
que T'reza de Jesus!

☆ *Guimarães – Minho, Portugal, 1882*
✝ *Lisboa, Portugal, 1950*

---

* No caso, rua empedrada com macadame. A expressão deriva do nome do engenheiro inglês John London Mac Adam.

O coração duma mulher perdida

Ladislau Patrício *

O coração duma mulher perdida
é qual uma gaivota sobre o mar;
nem a gaivota pousa sobre as ondas,
nem as ondas a deixam lá pousar!

O coração de uma mulher perdida
é qual uma gaivota sobre o mar!

☆ ?, 1883
✝ ?, 1967

* Poeta português, autor de *Livro simples.* Coimbra, 1904.

Depois da orgia

Augusto dos Anjos

O prazer que na orgia a hetaíra goza
produz no meu *sensorium* de bacante
o efeito de uma túnica brilhante
cobrindo ampla apostema escrofulosa!

Troveja! E anelo ter, sôfrega e ansiosa,
o sistema nervoso de um gigante
para sofrer na minha carne estuante
a dor da força cósmica furiosa.

Apraz-me, enfim, despindo a última alfaia
que ao comércio dos homens me traz presa,
livre deste cadeado de peçonha,

semelhante a um cachorro de atalaia,
às decomposições da Natureza
ficar latindo minha dor medonha.

☆ *Espírito Santo/PB, 1884*
✞ *Leopoldina/MG, 1914*

Ela andou a rondar, erótica e franzina

Henrique Trindade Coelho

Ela andou a rondar, erótica e franzina,
por detrás do quartel as vozes dos soldados.
Numa biqueira, ao fundo, a água leve e fina
tinha à luz do luar suspiros cadenciados.

Ondeou, requebrada, e perpassou, felina.
E de lá, na penumbra, em gestos excitados,
mostrou à sentinela a curva viperina,
viscosa e sensual dos seios desbotados.

Alongou-os depois nas mãos impacientes,
alongou-os. Na sombra, as filas dos seus dentes
davam uns arrepios à quietação da rua.

Mas houve um "Quem vem lá?". Fugiu pela viela.
Aquela hora, apenas, magra, uma cadela
vadiava também, na grande paz da lua.

☆ *Lisboa, Portugal, 1885*
✝ *Sintra, Portugal, 1934*

SULTÃO

Humberto de Campos

Tenho um serralho na Turquia; e eu mesmo,
por não sei quais aberrações humanas,
fui transformado, por milagres, e a esmo,
no alto chefe das gentes otomanas.

Por cem mil tubas meu poder propalo.
A um gesto meu, todo o meu povo é a pé:
tenho todo o ouro de Sardanapalo*
e as mil mulheres de Mulei-Hamé.**

Que importa a mim, que sou sultão, que a gente
grite e reze lá fora? que me importa?
Quando Alá fez o chifre do Crescente
foi para os altos da Sublime Porta.

Eis-me no harém, ao meio-dia. As loas
sobem, e eu sinto, pelo gineceu,
o odor selvagem de famintas leoas
chamando o leão destes desertos – eu!

Sáida, Kiusa, Noêmia e Zélia, e Zara...
Eis as lindas huris, que, sem trabalho,
Alá me deu, como um presente, para
minha glória, e esplendor do meu serralho.

---

* Soberano assírio morto numa fogueira, que também queimou suas mulheres e os tesouros do reino.

** Mulei-Hamed, sultão do Marrocos morto em 1873.

Quem eram elas? Meu eunuco é mudo...
Eu só percebo, ao me saber sultão,
que a huri, comigo, em meu império, é tudo:
vinho, mesquita, cimitarra, pão.

Do Mar de Oman às solidões do sírio,
o solo fértil me pertence, inteiro:
o muçulmano, quando colhe um lírio,
é a mim que pede que lhe tome o cheiro.

Sáida é um fresco botão de Alexandria
que o seio à abelha dos meus lábios dá.
Gozo de uma hora... tentação de um dia...
Que noite de ouro!... Agradecido, Alá!

Kiusa era o sonho de um paxá. Delira
no seu corpo a Anatólia: – a anca redonda
lembra a forma harmoniosa de uma lira
e o silencioso caminhar de uma onda...

Zélia é um delírio do Profeta. É o gênio
da volúpia imortal, que Alá me deu.
E quem aperta esse demônio armênio
nos braços quentes de sultão, sou eu!

E Zara? Ó sombra do Alcorão! Mesquita
do muezim do meu beijo! Vive em paz!
Teu corpo é o poema que mais alto grita
a boca de ouro de um cantor de Ocaz!

E o resto? Quantas? Eu não sei, ao certo...
A alma é casada, e se confessa viúva:
que o meu desejo é um singular deserto
que arde, perene, reclamando chuva!

*

E assim, sonhando, a ânsia do sangue calo.
O homem que sonha pode ter, até
o ouro das arcas de Sardanapalo
e as mil mulheres de Mulei-Hamé.

☆ *Miritiba/MA, 1886*
✞ *Rio de Janeiro/RJ, 1934*

A UMA QUE SÓ GOSTAVA DE MARUJOS

Ramada Curto

O teu amor primeiro
sei muito bem que foi um marinheiro.
Pouco depois rendeste o coração
numa louca paixão arrebatada
a um sargento d'armada,
que te passou por sua vez e por teu mal,
a outro sargento – d'administração naval!
Temos mais a seguir um quarto amante.
Que era aspirante;
e logo após,
num delírio de amor incandescente,
corre a voz
que te entregaste toda a um segundo tenente.
E se não foste além, contra tua vontade,
foi por teres atingido o limite d'idade.

☆ *Lisboa, Portugal, 1886*
✞ *Lisboa, Portugal, 1961*

Salomé

Mário de Sá-Carneiro

Insônia roxa. A luz a virgular-se em medo,
luz morta de luar, mais alma do que lua...
Ela dança, ela range. A carne, álcool de lua,
alastra-se pra mim num espasmo de segredo...

Tudo é capricho ao seu redor, em sombras fátuas...
O aroma endoideceu, upou-se em cor, quebrou...
Tenho frio... Alabastro!... A minha alma parou...
E o seu corpo resvala a projetar estátuas...

Ela chama-me em íris. Nimba-se a perder-me,
golfa-me os seios nus, ecoa-me em quebranto...
Timbres, elmos, punhais... A doida quer morrer-me:

mordoura-se a chorar – há sexos no seu pranto...
Ergo-me em som, oscilo, e parto e vou arder-me
na boca imperial que humanizou um santo...

☆ *Lisboa, Portugal, 1890*
✝ *Paris, França, 1916*

Rumor de asas, longínquo...

Lindolfo Collor

Rumor de águas, longínquo... Asas de talagarça
preta (é agouro o rumor de asas pretas)... A lua
é uma virgem com pés de prata, toda nua
e fria... É fria a noite... Anda pelo ar, esparsa,

a carícia mortal da desgraça... É uma garça
de graciosa esbeltez Salomé... Vede-a... A sua
graça as almas encanta... E o quente sangue estua
pelos flancos do amante... Arde na viva sarça

das luxúrias o olhar de Herodes... E a princesa
dança... De sete véus é o seu adorno... E acesa
em volúpia, não há poder que lhe resista...

E toda sedução, toda febre e desejos,
a princesa é uma flor que se desfaz em beijos
rubros na fria boca em sangue de Batista.

☆ *São Leopoldo/RS, 1890*
✝ *Rio de Janeiro/RJ, 1942*

Serenada* fantástica

Eduardo Guimaraens

Numa cadência afrodisíaca
Dom Juan**, tendo a bandurra***
ao braço, dá pela calada
noturna a serenada
que abre as janelas de Suburra.****

Helena, que exaltou a Ilíada
e que pôs Tróia em chama,
supõe que a doce voz por ela
canta... E crendo-se bela,
bem que hedionda, sai da cama.

Todo o burgo cheira a lascívia.
Quem aqui, desta aberta
gelosia, aos raios da lua,
flácida a gorja nua
mostra o rosto à rua deserta?

Não deu César a mão a esta híspida
loba que alarmou Roma
e fez da púrpura divina
um trapo? É Messalina
senil que, ao lábio um ricto, assoma.

---

* (P. us.) Serenata.

** Personagem criado pelo dramaturgo espanhol Tirso de Molina (1583-1648), que se tornou um mito universal – o do sedutor sem escrúpulos – e inspirou numerosas obras literárias e musicais.

*** Guitarra de braço curto, com cordas de tripa.

**** Rua e bairro populares da Roma antiga, habitados por gladiadores, barbeiros, ladrões e prostitutas.

De outra, uma boca surge tímida
num esgar de fantoche,
a indagar se um marujo a busca...
E oferece-se brusca:
– "Dás-me três sestércios?* um broche?"

Não é bem Cleópatra, a egípcia
que nas mãos teve o mundo,
esse velho espectro grotesco
de gesto simiesco,
mimando o preço a um gozo imundo?

Suntuosa, a testa fatídica
que viu diademada
Bizâncio e que da terra o espanto
foi, a ajeitar o manto
de imperatriz esfarrapada,

Teodora** que, paralítica,
áfona e surda agora
achou por fim a paz, espreita
se alguém transpõe a estreita
porta do albergue onde hoje mora.

Dorme, bêbada, a turba lívida.
Pesada a fronte lassa.
Que solidão! Langor tristonho!
Pobres olhos sem sonho...
Beijos, abraços... Ninguém passa.

* Antiga moeda de cobre romana.

** Imperatriz bizantina (527-548), que foi atriz, cortesã e depois esposa de Justiniano I.

Ninguém! E a noite quase idílica...
Só Dom Juan que à bandurra
crispa os dedos, dá serenada
à treva enluarada
e às velhas Vênus de Suburra.

Dom Juan, que uma ária demoníaca
sabe e, a sorrir, percorre
Suburra: e diz nela a ventura
do amor que sempre dura...
E da beleza que não morre.

☆ *Porto Alegre/RS, 1892*
✞ *Rio de Janeiro/RJ, 1928*

Leilão

*Américo Durão**

Quem compra, quem merca sonhos?
Quem quer meu corpo? Quem quer?
Quem merca os beijos tristonhos
dos lábios duma mulher?...

Todo o imenso amargor
trago neles diluído...
E vendo-os seja a quem for!
Quem compra, quem é servido?

Minh'alma de meretriz
é negrinha de pecados;
só do corpo vos servis,
eu vendo o corpo aos bocados...

Quem mercar, tenho certeza,
não se há de arrepender...
Tenho de meu a tristeza,
mas dou e vendo prazer...

Quem compra, quem merca sonhos?
Quem quer meu corpo? Quem quer?
Quem merca os beijos tristonhos
dos lábios duma mulher?...

☆ *?, 1893*
✞ *?, 1969*

* Poeta português, autor de *Penumbras*. Leiria, 1914.

Salomé

Paulo Corrêa Lopes

Só, na cisterna, João Batista em prece
sonha. Estende-se a noite silenciosa,
e, na nudez da solidão piedosa,
o desespero que o tortura esquece.

Dorme o palácio. Salomé ansiosa,
como pantera atroz que se enraivece,
em contorções se agita, e se estremece,
debruçada num tálamo de rosa...

Quase nua se ergue, e altivamente,
nos estos da volúpia que a devora,
desprende as tranças sobre a espádua ardente.

Treme-lhe o lábio aparecendo um beijo,
clama pelo Profeta, e anseia, e chora,
nas algemas da carne e do desejo!

☆ *Itaqui/RS, 1898*
✝ *Porto Alegre/RS, 1957*

Bibliografia

AMORA, Antônio Soares e outros. *Grandes poetas românticos do Brasil.* São Paulo: LEP, 1959.

ANJOS, Augusto dos. *Eu. Poesias completas.* Rio de Janeiro: Livraria São José, 1962.

ARTAGÃO, Mário de. *As infernaes.* Lisboa: Livraria Clássica Editora, 1914.

BANDEIRA, Manuel. *Antologia dos poetas brasileiros: poesia da fase romântica.* Rio de Janeiro: Nova Fronteira, 1996.

BANDEIRA, Manuel. *Antologia dos poetas brasileiros: poesia da fase parnasiana.* Rio de Janeiro: Nova Fronteira, 1996.

BANDEIRA, Manuel. *Antologia dos poetas brasileiros: poesia da fase simbolista.* Rio de Janeiro: Nova Fronteira, 1996.

BANDEIRA, Manuel. *Antologia dos poetas brasileiros: bissextos contemporâneos.* Rio de Janeiro: Nova Fronteira, 1996.

BILAC, Olavo. *Obra reunida.* Rio de Janeiro: Nova Aguilar, 1996. Organização e introdução de Alexei Bueno.

BOCAGE. *Sonetos completos.* São Paulo: Núcleo, 1989.

CAMÕES, Luis de. *Os lusíadas.* São Paulo: Abril, 1979.

CAMPOS, Humberto de. *Poesias completas.* Rio de Janeiro: José Olympio, s.d.

CASTRO ALVES. *Obra completa.* Rio de Janeiro: Nova Aguilar, 1997. Organização, fixação de texto e notas de Eugênio Gomes.

CASTRO, Eugenio de. *Poesias escolhidas.* Paris: Aillaud, 1902.

COLLOR, Lindolfo. *Elogios e símbolos.* Rio de Janeiro: Typ. do Jornal do Comércio, 1913.

CORREIA, Raimundo. *Poesia completa e prosa.* Rio de Janeiro: José Aguilar, 1961. Texto, cronologia, notas e estudo biográfico de Waldir Ribeiro do Val.

CRUZ E SOUSA. *Poesias completas de Cruz e Sousa.* Rio de Janeiro: Ediouro, s.d. Edição revista por Tasso da Silveira.

DEUS, João de. *Campo de flores. Poesias lyricas completas.* Paris: Aillaud; Lisboa: Bertrand; Rio de Janeiro: Francisco Alves, s.d. v.2. Coordenação sob as vistas do autor por Theophilo Braga.

DURO, José. *Fel.* Lisboa: Guimarães Editores, 1915.

GIL, Augusto. *Luar de janeiro.* Lisboa: Portugália, s.d.

GUIMARAENS, Eduardo. *A divina quimera.* Porto Alegre: Livraria do Globo, 1944. Edição definitiva organizada e prefaciada por Mansueto Bernardi.

JUNQUEIRO, Guerra. *A morte de D. João.* Lisboa: Parceria Antônio Maria Pereira, 1921.

LOPES, Paulo Corrêa. *Obra poética.* Porto Alegre: EDIPUCRS, Instituto Estadual do Livro & FAPERGS, 1991. Fixação do texto, organização e notas de Ir. Elvo Clemente e Mirna Dietrich.

LUFT, Celso Pedro. *Dicionário de literatura portuguesa e brasileira.* Porto Alegre: Globo, 1979.

MACHADO, Antônio Carlos. *Coletânea de poetas sul-riograndenses.* Rio de Janeiro: Minerva, 1952.

MARTINS, Ari. *Escritores do Rio Grande do Sul.* Porto Alegre: Editora da UFRGS & Instituto Estadual do Livro, 1978.

MATOS, Gregório de. *Os melhores poemas de Gregório de Matos.* São Paulo: Global, 1985. Seleção de Darcy Damasceno.

MATOS, Gregório de. *Escritos de Gregório de Matos.* Porto Alegre: L&PM, 1986. Seleção e notas de Higino de Barros.

MORAES, Antenor de. *Poesias.* Porto Alegre: Livraria do Globo, 1957.

PAPANÇA, A. de Macedo. *Crepusculares.* Coimbra: Imprensa da Universidade, 1876.

PARENT, DUCHATTELET e outros. *História da prostituição.* São Paulo: Júpiter, s.d.

PORTO ALEGRE, Achylles. *Val de lírios.* Porto Alegre: Livraria do Globo, 1921.

RAMOS, Péricles Eugênio da Silva. *Poesia parnasiana.* São Paulo: Melhoramentos, 1967.

REZENDE, Edgard. *Os mais belos sonetos brasileiros.* Rio de Janeiro: Freitas Bastos, 1946.

SÁ-CARNEIRO, Mário de. *Poesia.* São Paulo: Iluminuras, 1995. Organização, introdução e notas de Fernando Paixão.

SAMPAYO, Albino Forjaz & MANTUA, Bento. *O livro das cortesãs.* Lisboa: Guimarães, 1916.

SOUZA, Leal de. *Bosque sagrado.* Rio de Janeiro: Leite Ribeiro & Maurillo, 1917.

VERDE, Cesário. *Obra completa de Cesário Verde.* Lisboa: Portugália, s.d. 3a. ed. Organização, prefácio e notas de Joel Serrão.

VILLAS-BÔAS, Pedro Leite. *Dicionário bibliográfico gaúcho.* Porto Alegre: Escola Superior de Teologia & Edigal, 1991.

LIVRO DOS BICHOS

Nota do organizador

Os *fioretti* de São Francisco, que em muitas passagens se assemelham aos Evangelhos, são registros figurados – não vá pensar-se que *il poverello* de Assis pôde dialogar com o lobo de Agobio e as rolinhas selvagens, ou que em Rimini os peixes se alçaram à flor d'água para ouvir a prédica de Santo Antônio de Pádua. Essa crestomatia de relatos pios, na parte que nos interessa, não é uma descrição do que se via, mas do que era preciso que se visse, então e sempre: o convívio harmonioso do homem com *tutte le creature*, respeitadas as necessidades vitais de todos. É assim que as rolinhas, devolvidas à liberdade, ciscam ao redor dos homens "como se fossem galinhas", e o lobo entra nos lares de Agobio "como um cordeiro manso".

Este livro é dedicado à possibilidade e à beleza desse convívio com os animais, e também às pessoas que os amam.

Em sua organização, tive o privilégio de contar com a colaboração da bibliotecária do Instituto Estadual do Livro do Rio Grande do Sul, Jane Hessel, que me auxiliou a localizar obras raras, e do poeta Haroldo Ferreira, que pesquisou e copiou para mim numerosos poemas. Pude me servir, como sempre, das consultas de Luiz Antonio de Assis Brasil às bibliotecas de Lisboa.

Sergio Faraco

CRUSTÁCEOS

O CARANGUEJO

Da Costa e Silva

Maré rasa, depois que, em ósculos de amor,
a onda se esvai na areia em doce rumorejo,
é de ver na alva praia o tardo caranguejo,
entre os glaucos lodões, à flor da espuma em flor...

Ora adiante, ora atrás, o andar a contrapor,
numa vida feliz de inércia e de desejo,
vede-o, ao sol que lhe põe, em furtivo lampejo,
ígneas cintilações na casca furta-cor.

Ao sol, vede-o buscar o fluido e espúmeo bojo
de uma vaga que vem, as curvas pinças no ar,
nesse anseio de luz de quem vive de rojo...

E à onda que se desfaz, volver o oblíquo olhar
para ali, para além, num soberano arrojo,
como para abranger de lado a lado o mar!

☆ *Amarante/PI, 1885*
✞ *Rio de Janeiro/RJ, 1950*

A ÚLTIMA ABELHA*

Raimundo Correia

Chuvas, trovões, relâmpagos... Maria
de roca e fuso toda a noite vela;
súbito, ouve um rumor nos vidros, e ela
ergueu-se, a fim de ver o que seria;

Era um inseto; exposto à ventania,
tirita; a água da chuva o ensopa e gela,
e as asas, na vidraça úmida e fria,
bate... Nossa Senhora abre a janela.

Entre dois dedos toma-o. Vê, contente,
no inseto a abelha-mestra de um cortiço;
recolhe-o no seio caridoso e quente;

e as duas asas trêmulas, vermelhas,
num beijo terno enxuga-lhe... Sem isso,
o verão não teria mais abelhas.

☆ *No mar, na baía de Mogúncia/MA, 1859*
✝ *Paris, França, 1911*

* Versão de soneto do poeta francês Catulle Mendès (1841-1909).

Os amores da abelha

Olavo Bilac

Quando, em prônubo anseio, a abelha as asas solta
e escala o espaço, – ardendo, exul do corcho céreo,
louca, se precipita a sussurrante escolta
de noivos zonzos, voando ao nupcial mistério.

Em breve, sucumbindo, o enxame arqueja, e volta...
Mas o mais forte, um só, senhor do excelso império,
segue a esquiva, e, em zunzum zeloso de revolta,
entoa o epitalâmio e o cântico funéreo:

toca-a, fecunda-a, e vence, e morre na vitória...
A esposa, livre, ao sol, no alto do firmamento,
paira, e, rainha e mãe, zumbe de orgulho e glória;

e, rodopiando, inerte, o suicida sublime,
entre as bênçãos da luz e os hosanas do vento,
rola, mártir feliz do delicioso crime.

☆ *Rio de Janeiro/RJ, 1865*
✞ *Rio de Janeiro/RJ, 1918*

NA CONCHA DE UMA PÉTALA VERMELHA

Alphonsus de Guimaraens

Na concha de uma pétala vermelha
de uma rosa que o sol abandonara,
eu vi agonizar uma áurea abelha,
por uma tarde castamente clara.

O sol deu-lhe a penúltima centelha...
E ela só morre ao luar que a noite aclara.
Outra abelha, que à morta se assemelha,
vem: vai-se, como a outra se finara.

Essas abelhas são as nossas almas,
que viveram em derredor das palmas
das ilusões que vês e que ainda vejo.

Hoje os raios do sol não as socorrem...
Mas veio o luar, que é a bênção dos que morrem,
para ungi-las no derradeiro beijo.

☆ *Ouro Preto/MG, 1870*
✞ *Mariana/MG, 1921*

O favo

Antenor Moraes

Do cedro secular, guardado qual tesouro,
entre o verde ramal que todo em fogo arde
no dilúvio de luz bendito desta tarde
vejo, pleno de mel, brilhando o favo de ouro.

No roseiral em flor, alígeras centelhas
cruzam faiscantes no ar, dourando a atmosfera
e sob um céu de amor, sorrindo a primavera
assiste ao festival solene das abelhas.

E quando o fulvo sol, cansado, em agonia,
ensangüenta de luz a flor, o ramo e o pomo,
para mais realçar seu trono de grandeza:

– Entre o verde ramal, que em chamas parecia,
vejo ainda brilhar o favo de ouro como
hóstia cheia de mel no altar da natureza!

☆ *Taquari/RS, 1881*
✞ *São Paulo/SP, 1955*

O AVISO DAS NÚPCIAS

Antenor Moraes

Andou, durante o dia, o enxame em seu tropel
à procura da flor no matagal escuro,
zumbindo entre o ramal de onde exsurge maduro
o fruto rubro e lindo a gotejar de mel.

Quais centelhas no ar, precípites voando,
as abelhas, à tarde, à colméia retornam.
E ante os astros que o céu maravilhoso adornam,
a quietude se faz entre o dourado bando.

Do silêncio da noite, a virgem detentora
do reino de amanhã, alarma a tribo toda,
cantando entre os zangões o seu hino de amor...

E chegada a manhã, o enxame todo estoura...
E adeja e zumbe... e vai, no seu festim de boda,
adejando, no ar, sobre os campos em flor.

☆ *Taquari/RS, 1881*
✝ *São Paulo/SP, 1955*

A ABELHA

Humberto de Campos

Para que a abelha, nossa irmã, produza
mel saboroso que, entre ceras, vaza,
há muita gente precavida que usa
plantar roseiras em redor da casa.

E é por isso, mortal, que a minha musa,
que, a te servir, por este sol que se abrasa,
só te oferece do cortiço e da asa
um mel, ou um pólen, que te amarga e acusa.

Não te queixes, portanto, se algum travo
achares, sempre que um zumbido acene
a apressada fatura de algum favo.

O próprio inseto amolda-se ao suborno:
se não queres que a abelha te envenene
não lhe plantes mandrágoras em torno...

☆ *Miritiba/MA, 1886*
✝ *Rio de Janeiro/RJ, 1934*

O BESOURO

Da Costa e Silva

Aos giros e vaivéns turbilhonando e em tudo,
como um gênio sutil, num prenúncio de agouro,
volúvel a tocar, sem se deter contudo,
zumbe, zunindo no ar... É um inseto: o besouro.

Ágeis asas de gaze e dorso de veludo,
ei-lo negro a luzir, catassolado de ouro,
sob a corcha que traz, como armadura e escudo,
e é-lhe o arnês natural, constante e duradouro.

Em ronda aos roseirais, num rumoroso ronco,
monótono a zunir, em soturno queixume,
é um bicho bem bizarro esse besouro bronco...

Zoando aos zunzuns, zangado, o seu rumo resume
e os rígidos ferrões encravando num tronco,
roda, zonzo de sons e tonto de perfume.

☆ *Amarante/PI, 1885*
✝ *Rio de Janeiro/RJ, 1950*

Veloz borboleta

Manuel Maria du Bocage

Veloz borboleta
que leda girando
penosas idéias
me estás avivando.

Inseto mimoso
aos olhos tão grato
de minha tirana
tu és o retrato:

a graça, que ostentas
nas plumas brilhantes,
tem ela nos olhos
gentis, penetrantes;

tu andas brincando
de flor em flor;
Anarda vagueia
de amor em amor.

☆ *Setúbal, Portugal, 1765*
✞ *Lisboa, Portugal, 1805*

Borboleta

Casimiro de Abreu

Borboleta dos amores,
como a outra sobre as flores,
por que és volúvel assim?
Por que deixas, caprichosa,
por que deixas tu a rosa
e vais beijar o jasmim?

Pois essa alma é tão sedenta
que um só amor não contenta
e louca quer variar?
Se já tens amores belos,
pra que vais dar teus desvelos
aos goivos da beira-mar?

Não sabes que a flor traída
na débil haste pendida
em breve murcha será?
Que de ciúmes fenece
e nunca mais estremece
aos beijos que a brisa dá?...

Borboleta dos amores,
como a outra sobre as flores,
por que és volúvel assim?
Por que deixas, caprichosa,
por que deixas tu a rosa
e vais beijar o jasmim?

Tu vês a flor da campina,
e bela e terna e divina,
tu dás-lhe o que essa alma tem;
depois, passado o delírio,
esqueces o pobre lírio
em troca duma cecém.*

Mas tu não sabes, louquinha,
que a flor que pobre definha
merece mais compaixão?
Que a desgraçada precisa,
como do sopro da brisa,
os ais do teu coração?

Borboleta dos amores,
como a outra sobre as flores,
por que és volúvel assim?
Por que deixas, caprichosa,
por que deixas tu a rosa
e vais beijar o jasmim?

Se a borboleta dourada
esquece a rosa encarnada
em troca duma outra flor;
ela – a triste, molemente
pendida sobre a corrente,
falece à míngua d'amor.

Tu também, minha inconstante,
tens tido mais de um amante
e nunca amaste a um só!
Eles morrem de saudade,

* Açucena.

mas tu na variedade
vais vivendo e não tens dó!

Ai! és muito caprichosa!
Sem pena deixas a rosa
e vais beijar outras flores;
esqueces os que te amam...
Por isso todos te chamam:
– Borboleta dos amores!

☆ *Barra de São João/RJ, 1839*
✞ *Nova Friburgo/RJ, 1860*

A BORBOLETA

Zeferino Brazil

Asas de prata abertas, cintilando
ao sol,
formosa borboleta anda voando
de girassol em girassol.

E vai, de bosque em bosque, o mel brilhante
sugar
do coração das flores, inconstante,
toda de prata, a cintilar.

De flor em flor adeja, luminosa
no azul,
ora beijando um cravo, ora uma rosa
beijando, lépida e taful.

Revolto lago, ao vê-la, empalidece
e diz:
– "Calmo e feliz eu fora, se tivesse
o teu amor calmo e feliz!"

E asas de prata abertas, cintilando
ao sol,
ela nem ouve o lago, e ei-la voando
de girassol em girassol.

E, suspirando, ao vê-la, diz o prado
em flor:
– "Por que me foges mal te sinto ao lado,
ó meu amor! ó meu amor?"

E a borboleta adeja, luminosa
no azul,
ora beijando um cravo, ora uma rosa
beijando, lépida e taful.

Assim teu coração, formosa amante
(duro e perverso coração traidor!),
tal como a borboleta, cintilante,
toda de prata, anda de flor em flor,
teu coração, mais inconstante,
cedo vai de um amor para outro amor.

☆ *Taquari/RS, 1870*
✝ *Porto Alegre/RS, 1942*

A BORBOLETA*

Humberto de Campos

Vendo o céu limpo e calmo, e o sol brilhando
no alto azulado, trêfega e vadia,
vê-lo de perto, lépida, bailando,
quis a flava borboleta, um dia.

E abrindo as asas trêmulas e alando
o corpo frágil dentre a ramaria
rociada, as moitas e os rosais deixando
– qual uma leve pétala erradia –,

na onda do vento que a arrebata e anima,
rodopiando, festiva e tonta, pelas
vagas de ouro, e a embalar-se altura acima,

– ei-la em busca do sol, de asas expertas,
julgando o louro apagador de estrelas
uma rosa de pétalas abertas.

*

E ei-la no azul. O sol, o azul tauxeia.
A luz gloriosa, numa loura chama,
se alastra. Uma harpa na amplidão gorjeia
e harmonias orfeônicas derrama...

E tudo busca a borboleta! Cheia
de amor e de ânsia, fulgurando, a trama

---

* Sonetos I e III do quarteto *A borboleta.*

de ouro do sol a envolve; o vento ondeia,
e sopra, e, em festa, buliçoso, brama.

E ei-la vencida pelo sol que a embriaga
e a doura: envolta no fulgor faiscante
da luz que os vastos páramos alaga!

Tonta e perdida! enquanto o vento arpeja
e canta e sopra e a leva, e a luz, brilhante
e forte, a cega, e, num delírio, a beija!...

☆ *Miritiba/MA, 1886*

✝ *Rio de Janeiro/RJ, 1934*

Borboletas

Hermes Fontes

Que sois? Naves de vôo, em cujas flóreas velas
refulgem, cor a cor, as sete cores... pois,
borboletas azuis, vermelhas, amarelas,
folhas da alma da cor, pétalas do íris sois...

Umas vêm; outras vão partir; aquelas
levam, nas asas trêmulas, os dois
beijos que as faces coram das donzelas
para a velhice os apagar, depois...

Sois pequeninos e encantados
missais de amor dos namorados
– laços que nunca se desdão...

Borboletas! nasceis para inebriar as rosas!...
Mulheres – borboletas venenosas –,
envenenai-me o coração!...

☆ *Buquim/SE, 1888*
✝ *Rio de Janeiro/RJ, 1930*

Passa uma borboleta por diante de mim*

*Fernando Pessoa***

Passa uma borboleta por diante de mim
e pela primeira vez no universo eu reparo
que as borboletas não têm cor nem movimento,
assim como as flores não têm perfume nem cor.
A cor é que tem cor nas asas da borboleta,
no movimento da borboleta o movimento é que se move,
o perfume é que tem perfume no perfume da flor.
A borboleta é apenas borboleta
e a flor, apenas flor.

☆ *Lisboa, Portugal, 1888*
✞ *Lisboa, Portugal, 1935*

* Fragmento XL de *O guardador de rebanhos.*

** Como Alberto Caeiro.

Borboleta

Hernani de Carvalho Schmitt

Borboleta sutil. Doida de amor. Inquieta
devaneadora exul por sóis deslumbradores.
As tuas asas que são de irisados fulgores
"lembram sonhos de amor no coração de um poeta".

No vórtice pagão dos teus carnais amores,
em ti filosofando, a minha alma interpreta
o bem que hás de trazer, e a luxúria indiscreta
dos teus beijos fecundos explodindo em flores.

Tonta de amor e de erotismo tonta, incertas
são as voltas que dás, e vais, sinuosamente,
o perfume aspirando em perenal adejo.

E nas bocas sensuais das corolas abertas,
tens o espasmo do amor, e morres, languemente,
no supremo langor do teu último beijo.

☆ *Alegrete/RS, 1897*
✞ *Alegrete/RS, 1967*

Mulher

Ribeiro Couto

Dentro das minhas mãos em concha
a mariposa se debate.
Encarcerei-a! Encarcerei-a!

Em torno da lâmpada, tonta,
com que feminina insistência
girava a sua inquietação!
Às vezes batia no teto.
Agora bate, prisioneira,
entre as minhas palmas fechadas.

Nem assim sei do seu desejo...

Talvez não desejasse nada.
Talvez a sua inquietação
fosse apenas inquietação.

Vai, mariposa... Solta no ar,
ela foge pela janela.
Irá, na noite que a convida,
bater noutra lâmpada, às tontas,
inquieta, misteriosa, fútil...

☆ *Santos/SP, 1898*
✞ *Paris, França, 1963*

O rouxinol e a cigarra

Curvo Semedo

Nas horas de calma ardente,
um rouxinol sonoroso
doces gorjeios soltava
sobre um loureiro frondoso.

Dois pastores que defronte
à sombra estavam sentados
seu grato cântico ouviam
embebidos e encantados.

Eis cigarra presunçosa
que a leda cena observava,
pousou no extremo do ramo
onde o rouxinol cantava.

E d'ímpia inveja mordida
lhe diz: "Teimoso sossega,
que das aves importunas
és o maior cega-rega.*

Incessante, dia e noite
atroas todo este prado:
com teus dissonantes guinchos
tens-me os ouvidos quebrado.

Atento um pouco me escuta
se cantar melhor pretendes,

---

* Pessoa tagarela e de voz desagradável.

que ainda que tens a voz rouca
ao menos o estilo aprendes".

O doce músico alado
sem dar assenso à inveja,
prosseguiu com mais doçura
na cantilena saudosa.

Ela então por ver se acaso
o turbava e confundia,
a cantiga estrugidora
fervorosa principia.

Um dos pastores, irado
contra a louca impertinente,
diz: "Aguarda, toma o prêmio
de cantiga tão cadente".

Ergueu-se e com a mão tão certa
lhe atira uma torroada
que a malfadada cantora
caiu por terra esmagada.

Se a inveja assim castigasse
não seriam turbadoras
dos rouxinóis do Parnaso
cigarras estrugidoras.

✰ Montemor-o-Novo – Alentejo, Portugal, 1766
✞ ?, 1838

A CIGARRA E A FORMIGA

João de Deus

Como a cigarra o seu gosto
é levar a temporada
de junho, julho e agosto
numa cantiga pegada,
de inverno também se come,
e então rapa frio e fome!

Um inverno a infeliz
chega-se à formiga e diz:
– Venho pedir-lhe o favor
de me emprestar mantimento,
matar-me a necessidade;
que em chegando a novidade,
até faço um juramento,
pago-lhe seja o que for.

Mas pergunta-lhe a formiga:
"Pois que fez durante o estio?"
– Eu, cantar ao desafio.
"Ah! cantar? Pois, minha amiga,
quem leva o estio a cantar,
leva o inverno a dançar!"

☆ *São Bartolomeu de Messines – Algarve, Portugal, 1830*
✞ *Lisboa, Portugal, 1896*

A CIGARRA

Da Costa e Silva

De alma boêmia, a vida efêmera e bizarra
leva alegre a cantar o áureo inseto estival
que, sedento de seiva, a uma árvore se agarra
até secar, cantando, unido ao vegetal.

A harpa, a lira, o arrabil, a cítara, a guitarra
não a igualam nos sons do canto original,
quando estridente, ao sol, zine e chia a cigarra
pelo atrito sutil das asas de cristal.

A alma de ouro em canções o áureo inseto descerra,
quando o éter filtra a luz do intangível crisol
do amplo céu tropical, que ardente cinge a terra...

Canta, ingênua e feliz, de um ao outro arrebol;
e estalando ao morrer, no último canto encerra,
em louvor do verão, o epinício do sol.

☆ *Amarante/PI, 1885*
✞ *Rio de Janeiro/RJ, 1950*

Cigarra

Hermes Fontes

É uma existência à parte a que leva a bizarra
alma do estivo inseto, a zinir, serra a serra,
além de que dos mais se destingue e desgarra
por esses suaves sons nostálgicos que encerra.

Mal resplende o verão numa parte da terra,
ei-la: que coisas diz e que episódios narra!...
Canta aqui, canta ali, canta acolá... pousa... erra,
sibila, estala, ri e, a rir, morre a cigarra!

Nunca o tédio a indispõe, nunca a tristeza a acirra!...
Quando imerge na sua aprazível modorra,
sonha visões de luz, de incenso, de ouro e mirra...

Sua vida é uma orgia, a sua voz é um hurra!...
E há de zumbir e há de cantar, até que morra,
ao sol, que a incende, ao sol, que a abrasa, ao sol, que a esturra!...

☆ *Buquim/SE, 1888*
✞ *Rio de Janeiro/RJ, 1930*

A CIGARRA MORTA

Olegário Mariano

Ontem, cigarra, quando veio a aurora,
acordei a vibrar com a tua vinda.
A tua voz tinha, de espaço fora,
notas tão claras que eu a escuto ainda.

Glorificando a luz consoladora,
cantaste, e enfim tua cantiga é finda.
Tenho nas minhas mãos, inerte agora,
teu corpo cor de mel, cigarra linda.

Foste feliz, porque te deram esta
garganta de ouro. Assim, de palma em palma,
passou, num sonho, a tua vida honesta...

Vendo-te, o meus sentidos se levantam,
esperando a cantiga da tua alma,
que as almas das cigarras também cantam...

☆ *Recife/PE, 1889*
✝ *Rio de Janeiro/RJ, 1958*

O leão e o mosquito

Henrique O'Neill

Dormindo estava um leão:
dele em volta multidão
        de mosquitos
        revoavam
        e dançavam
sua eterna contradança.
Eis que um dos mais pequenitos
diz aos outros: – "Vou morder-lhe,
        vou matá-lo!"
        E a criança
numa venta se lhe lança;
porém o maior abalo
que assim consegue fazer-lhe
        é forçá-lo
        a espirrar,
com que ao longe foi parar
o mosquito atordoado.
Daí a um bom bocado
o leão quando acordou,
        se espojou
duas, três vezes a fio.
        "Olhem, está com um calafrio!"
o mosquito bradou.
"É da morte que lhe dei
quando, há pouco, lhe cravei
o meu terrível ferrão!"
E, embora ficasse a fera
com a mais perfeita saúde,
o mosquito sempre alude,

desde então,
àquela notável era
em que matou um leão!
Quanto crítico
raquítico
tem, com parvas reflexões,
morto assim muitos leões!

☆ *Lisboa, Portugal, 1819*
✞ *Lisboa, Portugal, 1889*

A PULGA

Bastos Tigre

Fero e atrevido, o átomo vivente
picara o colo de Leonor formosa,
deixando na alva pele cetinosa
a leve marca do invisível dente.

Ela, molhando os dedos cor-de-rosa,
entre eles colhe a mísera imprudente;
e a comprimi-la, voluptuosamente,
doce vingança, em dar-lhe a morte, goza.

Morrendo, exclama a pulga: – Ó sorte crua!
Duro castigo a leve culpa é este!
E eu digo: – Ah! bem ditosa é a sina tua!

Dize a Leonor quanto te invejo a sorte!
Se ela deixar que eu morda onde mordeste,
a vida eu trocarei por tua morte.

☆ *Recife/PE, 1882*
✞ *Rio de Janeiro/RJ, 1957*

O VAGA-LUME*

Fagundes Varela

Quem és tu, pobre vivente
que passas triste, sozinho,
trazendo os raios da estrela
e as asas do passarinho?

A noite é negra, raivosos
os ventos sopram do sul;
não temes, doido, que apaguem
a tua lanterna azul?

Quando apareces, o lago
de estranhas luzes fulgura,
os mochos voam medrosos
buscando a floresta escura.

As folhas brilham, refletem,
como espelhos de esmeralda;
fulge o íris nas torrentes
da serraria na fralda.

O grilo salta das sarças,
pulam gênios nos palmares,
começa o baile dos silfos
no seio dos nenufares.

* O poema tem duas versões com expressivas diferenças. Esta parece ser a última e definitiva. v. AMORA, Antônio Soares e outros. *Grandes poetas românticos do Brasil.* São Paulo: LEP, 1959. v.2, p.113 e 172/3, e notas 1791 e 2131, *in fine.*

A tribo das borboletas,
das borboletas azuis,
segue teus giros no espaço,
mimosa gota de luz.

São elas flores sem hástea,
tu és estrela sem céu,
procuram elas as chamas,
tu amas da noite o véu!...

Onde vais, pobre vivente,
onde vais, triste, mesquinho,
levando os raios da estrela
nas asas do passarinho?

☆ *Rio Claro/RJ, 1841*
✞ *Niterói/RJ, 1875*

O VAGA-LUME

Luis Guimarães Junior

Foste brilhar longe, longe,
longe, longe te perdeste;
rasgaste as asas no espinho,
sem luz, sem asas morreste...
– Que vale a vida? um perfume,
um ai! a vida resume,
vaga-lume, vaga-lume.

Se brilhasses perto, perto,
perto, perto viverias:
ao pé da gruta e das fontes,
da rosa e das melodias!
– Lume da noite! áureo lume,
bebeste o fel no perfume,
vaga-lume, vaga-lume.

Aqui tens as asas tuas,
sem mais fogo e sem mais cor!
São duas folhas rasgadas,
duas lágrimas de amor...
– Que vale a vida? um perfume,
um ai! a vida resume,
vaga-lume, vaga-lume.

Veio a noite: abriste o vôo
da noite na solidão:
pobre falena dum dia,
cegou-te a luz da paixão.
– Lume da noite! áureo lume,

bebeste o fel no perfume,
vaga-lume, vaga-lume.

Toda a noite, a noite toda
e mais um dia também,
disse a brisa: – ele não volta!
Disse a planta: – ele não vem!
– Que vale a vida? um perfume,
um ai! a vida resume,
vaga-lume, vaga-lume.

A noite estava tão fria!
Tão frio e triste o luar!
A viração mal cerzia
as quietas vagas do mar!
– Lume da noite! áureo lume,
bebeste o fel no perfume,
vaga-lume, vaga-lume.

Onde foste, ó mensageiro,
teu farolzinho apagar?
Meiga pérola da noite,
onde te foste quebrar?
– Que vale a vida? um perfume,
um ai! a vida resume,
vaga-lume, vaga-lume.

E tu partiste... e morreste!
Luz alada... alada flor!
Prendeu-te as asas a morte,
a morte, a morte de amor!
– Lume da noite! áureo lume,

bebeste o fel no perfume,
vaga-lume, vaga-lume.

Hoje tudo está deserto,
silente, calmo e sem luz,
vai crescendo a parasita,
uiva o cão ao pé da cruz.
– Que vale a vida? um perfume,
um ai! a vida resume,
vaga-lume, vaga-lume.

O grilo canta nas cinzas,
o vento abala a vidraça,
passa o vento, passa a noite,
passa o dia, – a vida passa!
– Lume da noite! áureo lume,
bebeste o fel no perfume,
vaga-lume, vaga-lume.

Que foste fazer tão longe,
tão longe, longe de nós,
exposto à noite e aos furores
da ventania veloz?
– Que vale a vida? um perfume,
um ai! a vida resume,
vaga-lume, vaga-lume.

Volta, oh! volta – tudo é morto!
Tudo, tudo já morreu...
Nem há mais cantos na terra,
nem mais estrelas no céu.
– Lume da noite! áureo lume,

bebeste o fel no perfume,
vaga-lume, vaga-lume.

Cai o ninho... os frutos secam...
O rio carrega a flor...
E nós! morremos chorando
o nosso primeiro amor!
– Que vale a vida? um perfume,
um ai! a vida resume,
vaga-lume, vaga-lume.

☆ *Rio de Janeiro/RJ, 1841*
✝ *Lisboa, Portugal, 1898*

Pirilampos

Josefino Moraes

Como eles surgem, doidos adejando
sem rumo certo pela noite em fora,
brilhando agora aqui, além agora,
num perpassar sutil, sereno e brando;

como eles vão a treva pontilhando
de triste luz que brilha e sem demora
foge e volta de novo, e se avigora,
vai fugindo outra vez e vai voltando...

Assim também nas noites do passado
dos que em lutas de amor só têm levado
dos desenganos a funérea palma

vão surgindo e brilhando e vão morrendo
e fugindo, e voltando e fenecendo
as ilusões – os pirilampos da alma!

☆ *Uruguaiana/RS, 1875*
✞ *São Paulo/SP, 1941*

O VAGA-LUME

Da Costa e Silva

Fulge, de quando em vez, azúleo e iriante lume,
fosforescente a arder na noite erma e silente;
de súbito se apaga e acende novamente,
entre as moitas em flor, ebriantes de perfume.

Uma estrela a piscar, luzindo entre o negrume
da treva, que do céu baixasse de repente?!...
Não! Não é, que é menor que uma estrela cadente...
Mas um astro na terra, acaso, se presume.

Eis que um ponto de luz relampeja tremente,
aqui, ali, além e, a quando e quando, assume
novas irradiações no espaço e em nossa mente.

Que será, afinal, esse ígneo e alado nume
que, encantado, anda a errar na noite erma e silente?!...
– Um lucífero inseto, um simples vaga-lume.

☆ *Amarante/PI, 1885*
✝ *Rio de Janeiro/RJ, 1950*

Os amores da aranha

Olavo Bilac

Com o veludo do ventre a palpitar hirsuto
e os oito olhos de brasa ardendo em febre estranha,
vede-a: chega ao portal do intrincado reduto,
e na glória nupcial do sol se aquece e banha.

Moscas! podeis revoar, sem medo à sua sanha:
mole e tonta de amor, pendente o palpo astuto,
e recolhido o anzol da mandíbula, a aranha
ansiosa espera e atrai o amante de um minuto...

E ei-lo corre, ei-lo acode à festa e à morte! Um hino
curto e louco, um momento, abala e inflama o fausto
do aranhol de ouro e seda... E o aguilhão assassino

da esposa satisfeita abate o noivo exausto,
que cai, sentindo a um tempo, – invejável destino!
a tortura do espasmo e o gozo do holocausto.

☆ *Rio de Janeiro/RJ, 1865*
✞ *Rio de Janeiro/RJ, 1918*

A ARANHA

Da Costa e Silva

Num ângulo do teto, ágil e astuta, a aranha,
sobre o invisível tear tecendo a tênue teia,
arma o artístico ardil em que as moscas apanha
e, insidiosa e sutil, os insetos enleia.

Faz do fluído que flui das entranhas a estranha
e fina trama ideal de seda que a rodeia
e, alargando o aranhol, os elos emaranha
do alvo disco nupcial, que a luz do sol prateia.

Em flóculos de espuma urde, borda e desenha
o arabesco fatal, onde os palpos apóia
e, tenaz, a caçar os insetos se empenha.

Vive, mata e produz, nessa faina enfadonha;
e, o fascinante olhar a arder como uma jóia,
morre na própria teia, onde trabalha e sonha.

☆ *Amarante/PI, 1885*
✞ *Rio de Janeiro/RJ, 1950*

Moluscos

O caramujo

Da Costa e Silva

Lerda e lúrida, a lesma, a rastejar, de rojo
sobre a rocha, ressuma uma gosma glacial
e, em lascivo langor, entra e sai de entre o bojo
de uma concha univalva em forma de espiral.

O moroso molusco, a infundir asco e nojo,
beta o búzio bizarro, onde vive e entre o qual
oculto se resguarda, às vezes, contra o arrojo
da cólera do mar à ira do vendaval...

Conduz, cobrindo o corpo, a curva concha, em cujo
côncavo, em contrações, coleia o caracol,
pegajoso, a apegar-se ao solo salso e sujo...

Nojoso e humilde embora, ostenta, iriando ao sol,
no esmalte desse estranho escudo, o caramujo,
em fina porcelana, os prismas do arrebol.

☆ *Amarante/PI, 1885*
✞ *Rio de Janeiro/RJ, 1950*

A CONCHA*

*Paulo Brandão***

Quem saberá o tempo e os mares que as correntes,
as ondas, as marés, ó concha nacarada,
fizeram-te rolar sozinha e abandonada
na escura profundez das águas transparentes?...

Na areia, sob o céu, longe do oceano, sentes
hoje a saudade cruel da vida antepassada...
Mas tua esp'rança é vã!... Longa e desesperada
em ti soluça a voz das vagas inclementes...

Minh'alma se tornou uma prisão sonora;
e como em ti suspira e eternamente chora
a grande voz do mar, num querulo clamor,

assim do coração onde Ela sempre existe,
surdo, insensível, lento, amargurado e triste,
sobe um longo marulho, um íntimo rumor...

☆ *?, 1888*
✞ *?, 1947*

* Versão de soneto do poeta francês – cubano de nascimento – José Maria de Heredia (1842-1905).

** Poeta brasileiro nascido e falecido em Minas Gerais.

Peixes

Marinha*

Vicente de Carvalho

I

Eis o tempo feliz das pescarias – quando
maio aponta a sorrir pela boca das flores.
Derramam-se na praia as gaivotas em bando...
        Alerta, pescadores!

Crepusculeja ainda a aurora, mas quem pesca
deve esperar o dia entre as ondas – enquanto
sopra enfunando a vela a matutina fresca
        e o sol não queima tanto.

Mulheres, fazei fogo! Ao alcance do braço,
mesmo à porta do rancho a maré pôs a lenha.
Aprontai o café! Vibra já pelo espaço
        a buzina roufenha.

Peixe na costa! O aviso erra de frágua em frágua,
chama de rancho em rancho os pescadores. Eia!
As canoas estão ainda fora d'água
        encalhadas na areia.

Prestes, descei-as! Ide apanhar às estacas
a rede. Ide-a colhendo às pressas; colocai-a

* Fragmento.

na canoa. Descendo agora nas ressacas,
isso, fora da praia!

E é remar, é remar para o largo... As crianças
e as mulheres, em terra, esperam agüentando
o cabo que por sobre o azul das ondas mansas
a rede vai largando.

II

Dois canoeiros, de pé sobre a canoa, soltam
de chumbada em chumbada o aparelho, a compasso.
Em meia-lua, eis toda a rede n'água... Voltam...
E agora, é mão na corda e sustância no braço.

Puxa! Aos poucos, da praia a rede se aproxima.
Força! O cardume é grande. Aperta, gente guapa!
Saltam já os peixes... Puxa! ou, saltando por cima
das bóias de cortiça, o peixe todo escapa.

Vá, quem sabe nadar meta-se n'água, e nade;
vença a arrebentação e, erguendo a mão bem alta,
suspenda o mais que possa as bóias... Em verdade
é lástima perder todo o peixe que salta.

Agora, sim... Debalde o cardume aterrado
sentindo o chão subir, vem à flor d'água, vede!
Afunda, surge, salta; em frente, em cima, ao lado,
por toda a parte, n'água e no ar, encontra a rede.

E numa última onda, e num último arranco,
alucinadamente investe a praia; anseia

no chão; bate-se; cai exausto; chato e branco,
fica faiscando ao sol e arquejando na areia.

Venham os samburás de largo bojo e goela
estreita. Encham-nos. É serviço. Mãos à obra!
O lanço foi feliz. Deu bem para a panela...
A cada pescador cem tainhas. E há sobra.

☆ *Santos/SP, 1866*
✞ *Santos/SP, 1924*

A SOLHA*

Humberto de Campos

Quando Nossa Senhora andava pelo mundo,
trazendo ao colo um deus, foi bater, certo dia,
à hora da preamar, a um rio muito fundo,
de barreira muito alva, e água muito sombria.

Era um risco passar. Mas a Virgem Maria,
ante o equóreo lençol todo em peixes fecundo,
quis saber, vendo perto uma solha vadia,
se o rio, na vazante, era feio e profundo.

E indagou: "Solha, dize, a maré enche ou vaza?"
Mas a solha, a zombar, por um hábito antigo,
torce a boca, e a arremeda, a pular na onda rasa.

E é daí, e em razão desse negro pecado,
que a solha começou, por severo castigo,
a rodar pelo mar, tendo a boca de um lado.

☆ *Miritiba/MA, 1886*
✝ *Rio de Janeiro/RJ, 1934*

* Linguado.

O BOTO

Humberto de Campos

Eis uma alma penada: é a triste embiara*
de um pajé poderoso e vingativo,
que a um mísero caboclo condenara
a morar dentro d'água, enquanto vivo.

Nunca, pois, o persigas. Como a iara,**
ele mal não te faz. Jamais cativo
procures tê-lo: que ele, em noite clara,
volta a ser homem timorato e esquivo.

Olha que mansidão, à tarde, quando
passa, de dorso à tona, pela esteira
da água serena do estirão, bofando...

É que a lua deseja, e que as mandingas
cessem, para que volte, quieto, à beira,
e, homem, possa dormir entre as aningas...***

☆ *Miritiba/MA, 1886*
✞ *Rio de Janeiro/RJ, 1934*

* Presa.

** Mãe d'água.

*** Planta da família das aráceas, comum na Amazônia.

O PIRILAMPO E O SAPO

*Marquesa de Alorna**

Lustroso um astro volante
rompeu das humildes relvas:
com seu vôo rutilante
alegrava à noite as selvas.

Mas de vizinho terreno
saiu de uma cova um sapo,
e despediu-lhe um sopapo
que o ensopou de veneno.

Ao morrer, exclama o triste:
"Que tens tu de que me acuses?
Que crime em meu seio existe?"
Respondeu-lhe: "Porque luzes!"

☆ *Lisboa, Portugal, 1750*
✞ *Lisboa, Portugal, 1839*

* Leonor de Almeida Lorena e Lencastre.

Batráquio

Alves de Faria

À noite, ao astral palor das estrelas na altura,
ao coaxar das rãs monótono nos brejos,
sai vagaroso e triste, em corcovos cortejos,
o sapo, o vil batráquio, a imunda criatura!

Anfíbio, venenoso, ovíparo, a estatura
não lhe mede jamais seus íntimos desejos.
Tem despeito do céu! – e ulula uns vãos arpejos
à toalha astral de crivo estrelejada e pura!

Tão baixo que ele o é! tão pequenino e imundo!
E olha e divide e anseia andar, mundo por mundo,
aos saltos bruscos por a constelada esfera!

Calcula a força e o grau do seu profundo gozo,
se de um salto pudesse, ele, tuberculoso!
cuspir, babar a sã poliestelar quimera!

☆ *Maceió/AL, 1871*
✞ *Maceió/AL, 1899*

A ILUSÃO DO SAPO

*Cruz Filho**

Aos pinchos, pela sombra, indolente e moroso,
o batráquio estacou do fundo poço à borda,
e um momento quedou, como quem se recorda,
surpreso ante a visão do poço silencioso.

Ao fundo, onde do céu, que de nuvens se borda,
reflexa a imagem vê – pelo céu luminoso
vê a lua pairar o áureo disco radioso:
e o disforme animal de júbilo transborda...

Um momento quedou, mudou e perplexo. Ao centro,
a tentá-lo, a ilusão do astro de ouro flutua,
e o monstro eis que se arroja, a súbitas, lá dentro...

E a água convulsionou-se, em círculos ondeantes,
num naufrágio de luz, em que perece a lua,
dissolvida em rubis, topázios e diamantes.

☆ *?, 1884*
✝ *?*

* Poeta brasileiro nascido no Ceará, autor de *Poemas dos belos dias*, 1884.

O Sapo

Da Costa e Silva

Feio e fátuo a fingir de grande, gordo e guapo;
hediondo e humilde a inchar de empáfia e ocioso orgulho,
viscoso de vaidade, entronado no entulho,
cisma na solidão, sorno e soturno, o sapo.

Os bugalhos em brasa, a palpitar o papo,
acocorado, absorto, ao mínimo barulho
que o sossego lhe suste, em súbito mergulho
se atasca no atascal; e ei-lo escondido e escapo.

Patriarca do paul, pelo pântano parco
de água, a arfar e a imergir no lodo liso e imundo,
o bratráquio bubuia, o corpo curvo em arco...

E sobe à superfície o rei das rãs, rotundo,
glabro e inchado, a coaxar no lamaçal do charco,
como o ser mais soberbo e singular do mundo.

☆ *Amarante/PI, 1885*
✞ *Rio de Janeiro/RJ, 1950*

Sapo

Hernani de Carvalho Schmitt

Repelente batráquio. Alma triste e soturna.
Feio e rude animal que o frio paul povoa.
Ama em êxtase mudo a beleza noturna
de paisagens sem cor em bordos de lagoa.

Cismador infeliz que em vendo a luz se enfurna,
porque a luz que o deslumbra é a mesma que o atraiçoa.
Por todos repelido, a um pesar que o magoa
mesto regouga e coaxa, orquestrando na furna.

No entanto, és justo e bom – ó anuro angustiado!
Bem puderas, assim, ser menos desgraçado
na humildade feliz de uma vida lacustre.

Mas eu louvo e bendigo teu fadário triste,
pelo que possa haver e por tudo que existe
de beleza ou de horror no teu sonho palustre!

☆ *Alegrete/RS, 1897*
✝ *Alegrete/RS, 1967*

O NINHO E A COBRA

Alberto de Oliveira

O ninho armou e suspenso,
a ave respirando o incenso
das flores, consigo diz:
– Sou feliz!

Sai. Sem trégua em sua lida,
erra na veiga florida,
cata na seara luzente
a semente.

Volta quando o sol declina,
vem de colina em colina
e o ninho lembrando, diz:
– Sou feliz!

Chega. No berço macio
que ergueu, sente um luzidio
repelente corpo, a um lado
enroscado.

Grita. Ó natureza, em luta,
ave, homem ou fera bruta,
tudo tem, triste ou feroz
essa voz!

Grita, inutilmente grita!
Voa, inutilmente aflita!
Entrou a cobra em teu ninho,
passarinho!

E no que é teu repousando,
no leito afofado e brando,
ela a seu turno ora diz:
– Sou feliz!

☆ *Saquarema/RJ, 1859*
✝ *Niterói/RJ, 1937*

A COBRA

Da Costa e Silva

Certo ninguém prevê, nem ao menos suspeita,
mas esse tronco anoso, ulcerado de galha,
de alguma árvore umbrosa, outrora ao bem afeita,
hoje, abrigo do mal, uma cobra agasalha.

Ninguém supõe talvez que, além da fenda estreita
que a cortiça apresenta, o roaz cupim trabalha,
formando a escura toca, onde se oculta à espreita
a cauta cascavel, que os crótalos chocalha...

É um velho esconderijo, a serpe ali se acoita
e só sai quando o sol, no alto, abrasando, brilha;
e indolente, ao calor, busca a primeira moita...

Adormece... Modorra... E a um susto, entre a serrilha
dos dentes salta a língua; acorda e, ágil e afoita,
de arremesso se enrosca em rápida rodilha.

☆ *Amarante/PI, 1885*
✝ *Rio de Janeiro/RJ, 1950*

A VÍBORA

Humberto de Campos

Íamos rindo pela mesma estrada
quando viste na areia, enrodilhada,
uma serpe, que vinha pelo chão.

E estremece. A víbora, enroscada,
tomara a forma de teu coração.

☆ *Miritiba/MA, 1886*
✝ *Rio de Janeiro/RJ, 1934*

A lagartixa

Álvares de Azevedo

A lagartixa ao sol ardente vive
e fazendo verão o corpo espicha:
o clarão de teus olhos me dá vida,
tu és o sol e eu sou a lagartixa.

Amo-te como o vinho e como o sono,
tu és meu corpo e amoroso leito...
Mas teu néctar de amor jamais se esgota,
travesseiro não há como teu peito.

Posso agora viver: para coroas
não preciso no prado colher flores;
engrinaldo melhor a minha fronte
nas rosas mais gentis de teus amores.

Vale todo um harém a minha bela,
em fazer-me ditoso ela capricha;
vivo ao sol de seus olhos namorados,
como ao sol de verão a lagartixa.

☆ *São Paulo/SP, 1831*
✝ *São Paulo/SP, 1852*

A lagartixa

Da Costa e Silva

A um só tempo indolente e inquieta, a lagartixa,
uma réstia de sol buscando a que se aqueça,
à carícia da luz toda estremece e espicha
o pescoço, empinando a indecisa cabeça.

Ei-la, aquecendo ao sol; mas de repente a bicha
desatina a correr, sem que a rumo obedeça,
rápida, num rumor de folha que cochicha
ao vento, pelo chão, numa floresta espessa.

Traça uma reta, e pára; e a cabeça abalando,
olha aqui, olha ali; corre de novo em frente
e, outra vez, pára, a erguer a cabeça, espreitando...

Mal um inseto vê, detém-se de repente,
traiçoeira e sutil, os insetos caçando,
a bater, satisfeita, a papada pendente...

☆ *Amarante/PI, 1885*
✝ *Rio de Janeiro/RJ, 1950*

Está o lascivo e doce passarinho

Luís de Camões

Está o lascivo e doce passarinho
com o biquinho as penas ordenando;
o verso sem medida, alegre e brando,
despedindo no rústico raminho.

O cruel caçador, que do caminho
se vem calado e manso desviando,
com pronta vista a seta endireitando
lhe dá no estígio lago eterno ninho.*

Desta arte o coração, que livre andava
(posto que já de longe destinado),
onde menos temia, foi ferido.

Porque o frecheiro cego** me esperava,
para que me tomasse descuidado,
em vossos claros olhos escondido.

☆ *Lisboa, Portugal, 1524*
✝ *Lisboa, Portugal, 1580*

* Isto é, matou-o. Estige, na mitologia grega, é um rio do Inferno. Também se chamava Estige uma fonte existente num rochedo da Arcádia, que segundo a lenda matava homens e animais.

** Cupido.

A um passarinho cantando

Gregório de Matos

Contente, alegre, ufano passarinho
que enchendo o bosque todo de harmonia,
me está dizendo a tua melodia,
que é maior tua voz, que o teu biquinho:

como da pequenez desse corpinho
sai tão grande tropel de vozearia?
Como cantas, se és flor de Alexandria?
Como cheiras, se és pássaro de arminho?

Simples cantas, incauto garganteias,
sem ver que estás chamando ao homicida,
que te segue por passos de garganta.

Não cantes mais, que a morte lisonjeias,
esconde a voz, esconderás a vida,
que em ti não se vê mais que a voz que canta.

☆ *Salvador/BA, 1623*
✝ *Recife/PE, 1696*

O PÁSSARO E A FLOR

Castro Alves

Era num dia sombrio
quando um pássaro erradio
veio parar num jardim.
Aí fitando uma rosa,
sua voz triste e saudosa,
pôs-se a improvisar assim.

"Ó Rosa, ó rosa bonita!
Ó sultana favorita
deste serralho de azul:
flor que vives num palácio,
como as princesas de Lácio,
como as filhas de Istambul.

Como és feliz! Quanto eu dera
pela eterna primavera
que o teu castelo contém...
Sob o cristal abrigada,
tu nem sentes a geada
que passa raivosa além.

Junto às estátuas de pedra
tua vida cresce, medra,
ao fumo dos *narguilés**,
no largo vaso da China
da porcelana mais fina
que vem do Império Chinês.

---

* Cachimbo usado por turcos, hindus e persas, em que a fumaça passa por um recipiente de água perfumada.

O inverno ladra na rua,
enquanto adormeces nua
na estufa até de manhã.
Por escrava – tens a aragem,
o sol – é teu louro pajem,
tu és dele – a castelã.

Enquanto que eu desgraçado,
pelas chuvas ensopado,
levo o tempo a viajar,
– boêmio de média-idade,
vou do castelo à cidade,
vou do mosteiro ao solar!

Meu capote roto e pobre
mal os meus ombros encobre,
quanto à gorra... tu bem vês!...
Ai! meu Deus! se rosa fora
como eu zombaria agora
dos louros dos menestréis!...”

*

Então por entre a folhagem
ao passarinho selvagem
a rosa assim respondeu:
“Cala-te, bardo dos bosques!
Ai! não troques os quiosques
pela cúpula do céu.

Tu não sabes que delírios
sofrem as rosas e os lírios
nesta dourada prisão.

Sem falar com as violetas,
sem beijar as borboletas,
sem as auras do sertão.

Molha-te a fria geada...
Que importa? A loura alvorada
virá beijar-te amanhã.
Poeta, romperás logo,
a cada beijo de fogo,
na cantilena louçã.

Mas eu?!... Nas salas brilhantes
entre as tranças deslumbrantes
a virgem me enlaçará...
Depois... cadáver de rosa...
A valsa vertiginosa
Por sobre mim rolará.

Vai, poeta... Rompe os ares,
cruza a serra, o vale, os mares,
Deus ao chão não te amarrou!
Eu calo-me – tu descantas,
Eu rojo – tu te levantas,
Tu és livre – escrava eu sou!..."

☆ *Muritiba/BA, 1847*
✞ *Salvador/BA, 1871*

O NINHO

Alberto de Oliveira

O musgo mais sedoso, a úsnea mais leve
trouxe de longe o alegre passarinho,
e um dia inteiro ao sol paciente esteve
com o destro bico a arquitetar o ninho.

Da paina os vagos flocos cor de neve
colhe, e por dentro o alfombra com carinho;
e armado, pronto, enfim, suspenso, em breve,
ei-lo balouça à beira do caminho.

E a ave sobre ele as asas multicores
estende, e sonha. Sonha que o áureo pólen
e o néctar suga às mais brilhantes flores;

sonha... Porém de súbito a violento
abalo acorda. Em torno as folhas bolem...
É o vento! E o ninho lhe arrebata o vento.

☆ *Saquarema/RJ, 1859*
✞ *Niterói/RJ, 1937*

AS AVES

Teixeira de Pascoaes

Aves, sonhos alados,
saem dos bosques inspirados.
Ninhos, casas de amor,
sinfonias de luz, orquestras do Senhor.

Que louca inspiração
sustenta as vossas asas, na amplidão,
distendidas num vôo vertiginoso?
Voais, porque vos chama o céu misterioso.

As aves voam, num encanto,
semelhante ao do santo,
que, no seu ermo, ao pôr-do-sol, medita...
Tudo sobe na luz quimérica e infinita.

E como os santos, padeceis
as dores mais cruéis.
Quem diz corpos alados
diz corpos a sofrer, na cruz, martirizados.

A humana criatura,
que tem da pedra dura
a falta de carinhos,
persegue-vos, no ar, nos bosques e nos ninhos!

Crime terrível matar
ave que voa, a cantar!
Que negro horror, meu Deus,
ver uma asa cair, como Satã, dos céus!...

☆ *Amarante – Douro, Portugal, 1877*
✞ *Amarante – Douro, Portugal, 1952*

A ÁGUIA

Luís Delfino

A águia negra, num vôo, de repente
fura o céu, desprendida da montanha,
e parece levar em feixe ardente
luz, que às garras metálicas apanha.

Afronta o sol, provoca-o frente a frente,
deixa as nuvens atrás, remonta em sanha...
E volta irada, triste, e lentamente,
por ver tão longe a luminosa aranha.

Liso, e em fogo o areal, como um espelho
amplo, se estende ao seu olhar vermelho...
vermelho, como a espuma dos vulcões:

desce; e por desenfado ao bico enorme,
enquanto um grupo de gazelas dorme,
folga arrancando os olhos aos leões.

☆ *Desterro (Florianópolis)/SC, 1834*
✝ *Rio de Janeiro/RJ, 1910*

Águia

Hermes Fontes

Que nuvem negra!... Não: é uma águia... e vem faminta...
(Ai! cordeiro que, em vão, te esquivas e desgarras!)
No olhar tem raios que – como fortes amarras –
paralisam quem quer que, do alto, ela pressinta!...

E a águia desce, e o estrangula... Horror!... Malditas garras!
Como crer que, impiedoso, o céu veja e consinta
ser, assim, friamente, uma existência extinta
por essas águias reais de plumagens bizarras?!...

E a ave sobe. O ar lhe apura o olhar de sangue tinto:
entrega-se a consciência ao arrependimento,
como um crânio devasso – aos vapores do absinto.

Observa-se, depois desse embate sangrento:
quando a águia desce, mostra as garras – é o instinto;
e mostra as asas, quando alteia – é o pensamento...

☆ *Buquim/SE, 1888*
✞ *Rio de Janeiro/RJ, 1930*

A MORTE DA ÁGUIA*

Manuel do Carmo

Quando a águia passou neves sem fim, tranqüilas,
à sua vasta envergadura achar busca mais ar,
e o sol mais perto em claro e vasto azul sem par
para o brilho animar das suas mornas pupilas.

Ergue-se. Aspira no ar do sol as mil cintilas.
Mais alto o vôo altivo e plácido a elevar
a procela onde a luz fascina vai buscar;
mas o raio ao passar rompe-lhe as duas axilas.

Solta um grito de horror, presa da tempestade,
e volteia, e crispada aspira a esparsa flama,
rola, e no abismo cai fulgurante e medonho.

Feliz quem pela Glória, ou pela Liberdade,
no alto orgulho da força e na embriaguez do sonho,
morre de morte assim, breve e que tanto inflama.

☆ *Santiago/RS, 1891*
✞ *São Paulo/SP, 1951*

* Versão de soneto do poeta francês – nascido em Cuba – José Maria de Heredia (1842-1905).

João-grande*

Aureliano de Figueiredo Pinto

A sós, no pampa, ao luar, de um grande açude à borda,
anguloso e augural, de tristonha atitude,
– maculando de sombra o amplo cristal do açude –
o joão-grande a água azul de outros rincões recorda.

No meu sonho o pernalta áureas legendas borda:
triste avatar de um poeta entre os da espécie rude,
que exausto de sofrer vertigens de altitude,
traga a lira a estalar na derradeira corda...

Espectral, cismarento, o laquista interpreta
o lirismo doentio das lagoas sem fráguas
cantando ao céu que treme ao fundo da água quieta...

Ou, em meio ao pampa, ao luar, dentro da noite escampa,
– bardo! o joão-grande ausculta a rapsódia das águas
para escrever, mais tarde, a epopéia do pampa...

☆ *Tupanciretã/RS, 1898*
✞ *Santiago/RS, 1959*

* O alcatraz das costas americanas tropicais.

ANDORINHA

B. Lopes

Andorinha que fizeste
ninho em minh'alma, uma tarde,
e que andas no azul celeste
cantando e fazendo alarde;

que, em horas de forte calma,
bebeste das crenças minhas,
fazendo assim de minh'alma
ribeirão das andorinhas;

dize lá: por que não voltas
ao teu recôndito abrigo,
peregrina de asas soltas
que pelas nuvens eu sigo?

Por que vives pelos ares,
ó alma de pirilampo,
quando há frutos nos pomares
e tanta flor pelo campo?

Foge do pranto e do frio,
as leves asas abrindo...
Olha o teu ninho vazio,
sonho emplumado, e vem vindo...

Vem, recortando os espaços,
num saudoso devaneio,
cair tremente em meus braços,
dormir tranqüila em meu seio!

Ah! já não vens, de asa espalma,
saciar-te em mim, como vinhas...
Era então esta minh'alma
ribeirão das andorinhas!

☆ *Boa Esperança/RJ, 1859*
✞ *Rio de Janeiro/RJ, 1916*

ANDORINHAS

Júlio Brandão

Às andorinhas de agosto
pedi que em tardes serenas,
ao passar junto ao teu rosto
falassem das minhas penas.

Mas veio o outono, abalaram
pelo vasto azul dos céus
e o que te ouviram, calaram...
Nem me disseram adeus!

Talvez alguma dissesse
já muito longe voando:
"Melhor que ele o não soubesse,
que ficaria chorando..."

☆ *Famalicão – Braga, Portugal, 1870*
✝ *?*

ANDORINHA

Hermes Fontes

À esfera, cujo azul glorioso abril desvenda
para a festa da luz, prodigamente esparsa,
a emigrante voltou. A sua alma é uma lenda,
do éter bordada na alta e invisa talagarça.

Alvinegra, pelo ar, ei-la que o vôo emenda,
brinca, ziguezagueia, já a descer – disfarça,
alteia... e, assim, até voltar à humilde tenda,
onde tem glórias de águia e vaidades de garça.

E, quando, entre outras, chega enchendo o espaço de asas,
o coração lhe fica onde a prole se aninha,
no beiral de uma torre, erguida às coisas rasas...

A vida humana é tão diversa, é tão mesquinha!...
– Pudéssemos nós ter, no recesso das casas,
a alegria feliz do lar dessa andorinha!...

☆ *Buquim/SE, 1888*
✝ *Rio de Janeiro/RJ, 1930*

O BEIJA-FLOR

Auta de Souza

Acostumei-me a vê-lo todo o dia
de manhãzinha, alegre e prazenteiro,
beijando as brancas flores de um canteiro
no meu jardim – a pátria da ambrosia.

Pequeno e lindo, só me parecia
que era da noite o sonho derradeiro...
Vinha trazer às rosas o primeiro
beijo do sol, nessa manhã tão fria!

Um dia foi-se e não voltou... Mas quando
a suspirar me ponho, contemplando,
sombria e triste, o meu jardim risonho,

digo, a pensar no tempo já passado:
talvez, ó coração amargurado,
aquele beija-flor fosse o teu sonho!

☆ *Macaíba/RN, 1876*
✞ *Natal/RN, 1901*

O canário

Aquiles Porto Alegre

Em um *chalet* pequeno e rendilhado,
tive um canário, há muito, prisioneiro;
era um pássaro alegre e endiabrado,
que não o dava a peso de dinheiro.

Quando as asas abria no poleiro,
soltava logo o mágico trinado;
e assim passava sempre o dia inteiro,
como se fosse um doido enamorado.

Uma vez, de manhã, o passarinho
espreita para a rua... Com carinho
dois pombos se beijavam no telhado.

Contra a gaiola investe, como um louco!
Geme, agoniza e morre pouco a pouco,
com o peito ferido e ensangüentado!...

☆ *Rio Grande/RS, 1848*
✝ *Porto Alegre/RS, 1926*

Canário

Hermes Fontes

Louro canário belga, agrilhoado à parede,
pelo crime de ser canoro e passional!...
E, degredado embora, é tão alegre!... Vede:
são de ouro as penas, de ouro a voz – ouro em geral...

Lê-se-lhe a alma, através do flébil canto, lede
bem, o seu coração apaixonado e leal!
O homem pensa que, por matar-lhe a fome e a sede,
pode prendê-lo assim, desfazer-lhe o casal...

É um crime engaiolar os poetas espontâneos
cuja organização aparente é indefesa
à curiosa ambição da espécie racional!

É contra a integridade espiritual dos crânios
prender-se uma criatura a quem a natureza
confiou um corpo de ouro e uma alma de cristal!...

☆ *Buquim/SE, 1888*
✞ *Rio de Janeiro/RJ, 1930*

Cegonha

Aníbal Teófilo

Em solitária, plácida cegonha,
imersa num cismar ignoto e vago,
num fim de ocaso, à beira azul de um lago,
sem tristeza quem há que os olhos ponha?

Vendo-a, senhora, vossa mente sonha
talvez, que o conde de um palácio mago,
loura fada perversa, em tredo afago,
mudou nessa pernalta erma e tristonha.

Mas eu, que em prol do pétreo, denso véu
do *ser* ou do *não ser* tento a escalada,
qual morosa, tenaz, paciente lesma,

ao vê-la assim, mirar-se n'água, penso
ver a dúvida humana debruçada
sobre a angústia infinita de si mesma!

☆ *Fortaleza de Humaitá, Paraguai, 1873*
✝ *Rio de Janeiro/RJ, 1915**

* Foi assassinado.

A CEGONHA

Francisco Leite

Curva, no espelho azul do imoto lago,
passa a vida a cismar hirta cegonha,
cumprindo os dias de um destino aziago,
numa quietude tétrica e enfadonha.

Talvez ouvindo a voz de algum orago,
queda-se ali. E embevecida sonha...
Encolhida de frio, sem um afago,
vendo-se n'água muito mais tristonha.

Já veio assim ao mundo, pensativa;
do mais vago rumor ágil se esquiva;
e sofre muda o seu voraz tormento.

Triste cegonha, que impiedosa sorte:
hás de sempre cismar. Enquanto a morte
não te arrancar desse pressentimento...

☆ *Curitiba/PR, 1889*
✞ *Morretes/PR, 1949*

CEGONHA

Hernani de Carvalho Schmitt

Heráldico pernalta. Comovida
ave enigmática e dolente.
À tarde, à beira d'água, ao sol poente,
lembras, na angústia, uma ilusão perdida.

Sempre sozinha assim... Tão recolhida
em ti mesma e ao mundo indiferente...
Vendo-te eu penso ver um poeta doente
ou um grande artista que falhou na vida.

Sofro contigo o teu tormento rude.
E é tão emocional a tua atitude
que eu penso até que já nem sabes voar.

Então, a mágoa que me invade é tanta,
que eu sinto um grande espasmo na garganta
e uma vontade imensa de chorar.

☆ *Alegrete/RS, 1897*
✞ *Alegrete/RS, 1967*

O CISNE QUANDO SENTE SER CHEGADA

Luís de Camões

O cisne quando sente ser chegada
a hora que põe termo à sua vida,
harmonia maior, com voz sentida,
levanta por a praia inabitada.

Deseja lograr vida prolongada,
e dela está chorando a despedida:
com grande saudade da partida,
celebra o triste fim desta jornada.

Assim, senhora minha, quando eu via
o triste fim que davam meus amores,
estando posto já no extremo fio;

com mais suave acento de harmonia
descantei por os vossos desfavores
la vuestra falsa fe, y el amor mío.

☆ *Lisboa, Portugal, 1524*
✞ *Lisboa, Portugal, 1580*

Cisnes

Atalyba Santos

No murmuroso rio transparente
aquáticos palmípedes deslizam
por sobre as águas, que, serenos, frisam
juntos, em bando harmonioso e albente.

Não sei se são as aves, se a corrente
que amorosos queixumes eternizam,
só sei que aves e rio divinizam
sons de longínquos ais, longinquamente.

E escutando a cismar a voz das águas,
vão-se acordando no meu peito as mágoas
que adormecera momentâneo estio...

E de lágrimas geme, e se desata,
em minha alma, tristíssima cascata,
como os cisnes de neve ou como o rio.

☆ *Mariana/MG, 1884*
✝ *Mariana/MG, 1937*

O cisne

Thomé Reis

Na suave placidez de um azulado lago
bóia, tristonhamente, um velho cisne branco;
o seu lânguido olhar, amortecido e vago,
revela algum desgosto ou mesmo algum derranco...

A sua companheira antiga, o seu afago
de outrora, sucumbira ao derradeiro arranco
de um mal de que enfermara!... E assim, desfeito o orago
do coração, jamais sentiu um riso franco...

À noite, ao refletir-se a lua sobre as águas,
quem por aí passar, há de ver, na quietude
do lago, um vulto branco, atônito de mágoas...

É o cisne!... E entoando uma ária em acordes que sabe,
as noites passa em claro, em mística atitude,
procurando esquecer a dor que em si mal cabe...

☆ *Rio de Janeiro/RJ, 1889*
✞ *São Paulo/SP, 1948*

O cisne e o lago

Eduardo Guimaraens

Um cisne de suave e soberba plumagem,
à flor de um lago azul onde a manhã se espelha,
segue surpreso o cisne irreal que o semelha
ao fundo d'água, e feito à sua própria imagem.

Verdes, ao derredor, uma ou outra ramagem
refletidas. E na onda a luz do sol centelha.
Desde a rósea alvorada à véspera vermelha,
sente o cisne a enlevá-lo essa branca miragem.

Pende às vezes o colo esbelto longamente
para o cristal: e beija um fantasma que mente
até que baixe a noite e as suas penas tisne.

Tremem os caniçais... os astros despontaram...
E fica o cisne só, como as almas que amaram
e para quem o amor foi a sombra de um cisne.

☆ *Porto Alegre/RS, 1892*
✝ *Rio de Janeiro/RJ, 1928*

Legenda dos cisnes

Alceu Wamosy

Num país de ilusão, um príncipe encantado,
louro príncipe ideal, de assombrosa beleza
matou, cheio de ciúme, a pálida princesa,
no leito festival da noite do noivado...

Depois, louco de assombro, a fronte em febre acesa,
as mãos tintas de sangue, estranho e desvairado,
tomou-a ao colo e foi, num gesto alucinado,
atirá-la num lago, ao fundo da devesa...

...atirando-se em pós!... E o luar branco e lirial
envolveu-os, aos dois, num manto nupcial,
na carícia de luz do mesmo doce afago!

E os pajens do castelo, ao despontar do dia,
viram, cheios de estranha e insólita alegria,
dois cisnes a nadar no espelho azul do lago!...

☆ *Uruguaiana/RS, 1895*
✝ *Santana do Livramento/RS, 1923*

Sina cruel

Álvaro Lisboa

Coleirinho de lá da horta,
coleirinho do pomar,
que a tua amiguinha morta
vives, saudoso, a chorar!

Trinas, voejando a esmo,
com a mágoa no coração,
e o teu trino é sempre o mesmo,
nunca mudas de canção.

Eu, que tamanhos pesares
padeço e já padeci,
deploro em simples cantares
as ilusões que perdi.

Como os teus trilos são belos,
que tanta harmonia têm,
os meus acordes singelos
nunca variam também.

Porém, os homens, que prezam
os doces gorjeios teus,
mofam de mim e desprezam
os pobres dos cantos meus.

Coleirinho de lá da horta,
coleirinho do pomar,
vê: nem a ventura morta
pode um triste lamentar.

☆ *Rio Pardo/RS, 1882*
✞ *Porto Alegre/RS, 1939*

O CONDOR

Júlia Cortines

Dessa altitude, onde a voar te atreves,
audaz, sustido pelas asas grandes,
dessa altitude, para além das neves
que refulgem no píncaro dos Andes,
se, acaso, o olhar indiferente fitas,
longe, através da imensidão dos ares,
mal percebes as terras infinitas
e os infinitos mares...

Embaixo, entanto, do arvoredo as sombras
tanta frescura têm, de aromas cheia,
das relvas corre o arroio entre as alfombras;
as ondas espreguiçam-se na areia;
verdeja o pampa ao sol; do vento ao brando
ofego ondula múrmura a floresta;
e no ar revoam, gárrulos, cantando,
os pássaros em festa.

Tu, galé da grandeza e do fastígio,
tens ao redor e acima a vacuidade
do espaço, e o céu azul, sem um vestígio
de nuvens no esplendor da claridade,
sempre gelado e sempre emudecido:
– vasto, triste e monótono cenário,
onde tu pairas, como um rei banido,
imenso e solitário...

☆ Rio Bonito/RJ, 1868
✝ Rio de Janeiro/RJ, 1948

Condor

Humberto de Campos

Foste um sonho do azul. Viste rolar de perto
a áurea roda do sol. No etéreo sorvedouro
do infinito, escutaste os temporais em coro,
o barulho do céu de mil nuvens coberto.

Asa ao vento, a bater no firmamento aberto,
quanta vez, negro e só, viste, espantado, o louro
bando de astros faiscar no intérmino deserto
como constelações de borboletas de ouro!

E subiste... A amplidão te acalentou nos braços
largos. Alto, a rolar, embalde o sol faiscantes,
crespas ondas de luz golfejou nos espaços.

E caíste, afinal, palpitante e convulso.
E hoje, guardas no olhar as mil nuvens distantes,
– astro frio e sem luz, dentre os astros expulso!...

☆ *Miritiba/MA, 1886*
✞ *Rio de Janeiro/RJ, 1934*

Os dois condores

Manuel do Carmo

Abriu num vôo audaz as desmedidas asas.
Galgou, manchando o azul, por cima das montanhas.
Os olhos, lampejando, eram dois sóis em brasas,
cravados no horizonte em radiações estranhas.

Faz tombar sobre a terra a sombra, em mancha escura
que do alto corpo, a voar, em sua passagem desce;
a sombra colossal de sua envergadura,
interceptando o azul, quando mais sobe, cresce.

Crocitam a fugir os corvos assustados,
ante o rei da amplidão, que, no alto, o vôo apruma
aos Andes, em que avista em píncaros nevados,
o vulto de outro rei, desenhado na bruma.

Sem cansaço ou fadiga, a um cimo o vôo abate.
E contemplam-se os dois na fúria da requesta.
Entreolham-se medindo as forças para o embate;
e ambos, galgando o espaço, além cada um se apresta.

Ouve-se ao longe o mar, num contínuo bramido.
As ondas a rugir, batendo à praia, cantam
hino de guerra, e darda o sol do elmo brunido
raios que sobre o dorso aos vagalhões se plantam.

Dominando o marulho às vagas, no entrechoque,
ei-los ambos fendendo o espaço em vôo ousado.
Ao ruidoso chocar dos pelotões, ao toque
de carga, é semelhante o rude embate alado.

Cravam-se mútuamente as garras e as bicadas.
No recontro violento as penas longe esvoaçam.
Gotejam sangue quente as carnes laceradas,
no fero arremeter em que se despedaçam.

Hórrido guincho o vento, ao perpassar, transporta,
e os ecos, propagando-o, elevam-lhe o ressono.
Novo grito de raiva e dor os ares corta,
como de um rei potente ao retombar de um trono.

Redobram de violência. E, na embriaguez da luta,
fogem cansaço e dor. Como ao ferir de um raio,
golpeada em cheio, rola horrenda massa bruta,
volteia um deles no ar... – "Ó ventos, amparai-o!

Dai-lhe no horror da queda ao menos um conforto.
Minorai-lhe o tombar. Com essa força tamanha,
ao herói que na luta, em sangue e quase morto
sucumbe, o forte baque ao cimo da montanha

atenuai!" – E a passar, soprando indiferentes,
os ventos roucos vão fugindo pelo espaço.
E vem de queda em queda, em baques, aos dormentes
vales, tombar o herói dos vales no regaço...

Mas logo, contemplando o espaço, em que se libra,
aos guinchos, malferido, o seu rival soberbo,
sente despedaçá-lo a raiva, fibra a fibra,
na impotência do vôo e do rancor acerbo.

Equilibra-se no ar, empapado de sangue,
o rude antagonista. E vendo, embaixo, à morte,
o alipotente herói, dilacerado e exangue,
larga o vôo fatal que lhes decide a sorte.

Vendo-o descer recobra as forças e a energia
o outro. A esperá-lo então garras e bico apronta.
E aquele estala no ar bicadas à porfia;
e as garras com furor ferra na desafronta.

Num esforço supremo o que tombara do alto
primeiro, num arranco a força centuplica
e, alcançando ao rival o peito nesse salto,
crava as garras na carne e pendurado fica.

No desespero atroz da dor que o dilacera,
desfere o contendor o vôo. Angustiado
grito de dor desprende, e, retomando a esfera,
leva preso na carne o rival pendurado.

Mas este, a pouco a pouco os músculos faltando,
e o vigor que o sustém fugindo, desfalece.
Gira, rola, e de novo ao penhasco tombando,
uma enorme avalanche a desabar parece,

enquanto em grito horrendo, um vôo derradeiro,
direito ao vasto mar, o outro condor desata.
Insensíveis à dor do indômito guerreiro,
rugem os ventos como enorme cavalgata.

Rugem, bramem no espaço, e levam de vencida
tudo que se antepõe. No esforço soberano,
envolvem-no ao passar, na fogosa corrida,
e arremessam-no morto à vastidão do oceano.

☆ Santiago/RS, 1891
✝ São Paulo/SP, 1951

O condor

Paulo Corrêa Lopes

Asas pandas, veloz, o condor no infinito
voa, e paira sobre o pantanal imundo,
intimorato afronta o sol auriclinito,
e o tredo vendaval que ruge furibundo!

Surto a surto, soberbo, em seu sonho profundo,
lança na vastidão um soberano grito...
Quer transpassar os céus, fugir do torpe mundo,
– na terra vem pousar desenganado e aflito.

Também, ó sonhador, que procurais a glória,
que desejais traçar o ambicionado norte,
que o nome quereis ver nas páginas da História,

cuidado! que trilhais uma fatal descida,
porque dentro da vida encontrareis a morte,
– sereis dentro da morte uma ilusão de vida!

☆ *Itaqui/RS, 1898*
✞ *Porto Alegre/RS, 1957*

O corrupião

Augusto dos Anjos

Escaveirado corrupião idiota,
olha a atmosfera livre, o amplo éter belo,
e a alga criptógama e a úsnea e o cogumelo,
que do fundo do chão todo o ano brota!

Mas a ânsia de alto voar, de à antiga rota
voar, não tens mais! E pois, preto e amarelo,
pões-te a assobiar, bruto, sem cerebelo,
a gargalhada da última derrota!

A gaiola aboliu tua vontade.
Tu nunca mais verás a liberdade!...
Ah! tu somente ainda és igual a mim.

Continua a comer teu milho alpiste.
Foi este mundo que me fez tão triste,
foi a gaiola que te pôs assim!

☆ *Espírito Santo/PB, 1884*
✞ *Leopoldina/MG, 1914*

A coruja

Antenor Moraes

Vejo-a pousada e imensamente triste,
como a pensar em leis, duras, severas,
como quem na saudade inda persiste
a recordar amores de outras eras;

como um sábio, a pensar se além existe
um outro mundo e outras primaveras,
ou como quem abandonado, assiste
o esfrangalhar de todas as quimeras...

Vejo, assim, a coruja além pousada
naquele galho de cipreste torto,
que para o céu os braços alevanta:

é uma sombra a gemer abandonada...
A saudade, à procura de algum morto...
Erradia visão de alguma santa!...

☆ *Taquari/RS, 1881*
✞ *São Paulo/SP, 1955*

Coruja

Hermes Fontes

Sobre um triste esqueleto anoso de cipreste,
vem, não raro, pousar uma velha coruja.
Por maior compaixão que o seu olhar lhe empreste,
vendo-a e ouvindo-a, não há viva alma que não fuja.

Mas, por que, se através da plumagem que veste,
quer gorjeie a aura, quer a tempestade ruja,
há um espírito de anjo, um coração celeste,
límpido como o luar, ó corações de alfuja?!

Pelas horas sem sol, quando a lua agoniza,
terra e céu tomam o ar de duas almas gêmeas
que rezam orações pelos lábios da brisa...

E a coruja, a cantar árias sacras ou boêmias,
abre o escuro albornoz de mártir e poetisa
e semeia perdões... para colher blasfêmias...

☆ *Buquim/SE, 1888*
✝ *Rio de Janeiro/RJ, 1930*

Coruja

Hernani de Carvalho Schmitt

Quer, no alto, o sol dardeje em rutilâncias de ouro,
ou prata vá diluindo o luar pelo infinito,
estremeço em te ouvindo o cantochão maldito,
o estribilho coral do teu canto de agouro.

Por escusa palude, à beira sangradouro,
urdes na alma do rude o organzim do teu mito...
Réquiem de maldição é o teu estranho grito
na sonata feral das tuas irmãs, em coro.

Jamais te amou o velho a voz martirizante,
que lhe traz à pupila a visão lancinante
de um coveiro, cantando, a acenar-lhe da campa.

Mas amo-te, contudo, a voz que, assim, o açula,
quando, dentro da noite, o teu grito estridula,
no silêncio ancestral das taperas, no pampa.

☆ *Alegrete/RS, 1897*
✞ *Alegrete/RS, 1967*

Corvos*

Átila Guterres Casses

Além... além... bem alto!...
Sob o céu silente,
sob o céu cobalto,
negras asas... a pairar... espalmas...
o corvo vagarosamente
vai traçando, sereno, em curvas calmas,
a alongada elipse de seu vôo...
Gizam aves, no ar, parábolas de glória!
Mudo, tenaz, indiferente, alheio
aos gemidos de amor, aos gritos de vitória,
ele – geômetra e sábio – o circuito
fecha... e continua, em círculos concêntricos,
o seu vôo planado...
Calmo, tranqüilo, sem receio
dos homens nem do originário mito
que cria, às vezes, o rebôo
dos trovões e os relâmpagos excêntricos
que zebram de fogo o céu de lado a lado,
ele vai retraçando, às nuvens turvas,
a estesia pagã das linhas curvas...

Nada o comove, nada o arrelia,
quando ele estuda, assim, sua geometria!...
Só a *charognea*** o distrai de seu grave mister!
Há no corvo, talvez, um quê de Baudelaire...
Se a carniça, afinal, no solo avista,
encurva as asas já, o forte bico enrista

---

* Fragmento.

** Carniça.

e – ás dos ases – aviador sem igual,
suavemente desce e pousa, em espiral.

Ei-lo, após, renguerengueando nos repastos
das coxilhas, grotões, ou das várzeas escampas...
Ele – o mago benfeitor dos pastos!
Ele – o grande higienista dos pampas!

☆ *Alegrete/RS, 1890*
✞ *Rio de Janeiro/RJ, 1945*

A REVOLTA DO CORVO

Alceu Wamosy

Negro, petrificado e frio como um mito
de Buda, a passear o olhar de lado a lado,
ele deixou-se ali ficar, sob o infinito
peso de sua tortura – estranho torturado...

E lançando, talvez, à bruma do passado,
o seu profundo olhar, sereno, de proscrito,
atirou para o alto e negro céu calado,
a blasfêmia audaciosa e rubra do seu grito!

E o céu que não escuta e que é marmóreo e torvo,
riu, talvez, para si, da pequenez do corvo
e afivelou de novo a máscara de aço.

E o corvo, alçando o vôo, embriagado e tonto,
subiu... cortou a névoa... a bruma... e como um ponto
negro, sumiu-se além, na escuridão do espaço...

☆ *Uruguaiana/RS, 1895*
✝ *Santana do Livramento/RS, 1923*

A GAIVOTA

*Antônio Fogaça**

Passa-me o rio em frente da janela.
Muita vez, ao luar, noites de rosa,
vejo boiando uma gaivota ansiosa
sobre a corrente múrmura, singela.

É sempre a mesma. É uma delícia vê-la;
e tanto me entretém, – voluptuosa,
que chego, nesta vida trabalhosa,
quando ela falta, a ter saudades dela.

Pois que, vendo-a passar boiando e mansa,
sinto-me alegre, e ocorrem-me à lembrança
as conquistas, a lira, a *morbidezza***

de um trovador ditoso, flutuando
pelos canais, em gôndola, cantando,
nas amorosas noites de Veneza.

☆ ?
✝ *Coimbra, Portugal, 1888*

* Poeta português, autor de *Versos da mocidade.* Coimbra, 1887.
** (it.) Brandura, delicadeza.

Gaivotas

Luís Delfino

Do crespo mar azul brancas gaivotas
voam – de leite e neve o céu manchando,
e vão abrindo às regiões remotas
as asas, em silêncio, à tarde, e em bando.

Depois se perdem pelo espaço, ignotas,
o ninho das estrelas procurando;
cerras os cílios, com teu dedo notas
que elas vêm outra vez o azul furando.

Uma na vaga buliçosa dorme,
uma revoa em cima, outra mais baixo...
E ronca o abismo do oceano enorme...

Cai o sol, como já queimado facho...
Do lado oposto espia a noite informe...
Tu me perguntas se isto é belo?... e eu acho...

☆ *Desterro (Florianópolis)/SC, 1834*
✞ *Rio de Janeiro/RJ, 1910*

As gaivotas

Aquiles Porto Alegre

Voejam as gaivotas erradias
na vasta solidão do negro mar;
como a espuma nas noites de luar
brilham ao sol as penas alvadias.

De encontro às alterosas penedias
o vasto mar se agita a soluçar;
e eu vejo, sobre as águas, a esvoaçar,
o bando de gaivotas fugidias.

Adejam entre o mar e o firmamento;
não repousam na terra um só momento,
cruzando doidamente sobre as águas!

Nos ares se equilibram tão serenas!
E entre penas estão sem terem penas,
e vivem sem sentirem nossas mágoas!

☆ *Rio Grande/RS, 1848*
✞ *Porto Alegre/RS, 1926*

A garça

Edgar Mata

Na grande paz da noite a garça branca cisma,
entre os velhos juncais do paludoso lago,
embebida num sonho etereamente vago
– sonolência do luar que na amplidão se abisma.

E quem sabe se da ave a alma não guarda um prisma
de estranhas emoções, de redolente afago,
onde se decompõe, num grande íris pressago,
de mortas sensações um doloroso crisma?

E a velha garça exul cisma na noite aziaga;
e que espirais de sonho e que tremendo abismo
sua alma lhe revela, inconsciente e vaga!

Porém nada perturba o pávido mutismo;
e a ave, que a saudade imponderada alaga,
do triste luar contempla o amplo sonambulismo.

☆ *Ouro Preto/MG, 1878*
✞ *Ouro Preto/MG, 1907*

O CANTO DO GALO

Junqueira Freire

Co'as penas hirtas para mim avança,
– que eu não deslumbro à tua acesa vista:
hei de ensopar meu triunfante bico
nas crespas rendas dessa rubra crista.

Afia embora os esporões agudos,
– que hei de vencer-te, ó rude antagonista:
hei de montar sobre o teu colo altivo,
ensopar-te de sangue a régia crista.

Provocaste-me à liça, a mim fidalgo,
tu, ó galo peão de casta mista!
Hás de pagar bem caro essa arrogância,
hás de ficar sem tua régia crista!

Fora de minha estirpe de fidalgo
sangue real jamais há e que exista;
arrogaste o poder! – Rei te saúdo,
– rei das galinhas! – ficarás sem crista!

Quando eu passar pelo cercado ao longe
abaixarás humilde o bico e a vista:
que eu sou o rei das mais gentis galinhas,
que eu sei erguer a minha régia crista.

Há de seguir-te em toda a parte o espectro
de minha nobre e célebre conquista:
será manhã, – não cantarás teu hino,
nem jamais erguerás a régia crista.

Hás de, ó galo peão de casta ambígua,
sentir que eu fui valente antagonista;
– eu cantarei meu hino de triunfo,
tu correrás de minha nobre vista:
– tu, infamado, marcharás humilde,
eu erguerei a minha régia crista!

☆ *Salvador/BA, 1832*
✞ *Salvador/BA, 1855*

O IRAPURÚ

Humberto de Campos

Dizem que o irapirú*, quando desata
a voz – Orfeu do seringal tranqüilo –,
o passaredo, rápido, a segui-lo,
em derredor agrupa-se na mata.

Quando o canto, veloz, muda em cascata,
tudo se queda, comovido, a ouvi-lo:
o canoro sabiá susta a sonata,
o canário sutil cessa o pipilo.

Eu próprio sei quanto esse canto é suave;
o que, porém, me faz cismar bem fundo
não é, por si, o alto poder dessa ave:

o que mais no fenômeno me espanta,
é ainda existir um pássaro no mundo
que se fique a escutar quando outro canta!...

☆ *Miritiba/MA, 1886*
✝ *Rio de Janeiro/RJ, 1934*

* Ou uirapurú, tangará.

São José do Barreiro*

Ribeiro Couto

Como se chamarão estes pássaros?
Gargalhadinhas de papo cheio,
como se agitassem bolas de cristal.
Súbito, diante dos meus olhos,
flexam vôos retos
e desaparecem no maciço dos bambus.

Uma vibração ligeira de asas,
zumbido suspenso
junto a uma flor de pessegueiro:
este eu conheço –
pequenino boêmio dos galhos floridos.

Agora, maitacas barulhentas
armam conflitos no alto das goiabeiras.
Voam...
Manchas verdes no azul unânime.

☆ *Santos/SP, 1898*
✞ *Paris, França, 1963*

* Poema III do ciclo.

A narceja

Manuel do Carmo

Nas gramas marginais de plácida lagoa,
de mil insetos vis à espreita, de emboscada,
oculta-se a narceja, até que, alvoroçada,
empós de alado inseto aos ares claros voa.

E tomba novamente, e rápida revoa
de novo, e vem, e vai, eternamente alada,
para pousar depois na volta e já cansada,
nas gramas marginais de plácida lagoa.

Tal, na febre do sonho, a alma de luz do poeta,
da fantasia audaz nas asas vai robusta,
de alado sonho empós, impávida e irrequieta...

No vasto azul campeia, alada e soberana,
para, célere, após, com a doce lira augusta
no áspero chão tombar da contigência humana.

☆ Santiago/RS, 1891
✝ São Paulo/SP, 1951

O papagaio do Orinoco*

Manuel de Araújo Porto Alegre

Nos sertões do Orinoco, solitário,
em tronco anoso um papagaio pousa:
o sáxeo bico, as descoradas penas,
o frio aspecto, a posição tristonha,
talhada imagem na escalvada pedra
ali semelha, tão antigo é ele.

Por entre os diques da fendida penha,
em franjas de cristal, em catadupas,
se atira a onda, refervendo a espuma,
trovejando, mil ecos concutindo,
qual supino trovão; pendente, inflexa,
por favônios odores embalada,
a palma ondeia o morrião virente,
sorrindo ao lume zenital, que a doura.

Em vão se arroja à penedia onda,
nunca a pode vingar, menos vencê-la;
presa ao imo da terra inabalável
do esforço zomba, coroada sempre
dos eflúvios, que em nuvens se condensam:

---

* Nas cavernas formadas pelos rochedos, que fazem as cataratas dos Atures e Maipures, no Rio Orinoco, encontrou o célebre barão d'Humboldt grande quantidade de esqueletos pintados com urucu e depositados em cestos, que pelo seu aspecto poder-se-ia reputar jazerem ali há mais de um século. Segundo as tradições locais, o barão considerou as ossadas como pertencentes a uma tribo inteiramente extinta pela guerra de extermínio. Em Maipures havia um papagaio que proferia palavras desconhecidas e cantigas que ninguém compreendia. Diziam os índios do lugar que aquela ave falava a língua dos Atures, tribo que desaparecera sem deixar um só parente. Entre as aves de vida secular, como a águia e os corvos, os naturalistas compreendem também os papagaios (...). (N.A.)

seu fado lê as eriçadas fachas,
que o tórrido planeta aí descreve.

Num escuro recanto, amplo, cavado,
que a onda beija e não escala a entrada,
em noite eterna, desterrada, imóvel,
ali repousa geração extinta.
O garfo extremo da finada prole,
que piedoso guardara a estirpe amada,
não em cesto de junco, lá repousa
junto ao chão alvejando a óssea imagem.

Como livres viveram se finaram
os Atures heróicos, sem que a flecha
do inimigo os curvasse ao cativeiro.
Entre os juncos de margem marulhosa
seu leito acharam; na mudez do antro
a natura ofertou-lhes columbário.

Ali não vai sentar-se o viajante
eversor e profano! Ali não entra
o índio caçador; durante o dia
a estrige os guarda e o vampiro esquálido,
inimigos do sol, da terra e flores.

Testemunha de um longo morticínio,
de renhidas batalhas, de vinganças,
envolto em luto, dos Atures chora
amigo papagaio. O bico afia
de hora em hora sobre a pedra lisa,
e o ar inunda com seu canto e falas.
Tudo quanto vivente o circundara
em era extinta, secular, finou-se!

Os meninos que a língua lhe ensinaram,
os jovens, que o nutriram, as matronas,
que seu ninho teceram, as donzelas,
que mil beijos lhe deram, mil carícias,
os guerreiros, que em torno ao lar fumante
o ouviram gritar o guai* medonho,
escutaram risonhos seus cantares,
todos jazem na gruta, ou dispersados
na selva imiga, branqueando os ossos,
sem poder despertar aos seus reclamos.

Em vão às turmas brada, em vão envida
a infância aos jogos, à harmonia os jovens,
à guerra os fortes, ao prazer a todos,
estranho é tudo o que rodeia essa ave.
O pajé já não fuma, não evoca
o passado e o futuro; a relva anosa,
a torrente, que brama, não a escutam!
Da voz humana, da perdida língua,
solitária, só ela a guarda e exerce:
só Deus a entende, Deus somente agora.

O índio que a descobre, horripilado
foge e nem bebe a cristalina onda!
Seu pé, qual flecha, que a devesa e ares
veloz percorre, galga a estância oposta;
e em sangue d'ave, que renova o ânimo,
afoito busca deslembrar essa ave,
ungindo a fronte e coração, que anseia.
Mal lhe ouve o canto, volta a face e foge
como a espectro sinistro; é crença dele,
que essa ave encerra o miserando espírito

* Dança indígena.

do último Atur, e que essas vozes,
esse canto, esses ais incompreensíveis,
té do sábio pajé não percebidos,
são agouros ultrizes e aziagos,
maldições do sepulcro à raça humana.

☆ Rio Pardo/RS, 1806
✝ Lisboa, Portugal, 1879

O PATINHO

Francisca Júlia

O pintainho do pato,
galante, amarelo e novo,
mal saiu da casca do ovo
busca as águas do regato.

Todo ele, tão lindo e louro,
enquanto nas águas bóia
tem a graça de uma jóia
feita em ouro.

☆ *Xiririca (Eldorado)/SP, 1874*
✞ *São Paulo/SP, 1920*

O PAVÃO

Humberto de Campos

É na Assíria, nas épocas solenes
em que o reino de Baal ferve e delira,
que pela última vez surge da pira
a salamandra mítica da Fênix.

Quando Sardanapalo, em fúria, atira
ao fogo as gemas do seu paço*, indenes
nem aves restam: nos bulcões infrenes
a própria Fênix, chamejando, expira.

Feito em cinzas, porém, o ígneo tesouro,
delas se ergue o pavão, de asas serenas,
lantejoulado de safira e de ouro,

é que a Fênix extinta, cauda em halo,
ressuscitava, a arrebatar nas penas
toda a riqueza de Sardanapalo!

☆ *Miritiba/MA, 1886*
✝ *Rio de Janeiro/RJ, 1934*

* O soberano morreu na fogueira, juntamente com suas mulheres.

Pavão

Hermes Fontes

Ave-orgulho, ave-pompa, ave que abre e desata,
na opulência de tons, a plumagem-palheta,
palheta de Rembrandt, detalhadora e exata
em cores – branca, azul, verde, áurea, roxa ou preta.

E ostenta, além da cor, o esmalte, que arrebata
como o alado painel de qualquer borboleta
que, na sua expansão alígera e insensata,
mil sensações visuais nos realize ou prometa.

A cauda, policroma e farta, um leque imita,
– semicírculo irial que ao arco-íris esgota
toda a coloração efêmera e infinita...

Entanto – ave oca de alma, horror de quem a escuta! –
voando – o pavão não vale uma simples gaivota...
cantando – oh! antes fosse a mudez absoluta!...

☆ *Buquim/SE, 1888*
✝ *Rio de Janeiro/RJ, 1930*

Juriti

Casimiro de Abreu

Na minha terra, no bulir do mato,
a juriti suspira;
e como o arrulo dos gentis amores,
são os meus cantos de secretas dores
no chorar da lira.

De tarde a pomba vem gemer sentida
à beira do caminho;
– talvez perdida na floresta ingente –
a triste geme nessa voz plangente
saudades do seu ninho.

Sou como a pomba e como as vozes dela
é triste o meu cantar;
– flor dos trópicos – cá na Europa fria
eu definho, chorando noite e dia
saudades do meu lar.

A juriti suspira sobre as folhas secas
seu canto de saudade;
hino de angústia, férvido lamento,
um poema de amor e sentimento,
um grito d'orfandade!

Depois... o caçador chega cantando,
à pomba faz o tiro...
A bala acerta e ela cai de bruços,
e a voz lhe morre nos gentis soluços,
no final suspiro.

E como o caçador, a morte em breve
levar-me-á consigo;
e descuidado, no sorrir da vida,
irei sozinho, a voz desfalecida,
dormir no meu jazigo.

E – morta – a pomba nunca mais suspira
à beira do caminho;
e como a juriti – longe dos lares –,
nunca mais chorarei nos meus cantares
saudades do meu ninho!

☆ *Barra de São João/RJ, 1839*
✞ *Nova Friburgo/RJ, 1860*

Pomba ferida

Zalina Rolim

Ela veio cair trêmula, exangue,
junto a um craveiro aberto em rubras flores;
tinha entre as penas úmidas de sangue,
das pétalas do cravo as rubras cores.

O moribundo olhar enevoado,
toda a tremer de inquietação, volvia
para os beirais fronteiros do telhado,
donde queixoso pipilar partia...

Batendo as asas, arquejante, ansiado,
rápido chega, exausto, alucinado,
o companheiro que o lamento ouvira;

E a pobre que a esperá-lo à dor resiste,
soergue, ao vê-lo, a cabecinha triste
e as brancas asas agitando, expira...

☆ *São Paulo/SP, 1864*
✝ *São Paulo/SP, 1926*

O choro das pombas

Luiz Cassiano

As outras vagam giro acostumado,
por entre os beijos da tardinha, enquanto
duas sombrias um sombrio manto
sentem do céu, de risos esmaltado.

Aqui uma começa, do outro lado
uma outra torna à queixa que do canto
a graça tem, mas que de dor e pranto,
recorda, a vida lembra de um passado.

E o terno arrulho, languescente endecha,
desliza-lhe do peito, onde, fogoso,
um mimo – um coração, sente agonia!...

Mas, se entendida fora aquela queixa,
quanto soneto doce e primoroso
do coração das pombas sairia!...

☆ *Sabará/MG, 1867*
✝ *Ouro Preto/MG, 1903*

Os pombos

Magalhães Braga

Meu coração é um berço. Se o rasgassem,
nele veriam três pombos que falam.
Falam, mas um soluça, e os três embalam
o berço e os sonhos que no berço nascem.

Dois são brancos. Se os três sempre cantassem,
que festa! Mas se horrores me apunhalam,
dois desses pombos para os céus abalam,
como se o berço pelos céus trocassem.

Esperança é o primeiro. Não resiste
como o segundo, Amor. O outro é puro,
Saudade, um pombo negro, um pombo triste.

Ai de mim quando a treva o berço junca!
Os pombos brancos fogem, fica o escuro,
o que soluça não me deixa nunca.

☆ *Rio de Janeiro/RJ, 1886*
✞ *Rio de Janeiro/RJ, 1944*

Quero-quero

Félix Contreras Rodrigues

Sentinela avançada em descoberta
pela campina o quero-quero está,
teso o topete, em posição de alerta,
puas em riste, a catadura má.

Não senta em árvore, seu posto é lá
no chão e no ar que o seu clarim desperta
pronto a investir contra quem vem ou vá
com certeiros puaços, de asa aberta.

Em vôos de picadas, audaz e fero
aos gritos chega, bate o bico-quero!
roçando seus encontros de condor.

O primitivo dono do Rio Grande
quer ser quem nestes pagos inda mande,
não se entregou ainda ao invasor.

☆ Bagé/RS, 1884
✞ Bagé/RS, 1960

Quero-quero

Hernani de Carvalho Schmitt

Ave dissimulada! O teu orgulho é triste
por querer ocultar o que o teu canto pede.
No entanto a tua angústia a todas mais excede,
querendo um paraíso que não mais existe.

Mas é inútil querer... Só a dor é real.
Esse mal sem remédio a todos nós perdeu.
E se sei a verdade é porque Deus me deu
profunda intuição da vida universal.

O mundo é uma saudade, assim como as taperas.
E porque o mundo é assim, na dor te desesperas
nessa atroz aflição que te envenena a vida.

Dentro da treva densa ou claro plenilúnio,
como quem quer voltar a uma pátria perdida,
hás de sempre querer, para teu infortúnio.

☆ *Alegrete/RS, 1897*
✝ *Alegrete/RS, 1967*

Noite perdida

Antônio Feijó

Coitado do rouxinol!

Passou a noite ao relento,
do pôr ao nascer do sol,
sem descansar um momento,
sempre a cantar, sem dormir,
absorto no pensamento
de ver uma rosa abrir...
Coitado do rouxinol!
Passou a noite ao relento,
do pôr ao nascer do sol,
sempre a cantar, sem dormir...

Mas o mísero – coitado!
cantando tão requebrado,
com tal cuidado velou,
que adormeceu de cansado,
e os olhos tristes cerrou
no minuto, no momento
em que ao luar e ao relento
a rosa desabrochou...

Coitado do rouxinol!

Com tal cuidado velou
do pôr ao nascer do sol
e tanto, tanto cantou,
a noite inteira ao relento,
que de fadiga e tormento,

sem descansar, sem dormir,
fecha os olhos, perde o alento,
no minuto, no momento
em que a rosa vai abrir...

Coitado do rouxinol!

☆ Ponte do Lima – Minho, Portugal, 1860
✞ Estocolmo, Suécia, 1917

A MONJA E O ROUXINOL

Eugênio de Castro

Dos argentinos plátanos à sombra,
a linda monja, que já foi princesa,
deixa correr os olhos na paisagem...

Vê-se o mosteiro, ao longe, entre as folhagens...
Lá, num balcão às águas sobranceiro,
as outras monjas riem, contemplando
o polífono mar tão buliçoso,
que das vagas os límpidos aljofres
sobre o burel dos hábitos cintilam,
o aspecto dando àquelas pobrezinhas
de rainhas folgando numa boda.

A princesa real que se fez monja,
que uma c'roa trocou pelos cilícios
e as festas pela doce paz do claustro,
longe das companheiras sorridentes,
jamais aos brincos delas se associa.
Quando não dorme ou reza, a sua vida
é divagar sozinha pela cerca,
tão alheia a si mesma, tão suspensa
qual se as névoas dum sonho atravessasse...

A monja pensa...
Um dia, era noviça,
ao despertar, seus claros olhos viram
junto de si um rouxinol mavioso
que lhe disse:
"Sou eu, a tua alma,

que esta forma tomei para, voando,
correr distantes, lúcidos países,
cujos prodígios mil e mil encantos
virei contar-te nas serenas noites...”

Então o rouxinol bateu as asas,
mas nunca mais voltou à sua dona,
que de o tornar a ver já desespera,
sofrendo tanto que, chorosa, julga
ter tido, por milagre, duas almas,
porque, fugindo-lhe uma, não sentira
tais penas se uma outra não tivesse.

Fana-se o dia...
Eis que, ao nascer da lua,
entre as aves que voltam a seus ninhos,
da esbelta monja um rouxinol se abeira,
mirando-a e remirando-a até que rompe
num prateado cantar:
“Não me conheces?
Sou eu, a tua alma... Tem paciência
se de ti me apartei por tanto tempo;
ah! mas tu não calculas, minha amiga,
que lindas coisas vi, que lindas coisas
trago pra te contar...”

A paz da noite
pelos tranqüilos prados se aveluda;
e então à monja, que em transporte lânguido
parece ouvir ali celestes coros,
à linda monja cujos olhos mansos
se vão cerrando em mística volúpia,
o airoso rouxinol conta as viagens
que fez pelas estrelas diamantinas...

Oh! que doce cantar! cantar tão lindo
que o sol nasceu, subiu e enfim sumiu-se
sem que a monja em seu curso reparasse,
toda alheada a ouvir o divo canto...
E o canto não termina! E a lua branca
de novo sobe no ar, de novo expira,
novamente o sol fulge e empalidece,
e sempre o canto a acalentar a monja...

O canto celestial a vai levando
por divinos jardins maravilhosos,
onde os pálidos anjos sorridentes,
com aéreos vestidos de perfumes,
andam curando borboletas f'ridas...
Leva-a o canto pela Via Láctea,
onde há florestas brancas, todas brancas,
e onde em lagos de leite passam cisnes,
dos serafins extáticos, puxando
os barcos de cristal, cheios de lírios...

E o rouxinol não pára! conta, conta
maravilhas, prodígios, esplendores...
E a linda monja, ao ouvi-lo, sonha, sonha,
sem comer nem dormir dias e dias...
Morre por fim o outono, chega o inverno,
cai neve, o frio corta, mas a monja
só ouve o rouxinol... nada mais sente...
Morre o inverno, chega a primavera,
volta de novo o v'rão, e passam meses,
passam anos, ciclones, trovoadas,
e o rouxinol não pára! conta... canta...
E a linda monja, ao ouvi-lo, sonha... sonha...

Oh! que delícia aquela! que delícia!

De suas companheiras resta apenas
o frio pó nas frias sepulturas,
e o fogo destruiu todo o convento,
– porém a monja nada disso sabe!
A ouvir o rouxinol, não viu o incêndio
nem os dobres ouviu que anunciaram
das outras monjas a distante morte...

Novos anos se extinguem...
Uma guerra
teve lugar ali, mesmo ao pé dela,
que nada ouviu nem viu a ouvir o canto:
nem o estridor funesto das granadas,
nem os suspiros vãos dos moribundos,
nem o sangue que aos pés lhe ia correndo...

Um dia enfim o rouxinol calou-se!

Dos argentinos plátanos à sombra,
a monja despertou, suavemente,
e morreu, qual menino adormecendo,
enquanto o rouxinol voltava ledo
para o país que tanto o deslumbrara...

Cantara o rouxinol trezentos anos...

☆ *Coimbra, Portugal, 1869*
✞ *Coimbra, Portugal, 1944*

Passam cantando rouxinóis nos prados

Alphonsus de Guimaraens

Passam cantando rouxinóis nos prados
de além-mar...
(Por esse mundo quantos noivados
nesta hora que vai soar!)

Passam chorando sabiás nos cerros
do meu lar...
(Por esse mundo quantos enterros
nesta hora que vai soar!)

☆ *Ouro Preto/MG, 1870*
✞ *Mariana/MG, 1921*

Rouxinol

Frota Pessoa

Passas cantando, rouxinol de tranças,
essa eterna alegria gargalhando...
Canta! Tempo virá, que só lembranças
do passado feliz irás cantando.

Esses que vivem mágoas soluçando,
e que nunca cantaram de esperanças,
esses talvez que se aborreçam, quando
passas cantando, rouxinol de tranças.

Mas eu, que tive os risos da ventura,
e cantei as cantigas que a ternura
costuma pôr na boca das crianças...

Quero-te bem por toda essa alegria,
que, com teus risos cheios de harmonia,
passas cantando, rouxinol de tranças.

☆ *Sobral/CE, 1875*
✞ *Rio de Janeiro/RJ, 1921*

O SABIÁ

Fagundes Varela

Oh! meu sabiá formoso,
sonoroso,
já desponta a madrugada,
desabrocha a linda rosa,
donairosa,
sobre a campina orvalhada.

Manso o regato murmura
na verdura
descrevendo giros mil,
some-se a estrela brilhante,
vacilante,
no horizonte cor de anil.

Ergue-te, ó meu passarinho,
de teu ninho,
vem gozar da madrugada,
modula teu terno canto,
doce encanto
de minh'alma amargurada.

Vem junto à minha janela,
sobre a bela,
verdejante laranjeira,
beber o eflúvio das flores,
teus amores,
nas asas de aura fagueira.

Desprende a voz adorada,
namorada,
poeta da solidão,
ah! vem lançar com encanto
mais um canto
no livro da criação!

Oh! meu sabiá formoso,
sonoroso,
já desponta a madrugada:
deixa teu ninho altaneiro,
vem ligeiro
saudar a luz d'alvorada.

☆ *Rio Claro/RJ, 1841*
✝ *Niterói/RJ, 1875*

O canto dos sabiás

Fagundes Varela

Serão de mortos anjinhos
o cantar de errantes almas,
dos coqueirais florescentes,
a brincar nas verdes palmas,
estas notas maviosas
que me fazem suspirar?

São os sabiás que cantam
nas mangueiras do pomar.

Serão os gênios da tarde
que passam sobre as campinas,
cingido o colo de opalas
e a cabeça de neblinas,
e fogem, nas harpas de ouro
mansamente a dedilhar?

São os sabiás que cantam.
Não vês o sol a declinar?

Ou serão talvez as preces
de algum sonhador proscrito,
que vagueia nos desertos,
alma cheia de infinito,
pedindo a Deus um consolo
que o mundo não pode dar?

São os sabiás que cantam.
Como está sereno o mar!

Ou, quem sabe, as tristes sombras
de quanto amei neste mundo,
que se elevam lacrimosas
de seu túmulo profundo,
e vêm os salmos da morte
no meu desterro entoar?

São os sabiás que cantam.
Não gostas de os escutar?

Serás tu, minha saudade?
Tu, meu tesouro de amor?
Tu que às tormentas murchaste
da mocidade na flor?
Serás tu? Vem, sê bem-vinda,
quero-te ainda escutar.

São os sabiás que cantam
antes da noite baixar.

Mas ah! delírio insensato!
Não és tu, sombra adorada!
Não há cânticos de anjinhos,
nem de falange encantada
passando sobre as campinas
nas harpas a dedilhar!

São os sabiás que cantam
nas mangueiras do pomar.

☆ Rio Claro/RJ, 1841
✞ Niterói/RJ, 1875

O SABIÁ

Manuel do Carmo

O sabiá quando canta
parece um vate a chorar;
toda a tristeza suplanta
o seu tristonho cantar.

Gonçalves Dias chorando
lá das praias de além-mar,
é sabiá modulando
suas mágoas a cantar...

Que é o vate quando soluça
nostalgias, a chorar,
sabiá que se debruça
nas palmeiras a cantar!

É uma mesma voz que as águas
põem de aquém e de além-mar,
a dizer as suas mágoas,
um chorando, outro a cantar.

☆ *Santiago/RS, 1891*
✞ *São Paulo/SP, 1951*

OS BOIS

*A. de Macedo Papança**

Na doce paz da tarde que declina
após a faina, sob um sol ardente,
vão os bois recolhendo lentamente
pelas vias desertas da campina.

Atravessam depois, a cristalina
ribeira; e a flébil som de água corrente,
bebem sedentos, demoradamente,
numa sensual rudeza que os domina.

Mas quando, fartos d'água, erguendo as frontes,
os beiços escorrendo, olham os montes,
e ouvem cantar ao alto os rouxinóis,

eu fico-me a cismar, calado e triste,
que um mundo de impressões, que uma alma existe
nos olhos enigmáticos dos bois.

☆ *Reguengos de Monsarás – Alentejo, Portugal, 1852*
✝ *Lisboa, Portugal, 1913*

* Conde de Monsarás.

O BOI

*Odilon Nestor**

Amo-te, ó boi piedoso! Um sentimento
de vigor e de paz tu me forneces,
grave e solene, como um monumento,
olhando os campos de douradas messes.

Preso à canga, não soltas um lamento,
mas ao homem na lida favoreces.
Ele fala e te punge, e tu com o lento
volver dos olhos mansos lhe obedeces.

Nessa larga narina, úmida e escura,
bafeja o teu espírito, e ridente,
como um hino, o mugido no ar se perde.

E em teu olhar de límpida doçura,
calmo, se espelha majestosamente,
dos verdes campos o silêncio verde.

☆ *?, 1875*
✞ *Recife/PE, 1939*

* Poeta brasileiro nascido na Paraíba.

Os olhos dos animais

Teixeira de Pascoaes

Que triste o olhar do cão! Até parece
mais um queixume, um íntimo lamento
da noite interior que lhe escurece
o coração, que é todo sentimento.

E os mansos bois soturnos! Que tormento
em seus olhos, tão calmos, transparece...
E os olhos da ovelhinha e os do jumento!
Que tristes! Só o vê-los, entristece...

Chora, em todo o crepúsculo, a tristeza.
E além do ser humano, a natureza
é lívida penumbra feita de ais...

Por isso, o vosso olhar de escuridão
é mais lágrima ainda que visão,
ó pobres e saudosos animais!

☆ *Amarante – Douro, Portugal, 1877*
✝ *Amarante – Douro, Portugal, 1952*

O CHORO DO GADO

Antenor Moraes

Aquele grande borrão
que se vê junto ao umbu,
de sangue esparso no chão,
é sinal de carneação
que se fez de algum zebu.

E quando no céu não arde
mais o disco do calor,
o gado, num grande alarde,
enche de choros a tarde,
em tristes berros de dor.

É que a rês tem sentimento,
sente saudades também,
e expressa seu sofrimento,
em um profundo lamento,
chorando a falta de alguém.

☆ *Taquari/RS, 1881*
✞ *São Paulo/SP, 1955*

A BOIADA

Humberto de Campos

A caminho dos portos e dos curros,
fazendo curva ou retidões de réguas,
desce a boiada, aos corcovões e esturros,
vencendo estradas de noventa léguas.

Vem das pastagens de Inhamuns*. E, entre urros,
a poeira, e as filas de alazões e de éguas,
erguem-se dorsos, babam-se chamurros,
chocam-se chifres, num fragor sem tréguas.

Ao pôr-do-sol, é o descansar. Se a lua,
porém, se alteia no sertão remoto,
a romagem, de novo, continua.

E ao luar, chouteando no pastal que medra,
recorda um monte que, num terremoto,
chocasse, ondeando, seus cardais de pedra!

☆ *Miritiba/MA, 1886*
✝ *Rio de Janeiro/RJ, 1934*

---

* Ceará.

Pomar abandonado

Ribeiro Couto

No pomar abandonado
onde pessegueiros velhos se curvam para o chão,
cabras ávidas, de pé nas patas traseiras,
quebram galhos cobertos de frutos verdes
e ficam a roer tranqüilamente as folhas.

Os cabritinhos lamentosos
andam em volta das mães indiferentes.
Às vezes atiram-se às tetas úberes
e mamam, aos trancos do focinho sequioso.

As cabras roem tranqüilamente as folhas
e voltam a erguer-se nas patas traseiras,
tentando atingir os galhos mais altos,
cobertos de frutos verdes.

☆ *Santos/SP, 1898*
✝ *Paris, França, 1963*

Na sepultura de um cão

Apollinário Porto Alegre

I

Cupim, meu pobre cão, meu fido Acates,*
da vida nos aspérrimos embates
sempre te tive ao lado, sempre amigo;
hoje repousas em feral jazigo
à sombra de magnífica palmeira
que te adorna a morada derradeira.
Leve, passando, a brisa à soledade
o acento intraduzível da saudade.

Homem, o que és em face da alimária
dormida sob a leiva funerária?
Ela no padecer que nos tortura,
quando nos foge o riso da ventura,
procura soletrar na tez do rosto
o motivo que dá-nos o desgosto,
ela, grata, leal, sem fingimentos,
à imaculada luz dos sentimentos.

Tu que sepultas o punhal no peito
de quem parte contigo a mesa e o leito,
de quem te apaga do sofrer a ruga
e do semblante a lágrima te enxuga;
tu, infame, covarde, atroz, maldito,
tendo na fronte a marca do precito,
não tens desse animal a afeição rara,
nem a amizade à dele se compara.

---

* Fiel companheiro de Enéas, na *Eneida.*

II

Mas desse teu olhar inteligente
a centelha vivaz e refulgente,
aos últimos estertores da agonia,
se some numa cova úmida e fria?
A força ígnea, imortal, não há quem herde?
Alfim tudo se esvai, tudo se perde,
como a fumaça que o tufão esgarça
e que mais não se vê, depois de esparsa?

Nada se perde, a mesma singeleza
aproveita e cinzela a natureza
no enorme e colossal laboratório,
onde se molda o corpo do infusório
ao lado do arcabouço da baleia...
Portentoso labor da imensa teia!
A essência pura dos candores d'alma,
da amizade a virente e eterna palma,
não morrem para sempre. São o aroma
que daqui ala-se e na altura assoma.

Dorme, Cupim, à sombra da palmeira
que te vela a morada derradeira.

☆ *Rio Grande/RS, 1844*
✞ *Porto Alegre/RS, 1904*

A MATILHA

Teófilo Dias

Pendente a língua rubra, os sentidos atentos,
inquieta, rastejando os vestígios sangrentos,
a matilha feroz persegue enfurecida,
alucinadamente, a presa malferida.
Um, afitando o olhar, sonda a escura folhagem;
outro consulta o vento; outro sorve a bafagem,
o fresco, vivo odor, cálido e penetrante
que, na rápida fuga, a vítima arquejante
vai deixando no ar, pérfido e traiçoeiro;
todos, num turbilhão fantástico, ligeiro,
ora, em vórtice, aqui se agrupam, rodam, giram,
e cheios de furor frenético respiram,
ora, cegos de raiva, afastados, dispersos,
esbraseando o olhar, dilatando as narinas,
transpõem num momento os vales e as colinas,
sobem aos alcantis, descem pelas encostas,
recruzam-se febris em direções opostas,
té que da presa, enfim, nos músculos cansados
cravam com avidez os dentes afiados.
Não de outro modo, assim meus sôfregos desejos,
em matilha feroz de alucinados beijos
percorrem-te o primor às langorosas linhas,
as curvas juvenis, onde a volúpia aninhas,
frescas ondulações de formas florescentes
que o teu contorno imprime às roupas eloqüentes:
o dorso aveludado, elétrico, felino,
que poreja um vapor aromático e fino;
o cabelo revolto em anéis perfumados,
em fofos turbilhões, elásticos, pesados;

as fibrilhas sutis dos lindos braços brancos,
feitos para apertar em nervosos arrancos;
a exata correção das azuladas veias,
que palpitam, de fogo intumescidas, cheias
– tudo a matilha audaz perlustra, corre, aspira,
sonda, esquadrinha, explora, e anelante respira,
até que, finalmente, embriagada, louca,
vai encontrar a presa – o gozo – em tua boca.

☆ *Caxias/MA, 1854*
✞ *São Paulo/SP, 1889*

Amor aos totós

Henrique de Casaes

Entregas a cuidados mercenários
teu marido e teus filhos; entretanto
dois totós possuis: Joli, Fifina,
são teu maior encanto
e lhes dispensas maternal carinho.

Ambos têm jóias e colchões de penas,
cobertores de seda, travesseiros
enfeitados de rendas.
A melhor iguaria
que vai à mesa os teus totós a comem.
Balas de chocolate, das melhores,
bolos de ovos, pastéis e bons bocados,
enfim tudo o que é bom, os dois mimosos
largamente desfrutam.

No inverno andam vestidos
de agasalhos de peles.

Quando algum cai doente, logo chamas
o esculápio canino, que receita
fomentações e banhos e tisanas,
que tu mesma lhes dás, na hora marcada.

Chegaste à perfeição: ambos possuem
bilhetes de visita e em dia de anos
do Joli, da Fifina, há comezaina,
e os totós das amigas
trazem presentes com dedicatórias.

Entretanto
entregas a cuidados mercenários
teu marido e teus filhos.

☆ *Salvador/BA, 1864*
✝ *Porto Alegre/RS, 1948*

VERSOS A UM CÃO

Augusto dos Anjos

Que força pôde, adstrita a embriões informes,
tua garganta estúpida arrancar
do segredo da célula ovular
para latir nas solidões enormes?!

Esta obnóxia inconsciência, em que tu dormes,
suficientíssima é para provar
a incógnita alma, avoenga e elementar
dos teus antepassados vermiformes.

Cão! Alma de inferior rapsodo errante!
Resigna-a, ampara-a, arrima-a, afaga-a, acode-a
a escala dos latidos ancestrais...

E irás assim, pelos séculos, adiante,
latindo a esquisitíssima prosódia
da angústia hereditária dos teus pais!

☆ *Espírito Santo/PB, 1884*
✞ *Leopoldina/MG, 1914*

O CAVALO MORIBUNDO

Bernardo Taveira Junior

Na relvosa campina, enquanto andavam
os outros a pastar, vi-o prostrado!
Vi o pobre animal extenuado,
por levantar-se embalde forcejando!
Que lástima! que pena a quem o via
naquele estado triste e miserando!

A lânguida cabeça erguia às vezes,
e nos tíbios olhares que deitava
já da morte o sinal se desenhava!...
Há no olhar do cavalo moribundo
certa expressão de mágoa, dor e súplica,
que n'alma instila um condoer profundo.

E esse olhar que nos deita diz – piedade!
Socorro implora n'aflição ingente!
Alívio pede no arquejar pungente!
Reflete o horror supremo da agonia!...
Esse olhar derradeiro é seta aguda
que vara o coração de uma alma pia!

Ei-lo! o pobre animal co'a pel'nos ossos,
estirado no chão e sem alento!
Nesse leito em que jaz do seu tormento
ofega a estrebuchar, e geme, anseia!...
Respira, vive ainda, e já, faminto,
fareja o corvo a presa, e se recreia!

Que quadro! que martírio angustioso
é esse do cavalo que, abatido
à força de maus tratos e, inanido,
cai, sem mais levantar-se, o pó mordendo!...
Oh! n'arena marcial antes tombara
da rouca artilharia ao som tremendo!

Altivo ali ao menos correria,
montado por guerreiro audaz, brioso;
e ou no prélio vencera glorioso,
ou morte ali tivera assinalada!...
Mas acabar de fome e no abandono,
é morte ainda mais que desgraçada!

E eu vi assim penando esse cavalo,
que ao senhor já servira longos anos...
Ai! certo eu não o vira, se tiranos
tantos homens na terra não vivessem,
que valor dão somente aos servidores
enquanto um pingue adubo ao lucro of'recem!

Quem do enfermo animal não tem piedade,
jamais, jamais sentiu no brônzeo peito
de uma pura afeição o doce efeito;
jamais, na caridade enobrecido,
ao encarar os quadros da desgraça
sequer uma só lágrima há vertido!

E nobre criatura é o cavalo!
Um instinto possui admirável;
sujeito ao homem, torna-se amorável;
e no labor ao homem se associa;

veloz corta amplidões; e, fiel ao dono,
com ele o seu valor jamais se esfria.

E eu vi-o sem alento agonizando!
Vi-o nas vascas de um penar horrível –
penar que trespassara o insensível!...
E se olhava... Que olhar de moribundo! –
E que expressão de mágoa, dor e súplica,
que imagem viva de um doer profundo!

☆ *Rio Grande/RS, 1836*
✞ *Pelotas/RS, 1892*

O cavalo

Fagundes Varela

Corre, voa, transpõe outeiros,
corta os charcos de sombra cobertos,
quebra as pedras, escarva as planícies,
vinga os cerros, – devora os desertos!

Vamos, meu cavalo branco,
minha neblina veloz,
deixemos campos e prados,
sarças, brejos e valadas,
ermos, vilas, povoados,
e – os homens, atrás de nós!

Vamos, vamos, busquemos as terras
onde habitam meus doidos amores,
onde espera por mim, ansiosa,
a mais lânguida flor, entre as flores.

Onde tudo é liberdade,
vida, calor, gozo e luz;
onde as plácidas campinas
regurgitam de boninas
às carícias peregrinas
de um sol que sempre reluz!

Bebe a plenos pulmões as bafagens
desta noite sombria, mas pura;
deixa as feras rugirem no mato,
deixa o inseto chilrar na espessura!

Deixa que gema nas rochas
o mocho embusteiro e vil,
que as cobras no chão rastejem,
que os fogos-fátuos doidejem,
que as feiticeiras praguejem,
que pulem demônios mil!

Não és tu destemido e valente?
Não palpitas de seiva e de vida?
Tantas vezes por brenhas e gandras*
não venceste o tufão na corrida?

Bem poucos homens, bem poucos
te igualam, nobre animal!
Raros na vivacidade...
Talvez algum na amizade,
mas nenhum na lealdade,
na intrepidez natural!

Como rasgas as trevas garboso!
Ah! como elas te lambem as ancas!
Como aos ventos sacodes ousado
essas crinas espessas e brancas!

A teus pés saltam centelhas,
rebentam rubros fuzis,
e os festões das amoreiras,
e as selvagens trepadeiras
curvam-se humildes, rasteiras,
beijam-te os cascos, servis.

* Charnecas.

Mil figuras estranhas te espreitam,
convulsivas, na margem da estrada,
depois fogem silvando, e se escondem
no remanso da mata cerrada.

Mil muralhas, mil colunas,
mil orgulhosos frontais,
mil capitéis trabalhosos,
fustes, pilares pomposos
se levantam portentosos
a cada salto que dás!

Novos mundos parece que vejo,
novo solo parece que pisas,
novos cantos escuto no espaço,
novas queixas nas asas das brisas!

Corre, meu bom companheiro,
voa, meu bravo corcel,
somos livres como os ares,
as serras com seus palmares,
o sertão com seus jaguares,
os astros com seu dossel!

Corre, voa, transpõe os outeiros,
corta os charcos de sombra cobertos,
quebra as pedras, escarva as planícies,
vinga os cerros, – domina os desertos!

☆ Rio Claro/RJ, 1841
✞ Niterói/RJ, 1875

Cetáceo

Pedro Kilkery

Fuma. É cobre o zênite. E, chagosos do flanco,
fuga e pó, são corcéis de anca na atropelada.
E tesos no horizonte, a muda cavalgada.
Coalha bebendo o azul um largo vôo branco.

Quando e quando esbagoa ao longe uma enfiada
de barcos em betume indo as proas de arranco.
Perto uma janga embala um marujo no banco
brunindo ao sol brunida a pele atijolada.

Tine em cobre o zênite e o vento arqueja e o oceano
longo enfloca-se a vez e vez e arrufa,
como se a asa que o roce ao côncavo de um pano.

E na verde ironia ondulosa de espelho
úmida raiva iriando a pedraria. Bufa
o cetáceo a escorrer d'água ou do sol vermelho.

☆ *Santo Antônio de Jesus/BA, 1885*
✝ *Salvador/BA, 1917*

A uma gata

João de Deus

Tu só, pobre animal, beijas o triste!
Tu que o rato devoras, e que os dentes
tens afiados para quanto existe!
Caprichosa exceção! dize: que sentes?

Amas, pobre animal! e tens tu pena,
sim, pode na tua alma entrar piedade?
Se pode entrar eu sei! Negar quem há de
amor ao tigre, coração à hiena!

Tudo no mundo sente: o ódio é prêmio
dos condenados só que esconde o inferno.
Tudo no mundo sente: a mão do Eterno
a tudo deu irmão, deu par, deu gêmeo.

A mim deu-me esta gata, a mim deu-me isto...
Esta fera, que as unhas encolhendo
pelos ombros me trepa e vem, correndo,
beijar-me... Só não vivo! amado existo!

✰ *São Bartolomeu de Messines – Algarve, Portugal, 1830*
✞ *Lisboa, Portugal, 1896*

À morte felicíssima de um javali pelo tiro, que nele fez u'a infanta de Portugal

Botelho de Oliveira

Não sei se diga (ó bruto) que viveste,
ou se alcançaste morte venturosa;
pois morrendo da destra valerosa,
melhor vida na morte mereceste.

Esse tiro fatal, de que morreste,
em ti fez u'a ação tão generosa,
que entre o fogo da pólvora ditosa
da nobre glória o fogo recebeste.

Deves agradecer essa ferida,
quando esse tiro o coração te inflama,
pois a maior grandeza te convida:

de sorte, que te abriu de golpe a chama
uma porta perpétua para a vida,
u'a boca sonora para a fama.

☆ *Salvador/BA, 1636*
✞ *Salvador/BA, 1711*

O leão e a raposa

*Marquesa de Alorna**

"Meu senhor (disse a raposa,
falando um dia ao leão),
eu não sou mexeriqueira,
mas calar-me é sem razão.

Sabe que mais? Anda o burro
aqui por toda a cidade
a dizer mil insolências
contra Vossa Majestade.

Ele diz que não percebe
como lhe acham talentos,
em que consiste a grandeza
desses seus merecimentos.

Diz que seu valor é força,
e que é pouca habilidade
quando vence facilmente
ostentar heroicidade".

Calou-se um pouco o leão,
e depois, sorrindo, disse:
"Qu'importa o que diz um asno?
Enfadar-me é parvoíce".

☆ *Lisboa, Portugal, 1750*
✝ *Lisboa, Portugal, 1839*

---

* Leonor de Almeida Lorena e Lencastre.

Leão moribundo

João de Deus

Achou-se um dia o rei dos animais
por velhice ou doença moribundo,
        e (há casos neste mundo
        incríveis, mas reais...)
quem dantes mais solícito o servia,
é que às portas da morte o injuria!

Veio o cavalo e deu-lhe uma patada!
Veio o lobo, ferrou-lhe uma dentada!
Veio o boi, arrumou-lhe uma marrada!
Ele, contudo, manso como um lago,
apenas lhes lançou um olhar vago...

        Mas quando ouviu um zurro
        e olhando então deveras,
viu aos pinotes vir correndo o burro...
        Ah! pressentindo a injúria,
        com mais horror que fúria,
        o forte de outras eras,
        rei dos bosques e feras,
em suma, o grande, o generoso, o forte,
        arranca das entranhas
um gemido, um rugido, um uivo, um urro
que retumbou por vales e montanhas:
"Antes a morte! a morte!"
                A morte! a morte!

☆ São Bartolomeu de Messines – Algarve, Portugal, 1830
✞ Lisboa, Portugal, 1896

O LEÃO CATIVO

Paulo Corrêa Lopes

Ao perpétuo esplendor da natureza bruta,
em plena calma, em pleno areal do Saara ardente,
na fúria do domínio, acostumado à luta,
vagava o leão soberbo, à sorte indiferente...

Certa vez, ao deixar a furna, casualmente,
tombou, sem perceber, numa armadilha arguta;
e rugiu, e lutou desesperadamente,
e o medonho rugido ecoou de gruta em gruta...

Em vão se debateu contra o imenso perigo,
no delírio feroz de um gladiador antigo,
contemplando o rival, sobre o círculo, exangue.

E, hoje, em férreos grilhões, numa doida peleja,
se estorce, e se debate, e se esfacela, e arqueja,
em frêmitos de raiva, em borbotões de sangue.

☆ Itaqui/RS, 1898
✝ Porto Alegre/RS, 1957

O MORCEGO

Augusto dos Anjos

Meia-noite. Ao meu quarto me recolho.
Meu Deus! E este morcego! E, agora, vede:
na bruta ardência orgânica da sede
morde-me a goela ígneo e escaldante molho.

"Vou mandar levantar outra parede..."
– digo. Ergo-me a tremer. Fecho o ferrolho
e olho o teto. E vejo-o ainda, igual a um olho,
circularmente sobre a minha rede!

Pego de um pau. Esforços faço. Chego
a tocá-lo. Minh'alma se concentra.
Que ventre produziu tão feio parto?!

A Consciência Humana é este morcego!
Por mais que a gente faça, à noite, ele entra
imperceptivelmente em nosso quarto!

☆ *Espírito Santo/PB, 1884*
✞ *Leopoldina/MG, 1914*

O MORCEGO

Da Costa e Silva

Como uma borboleta escura e desconforme,
suspenso pelos pés com o instintivo emprego
das garras que o sustém, o mórbido morcego,
tonto de sono e luz, durante o dia dorme.

Dorme durante o dia; e à noite, ei-lo, conforme
é costume, senhor do pávido sossego,
abrindo o membranoso e elástico refego
das asas que lhe dão um todo demiforme.

Rasgando, em largo vôo, a treva ampla e uniforme,
o noturno avejão guincha em desassossego,
a pupila incendida a arder na noite enorme.

E é de ver-se, depois, em lânguido aconchego,
as asas a abanar sobre o animal que dorme,
o sanguinário egoísmo em forma de morcego.

☆ *Amarante/PI, 1885*
✝ *Rio de Janeiro/RJ, 1950*

A uma ovelha

Teixeira de Pascoaes

Entre as meigas ovelhas pobrezinhas,
que eu guardo, pelos montes, uma existe
que anda, longe, balindo, sempre triste
e vive só das ervas mais sequinhas.

Que pressentes na alma? que adivinhas?
Etérea voz de dor acaso ouviste?
Que foi que tu, nas nuvens, descobriste?
Não és irmã das outras ovelhinhas?

Sobes às altas fragas escarpadas,
e contemplas o sol que desfalece
e as primeiras estrelas acordadas...

E assim páras, a olhar o céu profundo,
faminta dessa relva, que enverdece
os outeiros e os vales do Outro Mundo.

☆ *Amarante – Douro, Portugal, 1877*
✞ *Amarante – Douro, Portugal, 1952*

A UM CARNEIRO MORTO

Augusto dos Anjos

Misericordiosíssimo carneiro
esquartejado, a maldição de Pio
Décimo caia em teu algoz sombrio
e em todo aquele que for seu herdeiro!

Maldito seja o mercador vadio
que te vender as carnes por dinheiro,
pois, tua lã aquece o mundo inteiro
e guarda as carnes dos que estão com frio!

Quando a faca rangeu no teu pescoço,
ao monstro que espremeu teu sangue grosso
teus olhos – fontes de perdão – perdoaram!

Oh! tu que no perdão eu simbolizo,
se fosses Deus, no Dia do Juízo,
talvez perdoasses os que te mataram!

☆ *Espírito Santo/PB, 1884*
✞ *Leopoldina/MG, 1914*

O URSO BRANCO

Silveira Neto

Gelo o mar, gelo a praia, e a montanha de gelo
o sudário polar até aos ares recorta.
A terra é branca, o espaço é bruma, o frio corta
e o silêncio parece o eco de um pesadelo.

Nem uma flor da Islândia à geleira conforta.
Apenas, tardo e lento, a invernia no pêlo,
e monótono e só, o urso branco, é de vê-lo,
como a um sonho apagado olha a paisagem morta.

Neva o horizonte... frio o céu profundo neva,
dos ocasos não tens o violento damasco
nem plintos de ouro, nem rosais, só gelo e treva.
Mas não ouve também, rei do polo, na insana
luta da vida (glória a ti!), transido de asco,
o macabro tantã da hipocrisia humana.

☆ *Morretes/PR, 1872*
✞ *Rio de Janeiro/RJ, 1942*

Bibliografia

AMORA, Antônio Soares e outros. *Grandes poetas românticos do Brasil.* São Paulo: LEP, 1959.

ANJOS, Augusto dos. *Eu.* Rio de Janeiro: Livraria São José, 1962.

BANDEIRA, Manuel. *Antologia dos poetas brasileiros: poesia da fase parnasiana.* Rio de Janeiro: Nova Fronteira, 1996.

BANDEIRA, Manuel. *Antologia dos poetas brasileiros: poesia da fase simbolista.* Rio de Janeiro: Nova Fronteira, 1996.

BANDEIRA, Manuel. *Antologia dos poetas brasileiros: poesia da fase romântica.* Rio de Janeiro: Nova Fronteira, 1996.

BILAC, Olavo. *Obra reunida.* Rio de Janeiro: Nova Aguilar, 1996. Organização e introdução de Alexei Bueno.

BOCAGE, Manuel Maria du. *Os melhores poemas de Bocage.* São Paulo: Global, 1987. Seleção de Cleonice Berardinelli.

BRAZIL, Zeferino. *Vovó musa.* Porto Alegre, 1903 (s/indicação de editor).

CAMÕES, Luís de. *Sonetos.* Lisboa: Empresa Literária Fluminense, 1924.

CAMPOS, Humberto de. *Poesias completas.* Rio de Janeiro: José Olympio, s.d.

CARMO, Manuel do. *Setembro.* São Paulo: Olegário Ribeiro, 1917.

CARVALHO, Vicente de. *Versos da mocidade.* Porto: Livraria Chardron, 1912.

CASAES, Henrique de. *Inverno sempre em flor.* Porto Alegre: Livraria Americana, 1927.

CASSES, Átila Guterres. *Stradivarius.* Rio de Janeiro: A Noite, 1943.

CASTRO, Eugenio de. *Poesias escolhidas.* Paris: Aillaud, 1902.

CORREIA, Raimundo. *Poesia completa e prosa.* Rio de Janeiro: José Aguilar, 1961. Texto, cronologia, notas e estudo biográfico de Waldir Ribeiro do Val.

COUTO, Ribeiro. *Dia longo.* Lisboa: Portugália, 1944.

CRUZ E SOUSA. *Poesias completas de Cruz e Sousa.* Rio de Janeiro: Ediouro, s.d. Edição revista por Tasso da Silveira.

DEUS, João de. *Campo de flores. Poesias lyricas completas.* Paris: Aillaud; Lisboa: Bertrand; Rio de Janeiro: Francisco Alves, s.d. v.1. Coordenação sob as vistas do autor por Theophilo Braga.

FERREIRA, A. *As mais lindas poesias dos melhores poetas portugueses.* Lisboa: Empreza de Edições Illustradas, s.d.

FIGUEIREDO, Jackson de. *Humilhados e luminosos.* Porto: Renascença Portuguesa, 1921.

FONTES, Hermes. *Apotheoses.* Rio de Janeiro: Edição do Auctor, 1908.

FREIRE, Laudelino. *Sonetos brasileiros. Séculos XVIII-XX.* Rio de Janeiro: Briguiet, 1912.

GUIMARAENS, Alphonsus de. *Dona Mystica,* 1899 (s/indicação de editor).

GUIMARAENS, Eduardo. *A divina quimera.* Porto Alegre: Livraria do Globo, 1944. Edição definitiva organizada e prefaciada por Mansueto Bernardi.

LISBOA, Álvaro. *Poesias.* Porto Alegre: Tipografia do Centro, 1947.

LOPES, Paulo Corrêa. *Obra poética.* Porto Alegre: EDIPUCRS, Instituto Estadual do Livro & FAPERGS, 1991. Fixação do texto, organização e notas de Ir. Elvo Clemente e Mirna Dietrich.

LUFT, Celso Pedro. *Dicionário de literatura portuguesa e brasileira.* Porto Alegre: Globo, 1979.

MACHADO, Antônio Carlos. *Coletâneas de poetas sul-riograndenses.* Rio de Janeiro: Minerva, 1952.

MARTINS, Ari. *Escritores do Rio Grande do Sul.* Porto Alegre: Editora da UFRGS & Instituto Estadual do Livro, 1978.

MONEY, Sali. *Reino animal.* São Paulo: Melhoramentos & Editora da USP, 1977.

MORAES, Antenor de. *Poesias.* Porto Alegre: Livraria do Globo, 1957.

MURICI, Andrade. *Panorama do movimento simbolista brasileiro.* Rio de Janeiro: Departamento Nacional do Livro, 1952. v.1 e 2.

OLIVEIRA, Alberto de. *Poesias. Segunda série.* Rio de Janeiro: Garnier, 1912.

OLIVEIRA, Alberto de. *Céo, terra e mar. Antologia em prosa e verso.* Rio de Janeiro: Francisco Alves, 1918.

OLIVEIRA, Alberto de. *Os cem melhores sonetos brasileiros.* Rio de Janeiro: Freitas Bastos, 1950. 5a. ed. revista e atualizada por Edgard Rezende.

PASCOAES, Teixeira de. *As sombras. O doido e a morte. Senhora da noite.* Paris: Aillaud; Lisboa: Bertrand, s.d. (Obras completas, 2)

PASCOAES, Teixeira de. *Cantos indecisos. Vida etérea. Elegias.* Paris: Aillaud; Lisboa: Bertrand, s.d. (Obras completas, 3)

PESSOA, Fernando & BOTTO, Antonio. *Antologia de poetas portugueses modernos.* Coimbra: Nobel, 1944.

PESSOA, Fernando. *Seleção poética.* Rio de Janeiro: José Aguilar & MEC, 1971. Fixação do texto e notas de Maria Aliete Galhoz.

PORTO ALEGRE, Achylles. *Val de lírios.* Porto Alegre: Livraria do Globo, 1921.

PORTO ALEGRE, Apollinário. *Flores da morte.* Porto Alegre: Typographia Marinoni, 1904.

RAMOS, Péricles Eugênio da Silva. *Poesia barroca.* São Paulo: Melhoramentos, 1967.

RAMOS, Péricles Eugênio da Silva. *Poesia parnasiana.* São Paulo: Melhoramentos, 1967.

REZENDE, Edgard. *Os mais belos sonetos brasileiros.* Rio de Janeiro: Freitas Bastos, 1946.

SANTOS, Nádia & SANTOS, Yolanda Lhullier. *Lendas, fábulas e apólogos.* São Paulo: Logos, 1959.

SCHMITT, Hernani de Carvalho. *Poesia e prosa.* Alegrete: Cadernos do Extremo Sul, 1953.

SCHÜLER, Donaldo. *A poesia no Rio Grande do Sul.* Porto Alegre: Mercado Aberto & Instituto Estadual do Livro, 1987.

SILVA, Da Costa e. *Anthologia.* Rio de Janeiro: Civilização Brasileira, 1934.

TAVEIRA JUNIOR, Bernardo. *As provincianas.* Porto Alegre: Movimento; Brasília: MinC, Pró-Memória & INL, 1986. Fixação de texto e estudos crítico e bibliográfico por Carlos Alexandre Baumgarten e Maria Eunice Moreira.

TIGRE, Bastos. *Moinhos de vento.* Rio de Janeiro: Leite Ribeiro & Maurillo, 1920.

VILLAS-BÔAS, Pedro Leite. *Dicionário bibliográfico gaúcho.* Porto Alegre: Escola Superior de Teologia & Edgal, 1991.

WAMOSY, Alceu. *Poesia completa.* Porto Alegre: EDIPUCRS, Instituto Estadual do Livro & Alves Editores, 1994.

ÍNDICE DE POEMAS E PRIMEIROS VERSOS EM ORDEM ALFABÉTICA

À esfera, cujo azul glorioso abril desvenda 502
À estátua de Apolo ferida por um raio 241
À morte felicíssima de um javali pelo tiro,
que nele fez u'a infanta de Portugal 585
À noite, ao astral palor das estrelas na altura, ... 478
À religião, às leis nenhum respeito; 260
Abandonada, A 336
Abelha, A 437
Abóboda malfeita 307
Abrem duas janelas para a rua 72
Abrem duas janelas para a rua, ... 72
Abriu num vôo audaz as desmedidas asas. 517
Acabei de reler a tua vida 366
Achou-se um dia o rei dos animais 587
Acostumei-me a vê-lo todo o dia 503
Adesão 294
Adormecida está... E a luz da lamparina, ... 385
Águia negra, num vôo, de repente, A 495
Águia 496
Águia, A 495
Agulha em palheiro 290
Ai Nise amada! se este meu tormento, ... 38
Ai Nise amada... 38
Além... além... bem alto!... 525
Alguns lábios, de algumas, são rosados 174
Alma minha gentil, que te partiste 22
Alma minha gentil, que te partiste 22
Amar 112
Amas a três peraltas. Dividida 305
Amemos a mulher que não ilude, ... 101
Amigos cento e dez e talvez mais, ... 265
Amo o pobre, deixo o rico, ... 266
Amor aos totós 574
Amor é um fogo que arde sem se ver 24
Amor é um fogo que arde sem se ver; 24
Amores da abelha, Os 433
Amores da aranha, Os 468
Amo-te, ó boi piedoso! Um sentimento 565
Andorinha que fizeste 499

Andorinha 499
Andorinha 502
Andorinhas 501
Andou, durante o dia, o enxame em seu tropel 436
Aninhas 352
Anjo caído 337
Ao charco mais escuso e mais imundo 93
Ao grande literato homeopático dr. Veludo 264
Ao padre Girão, por fazer versos compridos 235
Ao Parnaso quer subir 259
Ao perpétuo esplendor da natureza bruta, ... 588
Ao sr. Manuel Francisco de Almeida, em resposta ao soneto que fez no doloroso transe de ser corneado por uma freira 243
Ao transpor os umbrais do teu prostíbulo, ... 361
Aos giros e vaivéns turbilhonando e em tudo, ... 438
Aos maus juízes 237
Aos pinchos, pela sombra, indolente e moroso, ... 479
Aos que sonham 116
Após o festim 388
Aquela mão 196
Aquele grande borrão 567
Aqui, sobre estas águas cor de azeite, ... 84
Aranha, A 469
Arcanjos maus passai, todos cobertos 356
Arcanjos maus passai, todos cobertos 356
Arda de raiva contra mim a intriga, ... 274
Ardentes filhas do prazer, dizei-me! 351
Argumento de defesa 301
Armada de aspereza minha estrela 27
Armada de aspereza minha estrela 27
Armas 276
Arrependida 368
Às andorinhas de agosto 501
Às mãos de Marília 194
Às portas de corinto 334
Asas de prata abertas, cintilando 443
Asas pandas, veloz, o condor no infinito 520
Aspásia 401
Através das tabuinhas 352
Ausente, pensativo, solitário 28
Ausente, pensativo, solitário, ... 28
Ave dissimulada! O teu orgulho é triste 550
Ave-orgulho, ave-pompa, ave que abre e desata, ... 543
Aves, As 494
Aves, sonhos alados, ... 494

Aviso das núpcias, O 436
Bahia 260
Baixel veloz, que ao úmido elemento 52
Baixel veloz, que ao úmido elemento 52
Bárbora 360
Batráquio 478
Beata Beatrix 384
Beija-flor, O 503
Beijando de Jesus os pés sagrados, ... 362
Beijos mortos 101
Besouro, O 438
Boca aromada a flor de cardamomo 173
Boca aromada a flor de cardamomo 173
Boca viçosa, de perfume a lírio, ... 172
Boca 172
Boca 178
Bocas pequenas, bocas perfumosas, ... 177
Bocas 177
Bodarrada, A 266
Boi, O 565
Boiada, A 568
Bois, Os 564
Borboleta dos amores, ... 440
Borboleta sutil. Doida de amor. Inquieta 449
Borboleta 440
Borboleta 449
Borboleta, A 443
Borboleta, A 445
Borboletas 447
Borralheira, A 216
Borrar papel, Girafa, é teu fadário, ... 285
Boto, O 476
Braços de Fúlvia, Os 193
Braços nervosos, brancas opulências, ... 192
Braços 192
Breve momento, após comprido dia 74
Brinco da tua orelha, O 171
Brinco da tua orelha, O 171
C 158
Cabelo loiro 127
Cabelos negros 132
Cabelos onde o amor s'esconde manso, ... 126
Cabelos 128
Cada canto um grande conselheiro, A 236
Cada um dos teus braços, ó sereia, ... 193

Cair do alto 287
Caminho (I) 86
Caminho (II) 87
Caminho dos portos e dos curros, A 568
Camisa de Xanto, A 390
(Canal da Mancha, 1891) 84
Canário 505
Canário, O 504
Canção das mulheres perdidas 404
Canção das perdidas, A 391
Canto do galo, O 532
Canto dos sabiás, O 561
Caramujo, O 470
Caranguejo, O 431
Carolina, A 57
Cartas chilenas 248
Cavalo moribundo, O 577
Cavalo, O 580
Cegonha 506
Cegonha 508
Cegonha, A 507
Celeste 149
Certa voz na noite ruivamente... 107
Certo ninguém prevê, nem ao menos suspeita, 484
Cetáceo 583
Chegando muito cansado 231
Chegando muito cansado, 231
Cheiro de espádua 181
Chopin: Prelúdio nº 4 108
Choro das pombas, O 547
Choro do gado, O 567
Chuvas, trovões, relâmpagos... Maria 432
Cigarra e a formiga, A 453
Cigarra morta, A 456
Cigarra 455
Cigarra, A 454
Cisne e o lago, O 512
Cisne quando sente ser chegada, O 509
Cisne quando sente ser chegada, O 509
Cisne, O 511
Cisnes 510
Cisnes 92
Citado o réu, a ação distribuída, 242
Cleópatra 402
Co'as penas hirtas para mim avança, 532

Cobra, A 484
Coitado do rouxinol! 551
Coleirinho de lá da horta, ... 514
Colo 182
Com Cupido saí a desafio, ... 250
Com o veludo do ventre a palpitar hirsuto 468
Como a ave que volta ao ninho antigo, ... 60
Como a cigarra o seu gosto 453
Como eles surgem, doidos adejando 466
Como era bom pompear, em carros a Daumont, ... 363
Como o gênio da noite, que desata 63
Como se chamarão estes pássaros? 535
Como serpente arquejante 187
Como um lírio que nasce e que fenece 96
Como uma borboleta escura e desconforme, ... 590
Concha, A 471
Condor 516
Condor, O 515
Condor, O 520
Conheci um pastor de imenso gado; 243
Conheci-a feliz. Na fina transparência 381
Contemplo a noite: a cúpula estrelada 88
Contente, alegre, ufano passarinho 489
Contra as fadigas do desejo 33
Contra as mulheres 233
Contra-senso 113
Coração duma mulher perdida, O 410
Coração duma mulher perdida, O 410
Coroa de rosas, A 89
Corpo num lençol, e assim metido, O 58
Corre, voa, transpõe outeiros, ... 580
Corrida de amor 293
Corrupião, O 521
Cortando vão as naus a larga via 319
Cortesã, A 379
Coruja 523
Coruja 524
Coruja, A 522
Corvo 303
Corvos 525
Cupim, meu pobre cão, meu fido Acates, ... 570
Curva, no espelho azul do imoto lago, ... 507
Dá a surpresa de ser 219
Dá a surpresa de ser. 219
De alma boêmia, a vida efêmera e bizarra 454

De carne mole e pele bambalhona, ... 292
De cima destas penhas escabrosas, ... 194
De escarros a parede matizada, ... 244
De profundis clamavi at te Domine ... 93
De profundis clamavi ... 109
De teus seios tão mimosos ... 183
Deitando os olhos sobre a perspectiva ... 117
Deixa-me ... 349
Demóstenes ... 399
Dentro das minhas mãos em concha ... 450
Depois da orgia ... 411
Depois de uma parada, ao corpo de milicianos de que era capitão ... 253
Depois do terremoto ... 281
Descarto-me da tronga que me chupa, ... 327
Descreve o que era naquele tempo a cidade da Bahia ... 236
Descrição do quarto do autor ... 244
Desiludido ... 114
Dessa altitude, onde a voar te atreves, ... 515
Deste profundo horror, de esplêndida memória, ... 109
Dias e noites, noites e dias, ... 404
Dilui-se em vários círculos de agrado ... 302
Disse alguém, por maldade ou por intriga, ... 301
Ditosa de uma augusta personagem, ... 271
Dividiu o amor e a sorte esquiva ... 29
Divina comédia ... 61
Dizem que és casta, és santa, és pura... ... 384
Dizem que o irapirú, quando desata ... 534
Dizem que o velho Diógenes ... 264
Dizia El-Rei Dom José, ... 281
Do cedro secular, guardado qual tesouro, ... 435
Do crespo mar azul brancas gaivotas ... 529
Do fundo do salão vem-me o seu pranto sobre-humano, ... 108
Do pôr-do-sol àquela luz sagrada, ... 64
Dois amigos desde as fraldas, ... 300
Dois condores, Os ... 517
Dolores ... 354
Dor suprema ... 95
Dores ... 347
Dorme! Ao colo do amor, pálido amante, ... 341
Dorme! ... 385
Dormindo estava um leão: ... 457
Dos argentinos plátanos à sombra, ... 553
Dos Lloyd Georges da Babilônia ... 304
Duas almas ... 115
Dulce ... 358

...E o sábio disse: "Meus senhores, esta 396
E ainda há quem creia que é talento aquilo! 288
É certo! Não mentiu quem te afirmou 106
É ela! é ela! – murmurei tremendo, 272
É ela! É ela! É ela! É ela! 272
É esta porventura a praia amena 40
É esta porventura a praia amena 40
E ficou com as mãos pousadas no teclado, 287
É na Assíria, nas épocas solenes 542
E quem me compusera do desejo, 33
É tão divina a angélica aparência 149
– É verdade que da Europa 262
E um dia as monjas foram dar com ela 98
É um lobo do mar: numa espelunca 67
É uma existência à parte a que leva a bizarra 455
Ei-la em pé num gesto vencedor 403
Eis o tempo feliz das pescarias – quando 472
Eis uma alma penada: é a triste embiara 476
Ela andou a rondar, erótica e franzina, 412
Ela andou a rondar,erótica e franzina 412
Ela era um anjo, linda e inocente; 340
Ela não sabe a luz suave e pura 54
Ela veio cair trêmula, exangue, 546
Em casa de Laís, Demóstenes entrara: 399
Em cima, o azul da esfera interjeições arranca, 303
Em louvor do presidente, o padre Manuel Cerqueira Leal 239
Em solitária, plácida cegonha, 506
Em um chalet pequeno e rendilhado, 504
Encontraste-me um dia no caminho 87
Enganei-me, enganei-me – paciência 46
Enganei-me, enganei-me – paciência! 46
Enojo 59
Entre as meigas ovelhas pobrezinhas, 591
Entregas a cuidados mercenários 574
Entrei no anfiteatro da ciência, 374
Envelhecendo 80
Epigrama 259
Epigrama 262
Epigrama 263
Epigrama 328
Epitáfios 363
Era austero e sisudo; não havia 62
Era num dia sombrio 490
Era u'a mão de luxo... Era um brinquedo!... 196
Erguendo o cálix, que o xerez perfuma, 360

Erguendo os braços para o céu distante 61
És para os olhos, deusa, a mais formosa; 334
Esbelta, A 275
Esbelta, o alvo dos suspiros nossos, A 275
Escaveirado corrupião idiota, ... 521
Esforça, meu coração, ... 233
Esquivo sortilégio o dessa voz, opiada 107
Esses olhos de sonho, que eu diviso 167
Esta é bem como o limiar augusto 213
Está o lascivo e doce passarinho 488
Está o lascivo e doce passarinho 488
Estão mortas as mãos daquela dona 200
Estão mortas as mãos daquela dona, ... 200
Este anunciante não poupa 296
Este aqui, tenda, aquele assenta banca; 328
Este extático Apolo que está tísico 241
Estes os olhos são da minha amada 139
Estes os olhos são da minha amada: 139
Estudo anatômico 374
Eu adiro, tu aderes, ele adere. 294
Eu e tu: a existência repartida 66
Eu não espero o bem que mais desejo 81
Eu não espero o bem que mais desejo: 81
Eu não lastimo o próximo perigo 45
Eu não lastimo o próximo perigo, ... 45
Eu que tenho no olhar o incoercível dente 365
Eu que tenho no olhar o incoercível dente 365
Eu que tenho no olhar o incoercível dente 65
Eu que tenho no olhar... 65
Eu quero amar, amar perdidamente! 112
Eu quero ouvir o coração falar 91
Eu quero ouvir o coração falar 91
Eu sou a que no mundo anda perdida, ... 110
Eu vi a linda Jônia e, namorado 44
Eu vi a linda Jônia... 44
Eu 110
Evangelho e Alcorão 73
Expirou, deu à costa, enfim morreu 249
Fala das prostitutas 407
Falam em calão grosseiro 398
Falando com Deus 36
Famigerados, ínclitos guerreiros, ... 253
Favo, O 435
Feio e fátuo a fingir de grande, gordo e guapo; 480
Feriu sacrílega espada, ... 245

Fero e atrevido, o átomo vivente ... 459
Fim ... 306
Fim, oculto amor, de coroar-te, A ... 89
Flor no gelo ... 364
Foi assim que eu a vi. Desse momento ... 90
Foi assim que eu a vi... ... 90
Foi um dia Lopo jogral ... 227
Foi um dia Lopo jogral ... 227
Folha solta ... 82
Forca, A ... 68
Formosa ... 51
Formosa, qual pincel em tela fina ... 51
Formoso Tejo meu, quão diferente ... 30
Formoso Tejo meu ... 30
Fosse eu apenas, não sei onde ou como, ... 104
Fosse eu apenas... ... 104
Foste brilhar longe, longe, ... 462
Foste um sonho do azul. Viste rolar de perto ... 516
Fulge, de quando em vez, azúleo e iriante lume, ... 467
Fulminas, sim, a enganada, ... 336
Fuma. É cobre o zênite. E, chagosos do flanco, ... 583
Funeral do desgoverno provisório ... 249
Gaivota, A ... 528
Gaivotas ... 529
Gaivotas, As ... 530
Galera de Cleópatra, A ... 403
Garça, A ... 531
Garcia amigo, ninguém te espante ... 229
Garcia amigo, ninguém te espante, ... 229
Gazetilha ... 304
Gelo o mar, gelo a praia, e a montanha de gelo ... 593
Girafa, O ... 285
(Golfo de Biscaia, 1891) ... 83
Grécia d'Arte, a estranha claridade, A ... 152
Guardam as falangetas de teus dedos, ... 212
Há dores fundas, agonias lentas, ... 347
Há mãos que fazem medo, ... 204
Há na vibrante cor dos teus olhos, criatura, ... 163
Há no teu rosto beleza, ... 279
Hera, se com seus nós, A ... 325
Heráldico pernalta. Comovida ... 508
Hetaíras ... 359
Hipérbole fatal de nossos dias, ... 284
Horas breves de meu contentamento ... 26
Horas breves de meu contentamento, ... 26

Horas mortas ... 74
Hudson quer fazer uns versos: toma a pena, O ... 286
Humoresca ... 308
Íamos rindo pela mesma estrada ... 485
Idéia entomológica ... 286
Ignorabimus ... 56
Ilusão do sapo, A ... 479
Injusto mundo ... 367
Insônia roxa. A luz a virgular-se em medo, ... 417
Interrogação ... 88
Íntimo ... 102
Irapurú, O ... 534
Já Bocage não sou!... À cova escura ... 49
Já Bocage não sou ... 49
Já que adorar-me dizes que não podes, ... 68
Já, Marfiza cruel, me não maltrata ... 43
Já, Marfiza cruel, me não maltrata ... 43
João-grande ... 498
Julgamento de Frinéia, O ... 382
Juriti ... 544
Justiça humana ... 242
Lábios ... 174
Láctea, da lactescência das opalas, ... 376
Lagartixa ao sol ardente vive, A ... 486
Lagartixa, A ... 486
Lagartixa, A ... 487
Laura ... 375
Leão cativo, O ... 588
Leão e a raposa, O ... 586
Leão e o mosquito, O ... 457
Leão moribundo ... 587
Leão pachola ... 284
Legenda dos cisnes ... 513
Leilão ... 422
Lerda e lúrida, a lesma, a rastejar, de rojo ... 470
Lésbia está sentada a uma janela. Sonha, A ... 378
Lésbia ... 370
Lésbia ... 378
Levara sempre a vida nas orgias ... 368
Lição errada ... 396
Lindo e sutil trançado, que ficaste ... 125
Lindo e sutil trançado, que ficaste ... 125
Língua portuguesa ... 77
Lívidos, frios, de sinistro aspecto, ... 218
Loucura senil ... 289

Louro canário belga, agrilhoado à parede, 505
Lúbrica 372
Lubricidade 380
Lusíadas, Os 319
Lustroso um astro volante 477
Luz do teu olhar que audaz cintila, A 387
Madalena 362
Magdala 377
Magnífica 376
Magnólias tropicais, frutos cheirosos 189
Mal secreto 70
Maldição 78
Malva-maçã 183
Mandaste-me dizer 372
Mão do meu suave amor é leve, A 209
Mãos de meu pai, As 210
Mãos de Miréia 206
Mãos dessa franzina criatura, As 195
Mãos que sois como as hóstias dos sacrários, 211
Mãos seráficas 211
Mãos suaves 207
Mãos 199
Mãos 202
Mãos 204
Maré rasa, depois que, em ósculos de amor, 431
Margarida Gautier 366
Margarida Gautier 397
Margarida Gautier, o teu amor assombra; 397
Marieta 63
Marinha 472
Maternidade 340
Matilha, A 572
Mea culpa 386
Meia-noite. Ao meu quarto me recolho. 589
Meigos pés pequeninos, delicados 216
Meretrícia procacitas 325
Metempsicose 351
Meu beliche é tal qual o bercinho, O 83
Meu caro Coronel Martins Ferreira, 299
Meu coração é um berço. Se o rasgassem, 548
"Meu senhor (disse a raposa, 586
Meu ser evaporei na lida insana 48
Meu ser evaporei na lida insana 48
Meus amigos, Os 265
Meus olhos que por alguém 168

Meus olhos que por alguém 168
Meus olhos 144
Minha mãe! minha mãe! Tu, que adivinhas 102
– Minha mulher expirou! 252
Minhas mãos magritas, afiladas, As 205
Minhas mãos, As 205
Miserável 283
Misericordiosíssimo carneiro 592
Mnezarete, a divina, a pálida Frinéia, 382
Monja e o rouxinol, A 553
Morcego, O 589
Morcego, O 590
Morrer, dormir, não mais, termina a vida, 53
Morreu, subiu ao céu, bateu à porta, 307
Morte da águia, A 497
Mulher 450
Mulheres! Mulheres! 300
Musgo mais sedoso, a úsnea mais leve, O 493
Na concha de uma pétala vermelha 434
Na concha de uma pétala vermelha 434
Na doce paz da tarde que declina 564
Na flor da vida, formosa, 337
Na grande paz da noite a garça branca cisma, 531
Na minha terra, no bulir do mato, 544
Na pobre estrebaria em que me vejo, 254
Na relvosa campina, enquanto andavam 577
Na sepultura de um cão 570
Na suave placidez de um azulado lago 511
Na terra estava quando te queria 156
Na terra estava quando te queria 156
Não é tua alma o lírio imaculado 386
Não há olhar mais doce 370
Não me culpeis a mim de amar-vos tanto, 82
Não se pode sonhar impunemente 116
Não sei se diga (ó bruto) que viveste, 585
Narceja, A 536
Nariz, nariz, e nariz, 251
Nas gramas marginais de plácida lagoa, 536
Nas horas de calma ardente, 451
Nas ondas de uns cabelos... 129
Negro, petrificado e frio como um mito 527
Nessa viela, onde mal entra o ar, 400
Nesses teus olhos de moça 158
Nihil 85
Ninguém foi mais feliz do que eu, enquanto 390

Ninguém sentiu o teu espasmo obscuro, ... 75
Ninho armou e suspenso, O 482
Ninho e a cobra, O 482
Ninho, O 493
No dorso da verde onda estira-se o veleiro, ... 367
No murmuroso rio transparente 510
No pomar abandonado 569
No quadro iluminado da janela 339
No teu cabelo cor de noite escura, ... 135
No transparente olhar das virgens da Alemanha 147
Noite era profunda. A neve borrifava, A 389
Noite perdida 551
Noite. Calor. Concerto nos telhados. 278
Noite... O castelo triste e silencioso 395
Noivo, como noivo, é repugnante:, O 283
Nos ecos do silêncio retumbante 239
Nos sertões do Orinoco, solitário, ... 537
Nós somos as mulheres de vid'airada, ... 407
Nós 66
Num ângulo do teto, ágil e astuta, a aranha, ... 469
Num país de ilusão, um príncipe encantado, ... 513
Num tom de voz que a piedade ungia, ... 73
Numa bela terça-feira 290
Numa cadência afrodisíaca 419
Nunca te vejo o peito arfar de enleio, ... 186
Ó claras mãos de prece, alvas mãos silenciosas, ... 208
Ó mãos ebúrneas, mãos de claros veios, ... 199
Ó tu, que vens de longe, ó tu, que vens cansada, ... 115
Oceano Atlântico, 1890 295
Odor di femina 62
Oh! meu amor, escuta, estou aqui 113
Oh! meu sabiá formoso, ... 559
Olhar de judia 147
Olhos azuis 150
Olhos de Dulce 161
Olhos dos animais, Os 566
Olhos encantados, olhos cor do mar, ... 154
Olhos mais tristes ainda do que os meus 169
Olhos profundos 167
Olhos que apalpam 160
Olhos sacramentais, olhos contritos 157
Olhos sacramentais, olhos contritos 157
Olhos suaves, que em suaves dias 140
Olhos suaves, que em suaves dias 140
Olhos tristes 162

Olhos tristes 169
Olhos tristes, vós sois como dois sóis num poente, 162
Olhos verdes 154
Olhos verdes 163
Olhos 152
Olhos, que sois os fúlgidos riachos 153
Olhos, que sois os fúlgidos riachos 153
Oliveira Lima 292
Onde quer que ponho os olhos contristados 95
Ontem, cigarra, quando veio a aurora, 456
Outra vida 94
Outras vagam giro acostumado, As 547
Padre Girão, se a Vossa Reverência 235
Palinódia 330
Papagaio do Orinoco, O 537
Para o exílio das mãos que não foram amadas 208
Para que a abelha, nossa irmã, produza 437
Passa por ti e: – "Ó formosa!" 377
Passa uma borboleta por diante de mim 448
Passa uma borboleta por diante de mim 448
Passam cantando rouxinóis nos prados 557
Passam cantando rouxinóis nos prados 557
Passa-me o rio em frente da janela. 528
Pássaro e a flor, O 490
Passas cantando, rouxinol de tranças, 558
Passei o rio que tornou atrás 42
Passei o rio que tornou atrás, 42
Passei ontem a noite junto dela. 55
Patinho, O 541
Pavão 543
Pavão, O 542
Pecadora 381
Pendente a língua rubra, os sentidos atentos, 572
Pequei, Senhor, mas não porque hei pecado, 35
Pequei, Senhor... 35
Perdida 339
Perna, A 213
Pernas de Nova Iorque 214
Pernas de Nova Iorque 214
Pés 218
Pierrette certo dia abandonou o esposo 308
Pintainho do pato, O 541
Pirilampo e o sapo, O 477
Pirilampos 466
Poema do frade, O 341

Poeta fui e do áspero destino 99
Poeta fui e do áspero destino 99
Pomar abandonado 569
Pomba ferida 546
Pombas, As 71
Pombos, Os 548
Ponderação do rosto e olhos de anarda 138
Pondero a emudecida formosura 238
Por decoro 148
Por que te hás de aquecer ao sol dessa esperança 114
Posturas municipais 261
Pouco a pouco esmorece o delírio na sala; 388
Prazer que na orgia a hetaíra goza, O 411
Propaganda eleitoral 299
Prostituta, A 400
Pulga, A 459
Purpúrea boca, lúbrica e purpúrea, 178
Quadro antigo 76
– Qual a mais forte das armas, 276
Quando a águia passou neves sem fim, tranqüilas, 497
Quando a valsa acabou, veio à janela, 181
Quando cansado da vigília insana 349
Quando em horas da tarde me apareces, 207
Quando eu morrer batam em latas, 306
Quando eu, senhora, em vós os olhos ponho, 21
Quando eu, senhora 21
Quando feliz adormeço 136
Quando Fílis as lágrimas bebia, 180
Quando fito o teu olhar, 166
Quando me esperas, palpitando amores, 148
Quando Nossa Senhora andava pelo mundo, 475
Quando olho para mim não me percebo 105
Quando olho para mim... 105
Quando partiste, em pranto, descorada 293
Quando vejo de Anarda o rosto amado, 138
Quando, em prônubo anseio, a abelha as asas solta 433
Quando, pela manhã, contemplo-te abatida, 371
Quanta ilusão!... O céu mostra-se esquivo 56
Quanta mulher no teu passado, quanta! 111
Que estranho rir no lábio nacarado! 375
Que força pôde, adstrita a embriões informes, 576
Que julgas, ó Ministro da Justiça? 237
Que nuvem negra!... Não: é uma águia... e vem faminta... 496
Que sois? Naves de vôo, em cujas flóreas velas 447
Que triste o olhar do cão! Até parece 566

Que triste, que profunda soledade ... 39
Que vês nos meus olhos, ... 144
Quem compra, quem merca sonhos? ... 422
Quem de meus versos a lição procura ... 37
Quem de meus versos a lição procura, ... 37
Quem és tu, pobre vivente ... 460
Quem por amor se perdeu ... 391
Quem saberá o tempo e os mares que as correntes, ... 471
Quer, no alto, o sol dardeje em rutilâncias de ouro, ... 524
Querida, ao pé do leito derradeiro ... 57
Quero louvar o zelo desenvolto ... 130
Quero-quero ... 549
Quero-quero ... 550
Quisera ser a serpe venenosa ... 380
Radiante e satisfeita, vestes ricas ... 289
Rebelde, O ... 67
Repelente batráquio. Alma triste e soturna. ... 481
Retratar a tristeza em vão procura ... 47
Retratar a tristeza... ... 47
Revolta do corvo, A ... 527
Rosa mística ... 64
Rouxinol e a cigarra, O ... 451
Rouxinol ... 558
Rumor de águas, longínquo... Asas de talagarça ... 418
Rumor de asas, longínquo ... 418
Sabiá quando canta, O ... 563
Sabiá, O ... 559
Sabiá, O ... 563
Salomé ... 417
Salomé ... 423
Salvas fúnebres ... 271
São José do Barreiro ... 535
São teus seios o lago onde eu navego ... 190
Sapo ... 481
Sapo, O ... 480
Sardenta ... 282
Saudades de meu bem, que noite e dia ... 34
Se a cólera que espuma, a dor que mora ... 70
Se apartada do corpo a doce vida ... 32
Se apartada do corpo a doce vida, ... 32
Se assim, formosa Helena, como és sol, ... 326
Se do torço retrós de tua coma escura, ... 132
Se erra minh'alma, em contemplar-vos tanto, ... 25
Se erra minh'alma... ... 25
Se eu te pintasse, posta na tardinha, ... 103

Se há posturas de galinhas, ... 261
"Se me desdenhas, sinto que faleço, ... 297
Se o dia de hoje é igual ao dia que me espera ... 94
Se por vinte anos, nesta furna escura, ... 78
Se só por vós, Senhora, corpo e alma, ... 330
Seios ... 189
Seios ... 191
Seios, Os ... 186
Seios, Os ... 187
Sem aos outros mentir, vivi meus dias ... 85
Sentado à mesa, o príncipe da Igreja ... 354
Sentinela avançada em descoberta ... 549
Serão de mortos anjinhos ... 561
Serenada fantástica ... 419
Sete anos de pastor Jacó servia ... 23
Sete anos de pastor Jacó servia ... 23
Seu colo é como um lírio, alvo e elevado, ... 182
Seu nome, O ... 54
Seus olhos – se eu sei pintar ... 141
Seus olhos tão negros, tão belos, tão puros, de vivo luzir, ... 142
Seus olhos ... 141
Seus olhos ... 142
Sina cruel ... 514
Sinuosa, desenhada em linhas evasivas, ... 176
Smarts ... 302
Só a morte ... 297
Só um agrado ... 252
Só vos conhece, amor, quem se conhece, ... 36
Só, dominando no alto a alpestre serrania, ... 79
Só, na cisterna, João Batista em prece ... 423
Sob o pálio de um céu broslado de cambiantes, ... 402
Sobrancelhas ... 136
Sobre o teu cabelo castanho ... 131
Sobre o teu cabelo castanho, ... 131
Sobre um triste esqueleto anoso de cipreste, ... 523
Socorrei-me, Senhor! Quebrai piedoso ... 50
Socorrei-me, Senhor... ... 50
Solar encantado ... 79
Solha, A ... 475
Soltos, ombros abaixo, os revoltos cabelos, ... 129
Soneto futurista ... 278
Soneto ... 126
Soneto ... 180
Soneto ... 238
Soneto ... 250

Soneto 274
Soneto 327
Soneto 371
Soneto 389
Soneto 39
Soneto 395
Soneto 41
Soneto 53
Soneto 55
Soneto 97
Sonhei: de novo suspirava o vento 277
Sonhei: de novo suspirava o vento 277
Soror Tereza 98
Sós, no pampa, ao luar, de um grande açude à borda, A 498
Sou filha do alto Minho 393
Sua mão 209
Suas mãos 195
Sultana! – por que teus olhos 344
Sultana, A 344
Sultão 413
Supremo enleio 111
Talento e orelhas 288
Tanto é Melyon pecador 228
Tanto é Melyon pecador 228
Tem pesado semblante, a cor é baça, ... 248
Tenho no coração 127
Tenho sonhos cruéis: n'alma doente 86
Tenho um serralho na Turquia; e eu mesmo, ... 413
Testamento de D. Burro, pai dos asnos, O 254
Teu amor primeiro, O 416
Teu cabelo 135
Teu olhar, O 166
Teu pé, sutil e breve, O 217
Teu pé, sutil e breve, O 217
Teus cabelos 130
Teus olhos são dois desejos 150
Teus olhos são negros – negros 146
Teus olhos são negros 146
Teus olhos 170
Teus seios pequeninos que em surdina, ... 191
Teus seios 190
Tímida, com seu ar de tapuia do mato, ... 160
Tomba às vezes meu ser. De tropeço a tropeço, ... 80
Transit 69
Três reis magros, Os 305

Tu és dona de mim, tu me pertences, 69
Tu só, pobre animal, beijas o triste! 584
Tu, nesse corpo completo, 282
Tua boca é para mim carmínea taça 179
Tua boca formosa, A 175
Tua boca formosa, A 175
Tua boca 176
Tua boca 179
Tuas divinas mãos de pura neve, 201
Tuas mãos têm grossas veias como cordas azuis, As 210
Tuas mãos 201
Tuas mãos, Miréia, são tão finas, As 206
Tudo era em torno à mesa. As taças lapidadas 76
Última abelha, A 432
Última flor do Lácio, inculta e bela, 77
Última vontade 58
Último degrau 361
Um anel o deus do amor 240
Um carneiro morto, A 592
Um cisne de suave e soberba plumagem, 512
Um irmão ausente, A 29
Um leigo que era vesgo e nunca teve fastio; e a quem, por acaso, tocou na cabeça a ponta de um espadim, A 245
Um passarinho cantando, A 489
Um quê de estranho, forte e penetrante, 161
Um rico velho avarento, 263
Um só tempo indolente e inquieta, a lagartixa, A 487
Uma cortesã, A 387
Uma dama desdentada, A 240
Uma dama pródiga de favores, A 326
Uma formosura incompleta, A 279
Uma gata, A 584
Uma infeliz 393
Uma mulher de nariz grande, A 251
Uma ovelha, A 591
Uma que só gostava de marujos, A 416
Umas saudades, A 34
Unhas 212
Unidade 117
Uns lindos olhos, vivos, bem rasgados, 41
Urso branco, O 593
Vá ser gordo 296
Vaga-lume, O 460
Vaga-lume, O 462
Vaga-lume, O 467

Vai-se a primeira pomba despertada... 71
Vai-te, fera cruel, vai-te, inimiga 329
Vai-te, fera cruel, vai-te, inimiga, 329
Vejo-a pousada e imensamente triste, 522
Velha anedota 298
Velho duque inglês um dia vira, O 364
Veloz borboleta 439
Veloz borboleta 439
Vem despontando a aurora, a noite morre, 59
Vendo o céu limpo e calmo, e o sol brilhando 445
Verdes como os dos tigres, verdes-mares, 170
Versos a um cão 576
Versos íntimos 100
Vês?! Ninguém assistiu ao formidável 100
Vesperal 103
Via-a um dia na rua. Flutuante 358
Víbora, A 485
Vida obscura 75
Vida obscura 96
Vida que não acaba de acabar-se 31
Vida que não acaba de acabar-se, 31
Vida, manso lago azul algumas, A 92
Viela, A 398
Vieste tarde, meu amor. Começa 97
Virgens, de louro sol cheia a pupila gázea, 401
Visita à casa paterna 60
Voejam as gaivotas erradias 530
Volúpia 106
Voluptuosamente reclinada 379
Vós envolveis o corpo nas roupagens 359
Vossas mãos, senhora, são formadas, As 202
Vossos olhos, senhora, competem 137
Vossos olhos, senhora, que competem 137
Vou sobre o oceano (o luar de doce enleva!) 295
Zé Pancrácio, magríssimo sujeito, 298

ÍNDICE POR AUTOR

A

Abreu, Casimiro de 347, 440, 544
Aguiar, Jorge de 233
Albano, José 99
Albuquerque, Medeiros e 297
Alegre, Apollinário Porto 570
Alegre, Aquiles Porto 364, 504, 530
Alegre, Manuel de Araújo Porto 537
Alorna, Marquesa de 47, 477, 586
Alvarez, Afonso 229
Alves, Castro 63, 196, 360, 490
Amado, Gilberto 130, 176, 214
Anjos, Augusto dos 100, 204, 302, 411, 521, 576, 589, 592
Artagão, Mário de 385
Assis, Machado de 57
Ayres, Cristóvão 370
Azevedo, Aluízio 284
Azevedo, Álvares de 55, 183, 272, 341, 486
Azevedo, Artur 69, 148, 283
Azevedo, Guilherme de 356

B

Bacelar, Antônio Barbosa 34
Bahia, Jerônimo 36
Barreto, Moniz 260
Barreto, Tobias 56
Barros, João de 404
Bastos, Santa Rita 50
Beça, Rodrigo 379
Bernardes, Diogo 26
Bilac, Olavo 77, 78, 290, 382, 433, 468
Bocage, Manuel Maria du 48, 49, 140, 194, 251, 329, 439
Boto, Antonio 168, 171
Braga, Belmiro 299
Braga, Guilherme 354
Braga, Magalhães 548
Branco, Camilo Castelo 265
Brandão, Júlio 501
Brandão, Paulo 471
Brazil, Zeferino 158, 201, 443

C

Cabral, Paulino 242
Câmara, Marta de Mesquita da 113
Camões, José Antônio de 254
Camões, Luís de 22, 23, 24, 125, 137, 319, 488, 509
Campos, Humberto de 102, 413, 437, 445, 475, 476, 485, 516, 534, 542, 568
Cardona, Ibrantina 388
Cardoso, José da Cunha 239
Carmo, Manuel do 497, 517, 536, 563
Carvalho Júnior 371
Carvalho, Aloísio de 294
Carvalho, Vicente de 81, 82, 154, 293, 472
Casaes, Henrique de 289, 574
Casses, Átila Guterres 525
Cassiano, Luiz 547
Castriciano, Henrique 161, 396
Castro, Estêvão Rodrigues de 28
Castro, Eugênio de 89, 193, 390, 553

Cebola, Luis 398
Cepelos, Batista 129
Cerda, João Pereira de la 253
Céu, Violante do 31, 32
Chaves, Laura 106
Claro, Nunes 97
Coelho, Henrique Trindade 412
Coimbra, Eduardo 76, 381
Collor, Lindolfo 418
Correia, Raimundo 70, 71, 150, 286, 432
Cortines, Júlia 88, 515
Costa, Cláudio Manuel da 38, 139
Costa, Fernandes 362
Couto, Ribeiro 450, 535, 569
Crespo, Gonçalves 62, 147, 195, 277, 358
Cruz Filho 479
Cunha, Renato da 389
Cunha, Xavier da 244
Curto, Ramada 416

D

d'Azevedo, Conde 281
d'Azevedo, J. Eustachio 387
Dantas, Júlio 399
Delfino, Luís 182, 186, 213, 495, 529
Deus, João de 54, 127, 271, 340, 453, 584, 587
Dias, Gonçalves 52, 142, 264, 330
Dias, J. Simões 352
Dias, Teófilo 187, 572
Durão, Américo 422
Duro, José 95, 397

E

Edmundo, Luís 162
Elísio, Filinto 41, 328
Espanca, Florbela 110, 111, 112, 166, 205
Estaço, Baltasar 29

F

Faria, Alves de 478
Feijó, Antônio 378, 551
Ferreira, Antônio 25
Ferreira, Athos Damasceno 208
Figueiredo, Araújo 153, 173
Fogaça, Antônio 334, 528
Fontes, Hermes 303, 447, 455, 496, 502, 505, 523, 543
Fontes, Martins 101
Fontoura, Adelino 149
Freire, Junqueira 144, 274, 344, 532

G

Galvão, Dario 367
Gama, Arnaldo 336
Gama, Basílio da 43
Gama, Luís 266
Garção, Correia 37
Garrett, Almeida 141
Gil, Augusto 93, 391
Gonzaga, Tomás Antônio 46, 248
Goulart, Walkyria Neves 167
Guimaraens, Alphonsus de 90, 157, 174, 200, 298, 434, 557
Guimaraens, Eduardo 108, 109, 131, 308, 419, 512
Guimarães Junior, Luis 60, 216, 462

H

Horta, Maria Braga 179

J

Jácome, Gonçalo 212

Júlia, Francisca 94, 541
Junqueiro, Guerra 65, 365

K
Kilkery, Pedro 583

L
Laet, Carlos de 278
Leal, Gomes 64, 363
Leite, Francisco 507
Leoni, Raul de 116, 117
Lima, Augusto de 73
Lisboa, Álvaro 514
Lisboa, Henriqueta 169
Lobo, Rodrigues 30
Lopes, Afonso 228
Lopes, B. 72, 376, 499
Lopes, Paulo Corrêa 423, 520, 588
Luz, Santos 366

M
Machado, Gilka 132, 163
Magalhães, Gonçalves de 262
Maranhão Sobrinho 98
Maria, Avertano de Santa 241
Mariano, Olegário 305, 456
Mata, Edgar 531
Matos, Gregório de 35, 236, 327, 489
Matos, João Xavier de 39
Meireles, Saturnino de 96
Melo, Francisco Manuel de 33
Mendonça, Lúcio de 67, 300
Menezes, Emílio de 80, 292
Menna, Sarmento 126
Miranda, Sá de 21
Monteiro, Garcia 287
Monteiro, Maciel 51, 261
Moraes Filho, Mello 136
Moraes, Antenor 190, 403, 435, 436, 522, 567
Moraes, Josefino 466
Muniz, Pato 259

N
Nestor, Odilon 565
Newton, José 339
Nobre, Antônio 83, 84, 295
Noronha, D. Tomás de 235, 326
Novaes, Xavier de 263

O
O'Neill, Henrique 457
O'Neill, Maria 393
Oliveira, Alberto de 74, 181, 288, 377, 482, 493
Oliveira, Antônio de 240
Oliveira, Botelho de 138, 237, 585
Oliveira, Mendes de 202
Oriente, Fernão Álvares do 27
Otaviano, Francisco 53

P
Papança, A. de Macedo 368, 564
Paraopeba, Silvério de 249
Pascoaes, Teixeira de 494, 566, 591
Passos, Guimarães 85, 156, 296, 386
Pato, Bulhão 337
Patrício, Ladislau 410
Peixoto, Alvarenga 44, 45
Penha, João 58
Pennafort, Onestaldo de 209
Pessanha, Camilo 86, 87
Pessoa, Fernando 104, 105, 219, 304, 448

Pessoa, Frota 558
Pimenta, Alfredo 407
Pinto, Aureliano de Figueiredo 498
Pita, Sebastião da Rocha 180, 238
Piza, Moacir de Toledo 307

Q

Queirós, Venceslau de 384
Quental, Antero de 61, 217, 357
Quevedo, Vasco Mouzinho de 325
Quintana, Mario 210

R

Ramos, Silva 66
Rangel, Hildo 177, 191, 207
Raposo, José Jácome 243
Reis, Thomé 511
Resende, Costa 279
Ribeiro, Manuel 400
Rita, Guilherme de Santa 375
Rodrigues, Félix Contreras 549
Rolim, Zalina 546

S

Sá, Franco de 275
Sá, Henrique de 231
Sá-Carneiro, Mário de 107, 306, 417
Salusse, Júlio 92
Santos, Atalyba 510
Sardinha, Antônio 103
Schmitt, Hernani de Carvalho 449, 481, 508, 524, 550
Semedo, Curvo 252, 451
Silva, Cruz e 40
Silva, Da Costa e 431, 438, 454, 467, 469, 470, 480, 484, 487, 590
Silva, Júlio César da 160
Silva, Vítor 79
Silveira Neto 593
Soares, José Pedro 250
Soárez, Martim 227
Sousa, Cruz e 75, 152, 172, 189, 192, 199, 218, 380
Souza, Auta de 503
Souza, Leal de 401

T

Tacques, Alzira Freitas 135, 170, 211
Taveira Junior, Bernardo 577
Teixeira, Fausto Guedes 91
Teixeira, Gustavo 402
Teixeira, Múcio 285
Teófilo, Aníbal 506
Tigre, Bastos 301, 459
Tolentino, Nicolau 42, 245
Tostes, Theodemiro 178
Totta, Mario 175

V

Varela, Fagundes 59, 146, 276, 349, 460, 559, 561, 580
Veiga, Adelino 361
Verde, Cesário 68, 126, 282, 372
Villeroy, Raul de 395
Viterbo, Sousa 359

W

Wamosy, Alceu 114, 115, 206, 513, 527

X

Xavier, Fontoura 374

Impressão e Acabamento

Prol
EDITORA GRÁFICA